18 世纪英国科尔布鲁克戴尔铁厂（Colebrook–Dale）的轨道遗迹（方一兵摄）

20 世纪初的汉阳铁厂（欧仁 · 吕柏摄）

汉阳铁厂轧钢车间（1908 年）

汉阳铁厂钢轨成品（1908 年）

汉阳铁厂 1904 年购置的轧机（方一兵摄于 2009 年）

汉阳铁厂 1904 年购置的轧机现状（重钢档案处提供）

20 世纪 20 年代的日本八幡制铁所第三大形工场

鞍山昭和制钢所（鞍钢前身）钢轨工场内部（1940 年）

运行中的鞍山昭和制钢所钢轨轧机（1940 年）

中华人民共和国成立初期西南 101 厂（现重庆钢铁集团）
工人轧制钢轨（重钢档案处提供）

1899 年汉阳铁厂造钢轨（中国铁道博物馆藏）

1904 年汉阳铁厂造钢轨（中国铁道博物馆藏）

1911 年汉阳铁厂造奏定八十五磅轨（天津工务段藏）

1913 年汉阳铁厂造八十五磅钢轨（中国铁道博物馆藏）

1917 年汉阳铁厂造钢轨（中国铁道博物馆藏）

1920 年汉阳铁厂造钢轨（中国铁道博物馆藏）

1888 年英国 MOSS BAY 公司造六十磅钢轨（中国铁道博物馆藏）

1896 年 Barrow 公司为中国铁路总公司造钢轨（中国铁道博物馆藏）

1896 年 Cammell 公司为中国铁路总公司造钢轨（中国铁道博物馆藏）

1899 年美国 MARYLAND 公司造东清铁路钢轨（中国铁道博物馆藏）

1900 年比利时 ANGUER 公司造钢轨（中国铁道博物馆藏）

1905 年比利时 COCKERILL 公司为京张铁路造钢轨（中国铁道博物馆藏）

1902 年德国波鸿公司造钢轨（中国铁道博物馆藏）

1903 年德国克虏伯公司造钢轨（中国铁道博物馆藏）

1908 年德国 Union 公司造钢轨（中国铁道博物馆藏）

1904 年俄国造东清铁路钢轨（中国铁道博物馆藏）

1936 年日本八幡制铁所造 43 公斤钢轨（中国铁道博物馆藏）

1938 年日本八幡制铁所造 32 公斤钢轨（中国铁道博物馆藏）

1937 年鞍山昭和制钢所造 32 公斤钢轨（中国铁道博物馆藏）

1953 年西南 101 厂（今重庆钢铁集团）造 38 公斤钢轨

京沪高铁百米线路长轨（董瀚摄）

京沪高铁无砟轨道的百米长轨（董瀚摄）

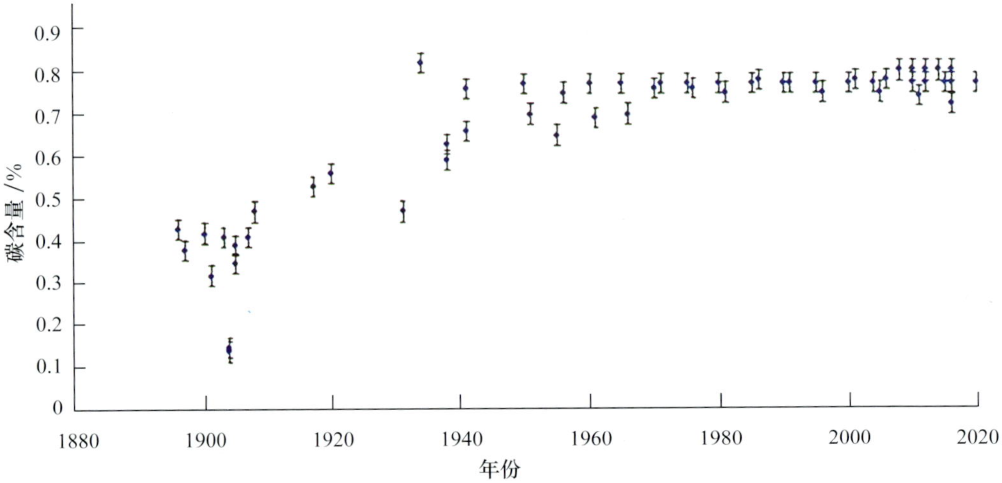

百年钢轨的碳含量演变

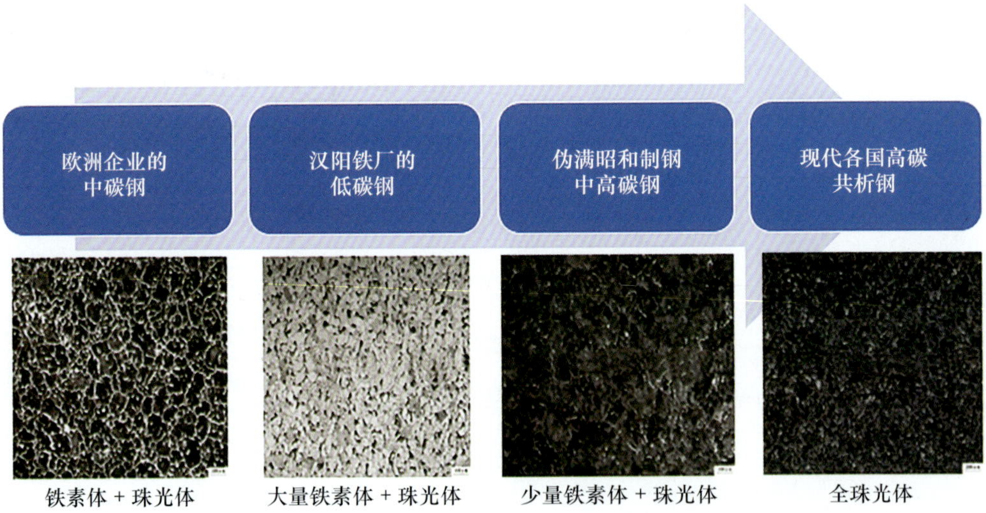

百年钢轨的组织演变

“新闻出版改革发展项目库”入库项目
“十二五”国家重点图书
特殊钢丛书

中国近代钢轨：技术史与文物

方一兵　董瀚　编著

北　京
冶金工业出版社
2020

内 容 提 要

钢轨是极少的有年代和生产商等信息可考证的近代钢铁制品，是难得的铁路和钢铁历史文物。本书以中国近代钢轨为对象，将工业考古和文物研究与近代技术史研究相结合，一方面系统地还原中国近代铁路建设用轨和钢轨生产历史，及中国近代三个不同阶段的钢轨技术标准的制定和作用，另一方面，对中国铁道博物馆藏的近代钢轨文物进行系统性的统计、甄别和性能检测，从而为读者解读和呈现中国现存近代钢轨文物所蕴含的丰富的技术史信息和文物价值，为近代钢轨文物的进一步保护提供信息和依据。

本书主要读者对象是钢铁史、铁路史、近代技术史研究者；博物馆与近代文物研究者与爱好者。

图书在版编目(CIP)数据

中国近代钢轨：技术史与文物/方一兵，董瀚编著. —北京：冶金工业出版社，2020.7
(特殊钢丛书)
ISBN 978-7-5024-8445-3

Ⅰ.①中… Ⅱ.①方… ②董… Ⅲ.①钢轨—技术史—中国—近代 Ⅳ.①U213.4-092

中国版本图书馆 CIP 数据核字(2020)第 034923 号

出版人　陈玉千
地　　址　北京市东城区嵩祝院北巷 39 号　邮编　100009　电话　(010)64027926
网　　址　www.cnmip.com.cn　电子信箱　yjcbs@cnmip.com.cn
责任编辑　常国平　李培禄　美术编辑　彭子赫　版式设计　孙跃红
责任校对　郑　娟　责任印制　李玉山
ISBN 978-7-5024-8445-3
冶金工业出版社出版发行；各地新华书店经销；三河市双峰印刷装订有限公司印刷
2020 年 7 月第 1 版，2020 年 7 月第 1 次印刷
169mm×239mm；10.75 印张；8 彩页；226 千字；155 页
50.00 元

冶金工业出版社　投稿电话　(010)64027932　投稿信箱　tougao@cnmip.com.cn
冶金工业出版社营销中心　电话　(010)64044283　传真　(010)64027893
冶金工业出版社天猫旗舰店　yjgycbs.tmall.com
(本书如有印装质量问题，本社营销中心负责退换)

《特殊钢丛书》

编辑委员会

《特殊钢丛书》序言

特殊钢是众多工业领域必不可少的关键材料，是钢铁材料中的高技术含量产品，在国民经济中占有极其重要的地位。特殊钢材占钢材总量比重、特殊钢产品结构、特殊钢质量水平和特殊钢应用等指标是反映一个国家钢铁工业发展水平的重要标志。近年来，在我国社会和经济快速健康发展的带动下，我国特殊钢工业生产和产品市场发展迅速，特殊钢生产装备和工艺技术不断提高，特殊钢产量和产品质量持续提高，基本满足了国内市场的需求。

目前，中国经济已进入重工业加速发展的工业化中期阶段，我国特殊钢工业既面临空前的发展机遇，又受到严峻的挑战。在机遇方面，随着固定资产投资和汽车、能源、化工、装备制造和武器装备等主导产业的高速增长，全社会对特殊钢产品的需求将在相当长时间内保持在较高水平上。在挑战方面，随着工业结构的提升、产品高级化，特殊钢工业面临着用户对产品品种、质量、交货时间、技术服务等更高要求的挑战，同时还在资源、能源、交通运输短缺等方面需应对日趋激烈的国内外竞争的挑战。为了迎接这些挑战，抓住难得发展机遇，特殊钢企业应注重提高企业核心竞争力以及在资源、环境方面的可持续发展。它们主要表现在特殊钢产品的质量提高、成本降低、资源节约型新产品研发等方面。伴随着市场需求增长、化学冶金学和物理金属学发展、冶金生产工艺优化与技术进步，特殊钢工业也必将日新月异。

从20世纪70年代世界第一次石油危机以来，工业化国家的特殊钢生产、产品开发和工艺技术持续进步，已基本满足世界市场需求、资源节约和环境保护等要求。近年来，在国家的大力支持下，我国科研院所、高校和企业的研发人员承担了多项国家科技项目工作，在特殊钢的基础理论、工艺技术、产品应用等方面也取得了显著成绩，特别是近20年来各特钢企业的装备更新和技术改造促进了特殊钢行业进步。为了反映特殊钢技术方面的进展，中国金属学会特殊钢分会、先进钢铁材料技术国家工程研究中心和冶金工业出版社会共同发起，并由先进钢铁材料技术国家工程研究中心和中国金属学会特殊钢分会负责组织编写了新的《特殊钢丛书》，它是已有的由中国金属学会特殊钢分会组织编写《特殊钢丛书》的继续。由国内学识渊博的学者和生产经验丰富的专家组成编辑委员会，指导丛书的选题、编写和出版工作。丛书编委会将组织特殊钢领域的学者和专家撰写人们关注的特殊钢各领域的技术进展情况。我们相信本套丛书能够在推动特殊钢的研究、生产和应用等方面发挥积极作用。本套丛书的出版可以为钢铁材料生产和使用部门的技术人员提供特殊钢生产和使用的技术基础，也可为相关大专院校师生提供教学参考。本套丛书将分卷撰写，陆续出版。丛书中可能会存在一些疏漏和不足之处，欢迎广大读者批评指正。

《特殊钢丛书》编委会主编
中国工程院院长　徐匡迪
2008年夏

序　言

近代工业革命的发生，深刻影响了人类文明的进程。蒸汽机、大规模钢铁液态冶金和铁路的出现，使人类在19世纪进入了工业文明的时代。铁路则是这一时代的重要标志。历史上，铁路的发展与钢铁工业进步几乎是同步的，铁路载重能力和速度的提高，与钢轨材料的技术进步和升级换代密切相关。在19世纪，贝塞麦转炉、西门子马丁平炉以及托马斯碱性炼钢法的发明，使钢的大规模生产成为可能，极大程度地降低了钢的成本，这才导致铁路以前所未有的速度在全球发展起来。进入20世纪之后，技术进步使钢轨在制造尺寸精度、定尺长度、内部和表面质量、服役性能等方面都不断提高，铁路的重载和高速化才可能实现。因此，钢轨的发展史，从根本上说也是钢铁冶金生产工艺技术的发展史。

一百三十年前汉阳铁厂的创办，这是中国现代钢铁工业的起点，也是中国钢轨制造的起点。百余年来，中国已发展成为世界上第一大钢铁生产国，与此同时，中国的铁路发展迅猛，已拥有世界上三分之二的高铁里程。从技术引进吸收、消化到再创新，中国铁路与中国钢铁一样都经历了这样的历程，并发展成为最好的铁路与钢铁。现在，中国的粗钢年产量达10亿吨，超过了世界粗钢产量的一半。在服役性能指标上已经能够满足国内各种铁路建设对于钢轨的技术需求，为当今中国高速重载铁路的快速发展提供了有力的材料支持。这是一个令人瞩目的成就，也是一个漫长而且艰难的发展历程。作为钢铁从业者，在致力于中国当代钢铁工业发展的同时，有必要回顾历史，不忘初心，从历史的发展轨迹中探寻未来的高质量发展途径。

“特殊钢丛书”将《中国近代钢轨：技术史与文物》纳入其出版计划，非常值得肯定并有着特殊意义。在书中，方一兵研究员和董瀚教授以我国的近代钢轨文物为对象，在中国铁道博物馆的支持下，利用中科院自然科学史研究所和钢铁研究总院在各自领域的优势，将实验检测和历史研究相结合，对这些百年钢轨文物进行了深入研究。他们在系统展现了我国近代钢轨材料特性演变及其技术发展史的同时，也对早期国外钢轨进行了信息解读和实验研究，从而让我们对中国近代钢轨生产与国外的差距有了更深入的认识。这些信息，不仅为文博界对钢铁和铁路文物进行价值认知提供了一手资料，也为钢铁行业提供了一个自我历史认知的独特视角。据我所知，这不仅在国内是开拓性的工作，在国外的钢铁技术及其历史研究中也不多见。相信《中国近代钢轨：技术史与文物》是一个有价值的回顾历史和展望未来的文献。

钢铁研究总院名誉院长
中国工程院院士

前　　言

我国现代钢铁材料的历史主要始于钢轨制造。自1865年英国商人在北京宣武门外铺设中国境内首条铁路至今，中国铁路建设已有150多年历史。1890年，为了实现用国产钢轨建设卢汉铁路（京汉铁路）的理想，湖广总督张之洞引进英国和比利时的设备，在汉阳的龟山脚下汉水南岸开始建设我国近代第一家大型现代化钢铁企业——汉阳铁厂，由此开始了我国自行制造钢轨的历史。自1894年汉阳铁厂投产至今，我国自行生产铁路钢轨的历史已120多年。

一百多年来，中国铁路的建设见证了铁路用轨曲折的技术发展史。中国铁路从最初引进和自行制造英式30公斤/米、43公斤/米的轻型钢轨，发展到民国时期技术标准的逐步修订和完善下，引进50~60公斤/米的重型轨。再到中华人民共和国成立之后由普通钢轨发展到高速铁路用高性能钢轨。这些钢轨包含了极为丰富的铁路技术发展和钢铁材料技术发展的历史信息。见证了中国钢轨制造技术从无到有的历史进程。由于钢轨是极少具有年代可考证的近现代钢铁制品，因此具有很高的近现代钢铁技术史的研究价值和工业遗产文物价值。

我国钢轨制造的历史分为近代和当代两个时期。由清末至1949年的近代时期，汉阳铁厂（汉冶萍公司）是中国唯一的本土钢轨制造商（鞍山昭和制钢所完全由日本建设运营并为日本服务，故不算在内），本土钢轨只能满足中国铁路建设的部分需求，故这一时期中国各大铁路建设均引进和使用了来自欧美各国的钢轨；1949年至20世纪末，这是中华人民共和国成立后我国普铁和快铁发展的时期，也是中国钢铁工业得以大力发展的时期，基本实现了中国铁路用轨的自给自足；20世纪末至今中国进入了高铁发展时代，与之相适应，中国钢轨制造技术也进入了自行开发和制造高铁钢轨的时期。

从技术史的角度来讲，现存1949年之前的中国近代钢轨文物在两个层面体现了其历史价值，首先其作为当时最主要的钢铁制品，直接折射了中国新式钢铁工业和技术发展的开端；其次，由于大量进口了欧美各国钢轨，使得这一时期的钢轨文物不仅成为铁路建设的技术来源重要参考依据，也是反映世界各国同期钢轨生产和技术状况的重要文物。

自2013年开始，由中国科学院自然科学史研究所、钢铁研究总院、中国铁道博物馆、北京科技大学等单位联合组成“中国近代铁路钢轨材料技术演变与文物价值研究”课题组，以清末至1949年为时间段，首次系统地对中国现存的近代钢轨文物进行调查摸底、信息整理、技术检测和价值评估。课题组以中国铁道博物馆馆藏钢轨文物为对象，将工业考古、材料试验分析和历史文献研究等手段相结合，还原中国近代各主要铁路建设中的钢轨使用和引进状况，整理近代中国唯一的本土钢轨制造商——汉阳铁厂的钢轨生产，梳理清末至民国中国近代钢轨技术标准的制订与演变，以此来复原中国近代铁路用轨及其技术发展史。与此同时，对中国铁道博物馆馆藏钢轨逐一进行信息甄别和统计，并选择典型钢轨文物进行取样和性能检测，以此来准确解读这些珍贵的钢轨文物的历史信息和挖掘其文物价值，并达到工业遗产研究和保护的目的。课题历经若干年，在课题组成员的通力合作下，于2015年形成最初的研究成果，并通过了由中国金属学会组织的冶金科学技术成果评估。

2015年后，我们在研究成果的基础上进行本书的编纂。本书的完成，是各方合作的结晶，除了为近代钢轨技术史及其文物鉴定和研究提供专业支持外，本书传递的是来自中国钢铁研究领域、科技史研究领域和博物馆等领域对钢轨文物所承载那段历史的热爱和关注。本书的写作由方一兵、董瀚主笔。中国铁道博物馆金万智副馆长为研究工作的展开给予了积极推动，中国铁道博物馆亢宾、黄家友、纪丽君等同志在钢轨文物收集和整理、取样等环节给予了大力支持和协助；云南铁路博物馆李志明馆长和同事为我们无私地提供了其馆藏钢轨文物的统计信息和图片，天津工务段陈爱军、重钢档案处温勇耀为本书提供了钢轨信息和图片；北京科技大学雷丽芳参与了第2、5章部分初稿的写作；钢铁研究总院的陈鹰、罗志强、李纪康和其他同志为第6章提供了试验检测的支持和数据分析文字；亢宾为本书初稿的文字修改给予了大力协助；郑诚博士为附录文言文的断句提供了意见，学生褚英杰对部分图片进行了处理。

中国工程院翁宇庆院士对本书给予了热情支持，特别感谢他在序言中对本书历史研究的肯定和赋予的厚望。感谢中国铁道科学研究院周清跃首席科学家提拱的钢轨技术讨论。此外，中国工程院干勇院士，中科院自然科学史研究所张柏春所长，北京科技大学韩汝玢教授、潜伟教授，中国铁道博物馆李春冀馆长，攀钢钒公司梅东升等人或在项目进行中给予了意见和支持，或在成果评价会上提出了宝贵建议，让我们受益匪浅。在此谨向相关同志表示衷心的感谢。

方一兵　董瀚

2020年5月

目　　录

1 近代铁路用轨及钢轨制造技术沿革

1.1 铁路用轨的起源与发展：从木轨到钢轨

虽然现代铁路开始于 19 世纪 20 年代，但路轨的使用却早于蒸汽机车发明两个世纪。17 世纪初，英格兰北部的煤矿开始使用木制的矿车或货车轨道，将煤从煤坑口拖运到运输地。最初的煤矿轨道只是将木轨直接铺在路上，给小推车车轮提供一个便于运行的轨道。不久以后，英格兰的煤坑便使用了由枕木和木轨构成的轨道（图 1-1）。

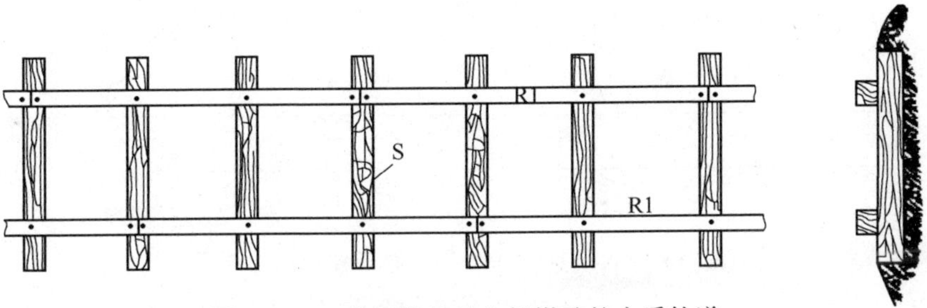

图 1-1　17 世纪英格兰北部煤矿的木质轨道

但这一构造的缺点在于，随着运输量的增大，频繁地更换木轨使枕木上的钉孔变得过大而受损，于是出现了由上下轨组成的木轨，将上轨钉于下轨上，上轨可以频繁更换，而不致于损伤枕木（图 1-2）。与此同时，为了降低很陡的上坡处或急转弯的轨道上车辆的摩擦力，将薄铁片钉于木轨上，这应该是最早将铁用于路轨的情况。

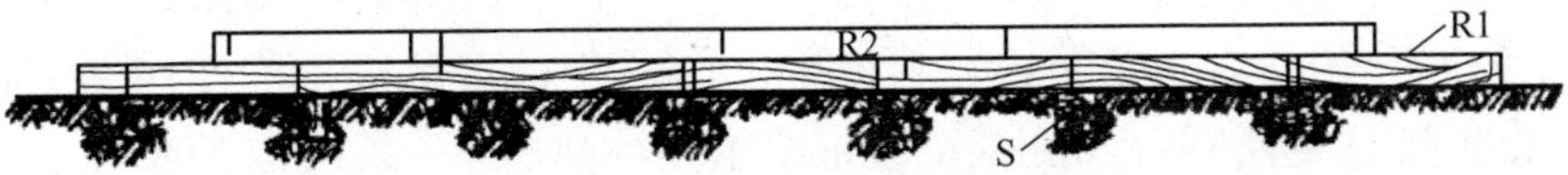

图 1-2　由上下轨构成的木质轨道

1672 年，一份关于英格兰纽卡斯尔（Newcastle）的文献中记载，利用这样的木轨，人们可以使用大型的车辆来将煤运至河边，一匹马可以轻松地拖动 8~9 英吨的煤❶。在英国，这种老式的木轨加薄铁片的轨道连续使用了约 150 年。

❶ G. P. Raidabaugh. Origin and Development of the Railway Rail：English and American Wood，Iron and Steel. Pennsylvania Steel Co. & Maryland Steel Co.，1915，6.

1709 年，亚伯拉罕·达比（Abraham Darby，1676～1717 年）在英国特尔福德（Telford）的科尔布鲁克戴尔（Colebrook-Dale）铁厂成功地用焦炭炼出生铁，焦炭炼铁的发明以及之后将蒸汽机成功地用于高炉鼓风，使得炼铁业获得了充分的发展空间，提高了生铁冶炼的效率❶。大约在 1767 年，由于当时的生铁价格偏低，为了降低维修木轨的费用，科尔布鲁克戴尔铁厂将生铁铸成的长方形铁板装在木轨上，铁板被铸成 5 英尺长、4 英寸宽和 1.25 英寸厚（约 1524 毫米长×101.6 毫米宽×31.75 毫米厚），上有三个沉头螺孔（图1-3）。科尔布鲁克戴尔铁厂的轨道遗迹如图 1-4 所示。这种将截面为长方形的铁条装在木轨面上的轨道，在 1808～1811 年被熟铁代替之后，被称为“带轨”（strap rails）并继续使用了约 100 年。

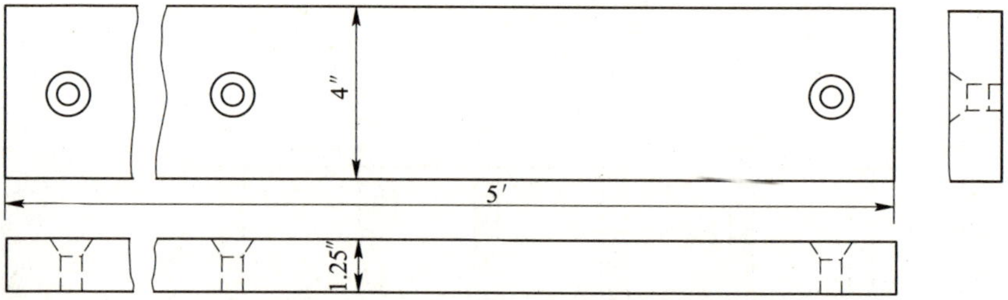

图 1-3　Colebrook-Dale 铁厂轨条使用的铸铁板

之后，出现了一些对科尔布鲁克戴尔生铁铸造的铁轨轨式的改进。1776 年，人们将科尔布鲁克戴尔带轨的铁条截面改为一种内侧高出 3 英寸（约 76.2 毫米）的 L 形状（图 1-5），这样的生铁轨直接安装在枕木上。18 世纪 80 年代出现了两头有宽边的“缘轨”（edge rails）（图 1-6）。

到 1797 年，用于固定轨道的生铁基座开始出现（图 1-7）。1816 年，英格兰的乔治和罗什·斯蒂芬森（George & Losh Stephenson）发明了一种应用较多的生铁铸造的鱼腹型铁轨并获得专利（图 1-8），此后生铁轨被继续使用多年，直到 19 世纪 40 年代依然有少部分铁路在使用。1846 年前后美国推广使用了一批生铁轨，例如北部中央铁路（Northern Central Railway）的一条从商伯里（Sunbury）到沙莫金（Shamokin，Penna.）的支线，最先使用了生铁轨进行铺设❷。

在使用生铁铸造的铁轨的同时，人们一直在寻求用熟铁来制造更经济耐用的轨道。1808～1811 年，截面为长方形的熟铁条开始被用于制造“带轨”（图

❶ 方一兵．焦炭炼铁的发明与英国工业革命［J］．科技导报，2009，27（21）：120.

❷ G. P. Raidabaugh. Origin and Development of the Railway Rail：English and American Wood，Iron and Steel. Pennsylvania Steel Co. & Maryland Steel Co.，1915：12～13.

图 1-4 科尔布鲁克戴尔铁厂的轨道遗迹（方一兵摄）

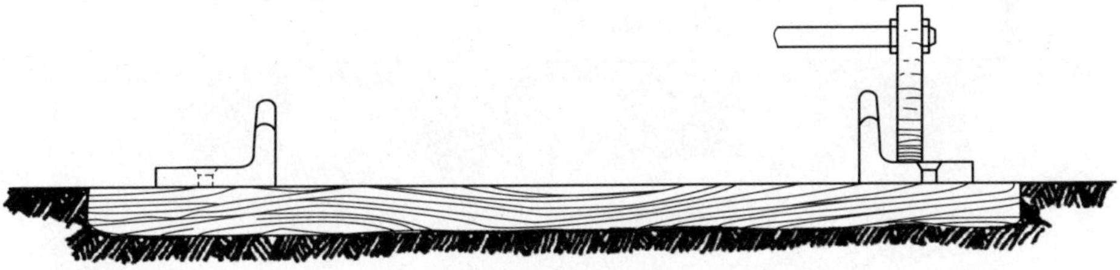

图 1-5 改进后的科尔布鲁克戴尔生铁轨条

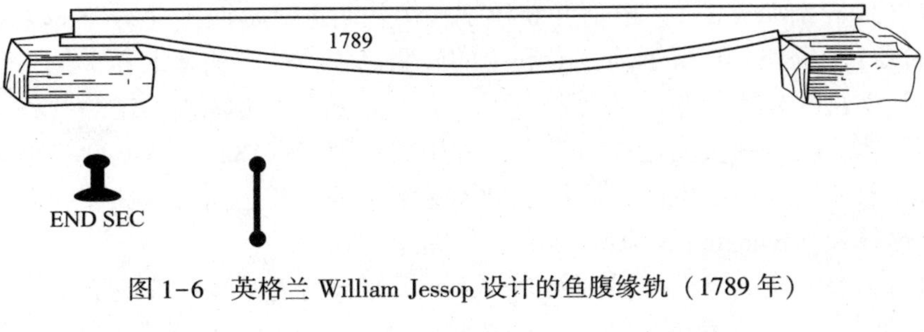

图 1-6 英格兰 William Jessop 设计的鱼腹缘轨（1789 年）

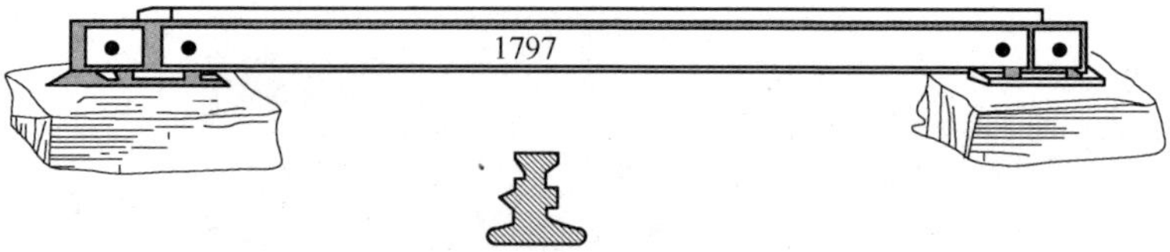

图 1-7　1797 年出现的生铁轨条，两端固定在铁座上

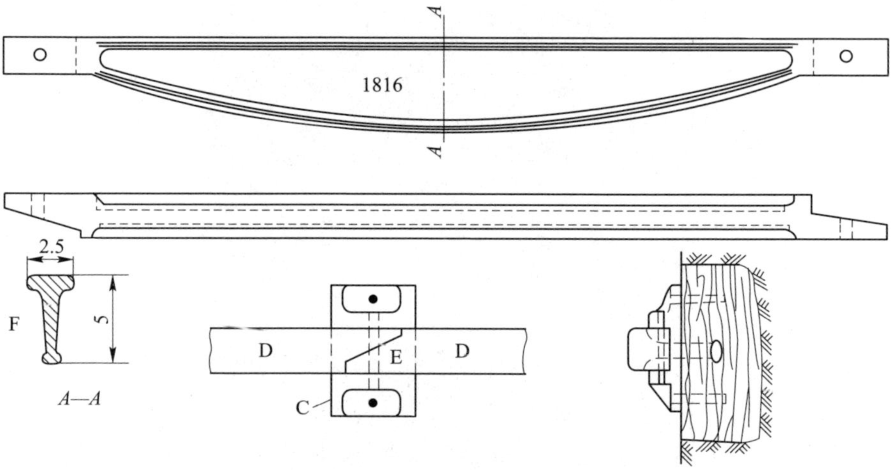

图 1-8　斯蒂芬森铁轨（1816 年）

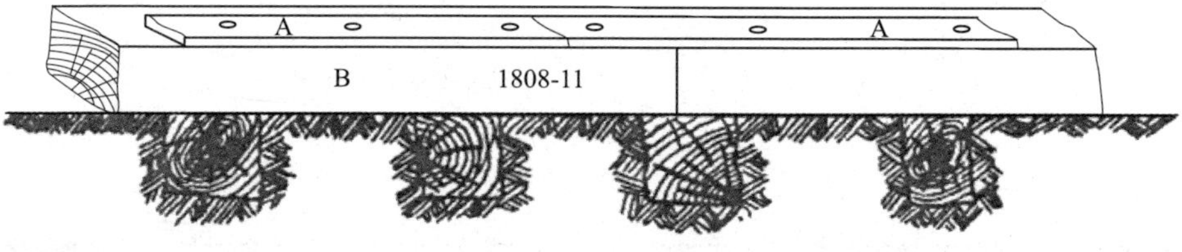

图 1-9　熟铁与木轨相结合的带轨（1808-1811 年）

1-9），长方形截面是当时轧制出的唯一形状的熟铁条。而熟铁铁轨的发明与轧制设备的改进有密切关系。1820 年，英格兰贝灵顿（Bedlington）铁厂的约翰·波肯肖（John Birkenshaw）申请并获得了首个轧制宽沿熟铁轨（wrought iron edge rail）的专利，图 1-10 所示为其专利中的轧制设施，这应该是世界上第一个用于制造熟铁型轨的装置。图 1-11 所示为波肯肖设计的铁轨轨式，这是一种头部较宽的熟铁轨，轨条两头固定在轨座中，并用螺钉固定。1820~1825 年，波肯肖设计的这一熟铁轨式得以生产，被用于世界上第一条公开运营的铁路——英国斯托克顿和达林顿（Stockton & Darlington）铁路上。

此后，熟铁轨式也有一系列的改变，而后来被普遍采用的 T 型铁轨（“tee” rail）则是美国人的发明。那是 1830 年 9 月，当时任美国卡姆登和安波易

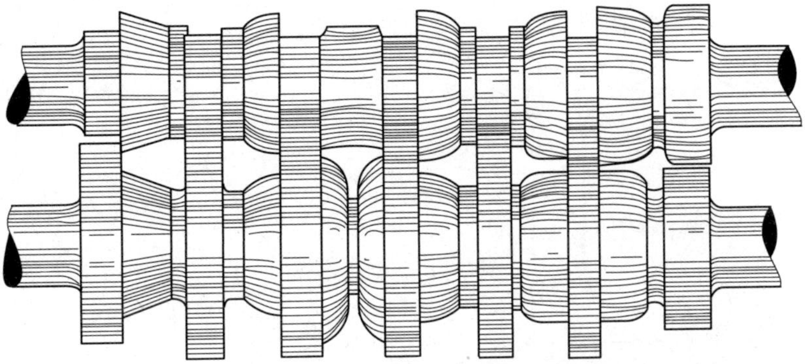

图 1-10 波肯肖铁轨专利：轧制设备（1820 年）

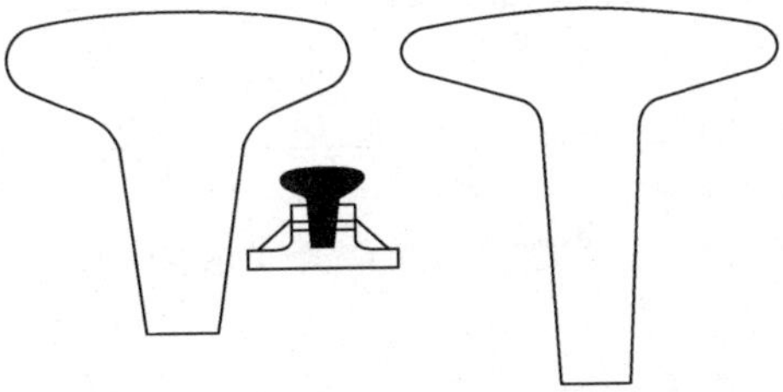

图 1-11 波肯肖铁轨专利：轨式（1820 年）

（Camden & Amboy）铁路总工程师的罗伯特·L·史蒂文斯（Robert L. Stevens）被派往英国考察铁路和购买铁轨。在旅途中，史蒂文斯设计出了第一个 T 形轨式（图 1-12）。之所以设计这样的铁轨，是因为他认为英国的铁轨需要太多的轨座，而美国当时铁产量有限而且昂贵，因此不适合使用这种昂贵的铁轨座。实际上，史蒂文斯后来进一步改进了这一轨式（图 1-13），并在英国付诸制造用在了卡姆登和安波易铁路的铺设中。对于美国来说，直到 1845 年，位于宾夕法尼亚州丹维尔的蒙托铁厂（Montour Rolling Mill）轧制出图 1-14 所示的轨条，成为美国第一个制造出熟铁 T 形轨的企业❶。

19 世纪 50 年代之后，随着贝塞麦转炉炼钢法、马丁平炉炼钢法以及托马斯碱性炼钢法的发明，钢铁冶炼实现大规模生产，生产效率提升，成本下降。人们开始用钢代替铁制造轨条，由于钢轨寿命是铁轨寿命的 15～20 倍，为铁路用轨材质由铁向钢转变奠定了基础❷。铁路用轨迅速进入了钢轨时代，促进了铁路建设以前所未有的速度发展。

---

❶ G. P. Raidabaugh. Origin and Development of the Railway Rail：English and American Wood，Iron and Steel. Pennsylvania Steel Co. & Maryland steel Co.，1915：20～21.

❷ 金士宣，徐文述. 中国铁路发展史（1876—1949）［M］. 北京：中国铁道出版社，1986：3.

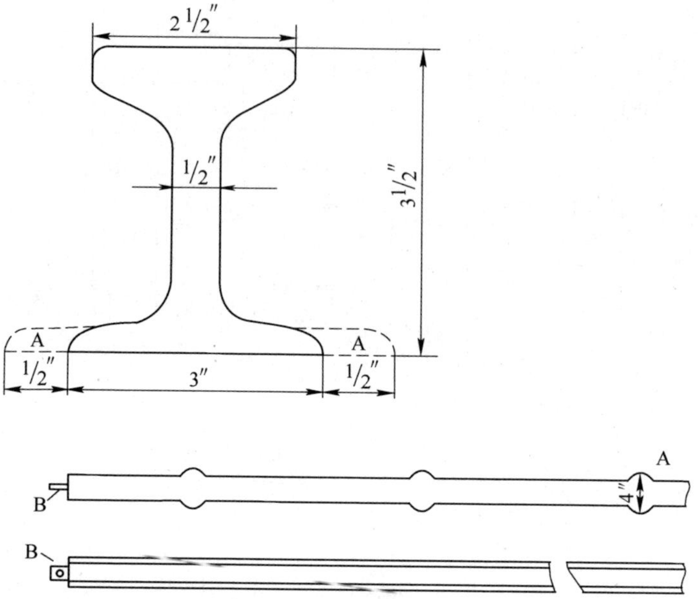

图 1-12　史蒂文斯设计的首个 T 形轨（1830 年）

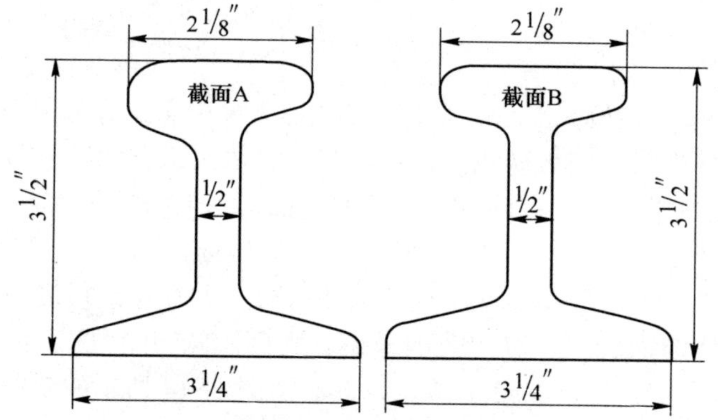

图 1-13　改进后的史蒂文斯轨式

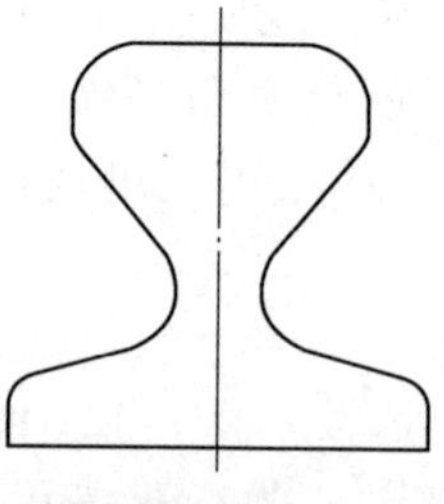

图 1-14　美国制造的最初的 T 形轨（1845 年）

1.2 近代钢轨制造工艺的革新

传统的钢轨生产过程大致可划分为三个阶段：冶炼、轧制和精整。钢轨钢的冶炼是将铁矿石经高炉炼成铁水，再用平炉或转炉将铁水炼成所需化学成分的轨钢并浇铸成钢锭；通过对钢锭进行多道轧制，逐渐形成所需断面的钢轨；最后对钢轨进行矫直、钻孔、倒棱等❶。近代钢轨制造技术的进步主要体现在炼钢新工艺的发明与改进以及轧制设备的改进两方面。

1.2.1 钢轨钢冶炼工艺的沿革

近代以来有关炼钢方法的发展演变如图 1-15 所示。

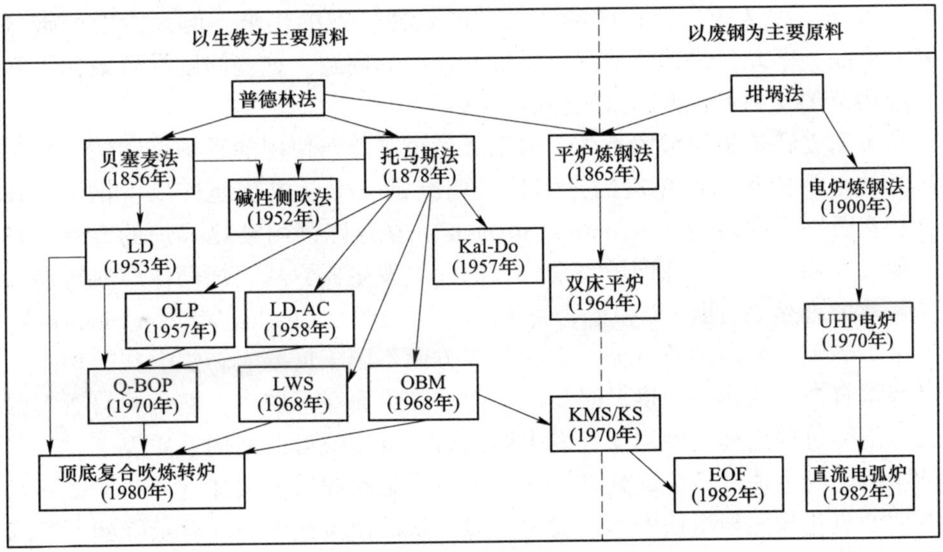

图 1-15 炼钢方法的发展演变途径❷

如图 1-15 所示，到 1900 年，对钢铁工业发展和进步的总方向起决定作用的所有主要发明和改进都已完成。而最突出的发展时期是 19 世纪中期的 1850~1865 年。在短短的这些年里，钢铁工业的伟大开拓者，美国的凯利、英国的贝塞麦和马希特、德裔的西门子兄弟、法国的埃米尔·马丁和皮埃尔·马丁，以及瑞典的约兰松奠定了钢铁时代的基础❸。对于一般钢的冶炼来讲，主要是采用转炉炼钢法与平炉

❶ 周清跃，等．钢轨的材质性能及相关工艺［M］．北京：中国铁道出版社，2005：9.

❷ 师昌绪，李恒德，周廉. 材料科学与工程手册（上卷）第 6 篇　金属材料篇［M］．北京：化学工业出版社，2004：45.

❸ 查尔斯·辛格，等．技术史（第V卷）［M］．远德玉，丁云龙，主译．上海：上海科技教育出版社，2004：45.

炼钢法，电炉炼钢法与坩埚炼钢法主要用于特种钢或合金钢的冶炼。

1856年8月11日，英国人贝塞麦在切尔滕纳姆举行的英国科学促进会（British Association for the Advancement of Science）的年会上提交了一份题为“论不用燃料生产可锻性铁和钢”的论文，他所公布的发明引起了与会者的强烈反响。贝塞麦发明的底吹酸性转炉炼钢法（Bessemer Converter Furnace），即通过向熔融状态的生铁水中吹入空气，使铁水中的碳和其他杂质发生氧化反应，得到低碳可锻的钢。这种方法是现代炼钢法的开端，它为人类生产了大量廉价钢，促进了欧洲的工业革命。然而早期贝塞麦转炉炼钢法并不顺利，它不能有效地去除磷这种有害元素，而磷是非常普遍地存在于铁中的一种元素，英国和欧洲大陆开采的大多数铁矿石都含有磷，它会使钢发脆。马希特父子（Robert Forester Mushet）发明镜铁（一种锰铁合金）脱硫脱氧，消除转炉钢的热脆，但只能生产碳含量较高的产品，因此只是部分地解决了贝塞麦法的问题。这些问题导致最初贝塞麦法的应用范围受到了较大的限制。

在贝塞麦转炉法问世后不久，出现了后来被普遍使用的平炉炼钢法。平炉炼钢法的技术是指利用蓄热室的火焰炉，用废钢、生铁成功地炼出了钢液。1856年，德裔英国人西门子（Frederick Siemens）取得炼钢用蓄热式炉的专利。1861年，他又发明了一种与炼钢炉完全分离的煤气发生器，从而把固体燃料转换为煤气。蓄热原理是F. 西门子和他哥哥C. W. 西门子（Charles William Siemens）发明的平炉炼钢工艺的本质特征。它在热源方面不同于贝塞麦转炉。在转炉中，炼钢过程本身产生的热量提供了必要的工作温度；而在平炉中，熔化炉料所需的热则来自冶炼过程之外。使用煤气发生器以后，炼钢就可以使用低质煤了。为了对平炉中熔化的生铁进行脱碳处理，西门子在冶炼时向铁水中加进一些铁矿石，铁矿石中的氧化物便与生铁中的碳发生反应，从而使生铁中的碳含量降到所要求的水平。皮埃尔·马丁（Pierre Martin）首先发现向铁水池内添加一些废钢便可降低铁水中的碳含量。1864年，马丁父子采用添加废钢的方法成功地炼出了钢，为后来的“西门子-马丁平炉炼钢法”奠定了基础❶。平炉炼钢法对原料的要求不那么严格，容量大，生产的品种多，所以不到20年它就成为世界上主要的炼钢方法。

虽然平炉炼钢法比酸性转炉炼钢法更为合用，它能通过重熔熟铁来炼钢，而熟铁中的磷已在搅炼时被去除，平炉炼钢也可使用其他低磷金属如废钢为原料。但是，这种方法和酸性转炉法一样，并不能单独地使用高磷生铁炼出优质钢。这意味着它们只适用于低磷矿石或生铁。

---

❶ 查尔斯·辛格，等. 技术史（第Ⅴ卷）［M］. 远德玉，丁云龙，主译. 上海：上海科技教育出版社，2004：35~39.

1879年，伦敦人托马斯（Sidney Gilchrist Thomas）和吉尔克里斯特（Percy Gilchrist）用碱性耐火材料的炉衬和炉渣解决了转炉炼钢除磷问题。从最早时期起，炉衬就是用纯净的砂石即硅石（SiO_2）做的，它是唯一能长时间承受1600℃高温的材料。这种材料属酸性，能造渣，因而当和强碱性材料如石灰和氧化镁接触时，就会很快地损耗❶。贝塞麦转炉的炉衬是用含有大量硅酸盐的“酸性”耐火材料制成的，利用这种硅酸盐砖成的炉衬可以去除碳、硅、锰等杂质，但是不能去除磷。托马斯在转炉中用碱性耐火材料制成炉衬，并在冶炼过程中加进一些石灰石，终于成功地去除了金属中的磷。这种碱性炉衬用煅烧过的白云石制成，它的一个功能是与磷化合而从金属中去除磷，其中起主要作用的石灰石变成了粉末，成为很有价值的农田肥料。碱性炉衬和酸性炉衬均可以用于转炉或平炉，使用哪种炉衬主要取决于所用生铁的性质及所欲得的钢种。碱性炼钢法发明的优点，是使含磷铁矿石的应用成为可能，使得拥有大量含磷铁矿石的欧洲大陆国家（如比利时、法国，特别是德国）获益颇丰；而英国由于拥有充足的无磷铁矿石来源，受其影响反而较晚，直到19世纪末，托马斯的碱性炼钢法才开始在英国流行。

从炼钢炉结构来说，无论是转炉还是平炉都经历了由固定式发展为可倾式的过程。1856年诞生于伦敦的圣·潘克勒斯的第一座贝塞麦转炉（酸性转炉）就是一具固定式的容器，可盛放350公斤铸铁，气流压力为10~15磅/英寸^2（68.9~103.4千帕），见图1-16。但很快，贝塞麦就制作了每炉5吨的可倾动式转炉（每炉1小时，包括补炉和铸锭的时间在内，而坩埚炼钢每4~6小时炼50公斤，

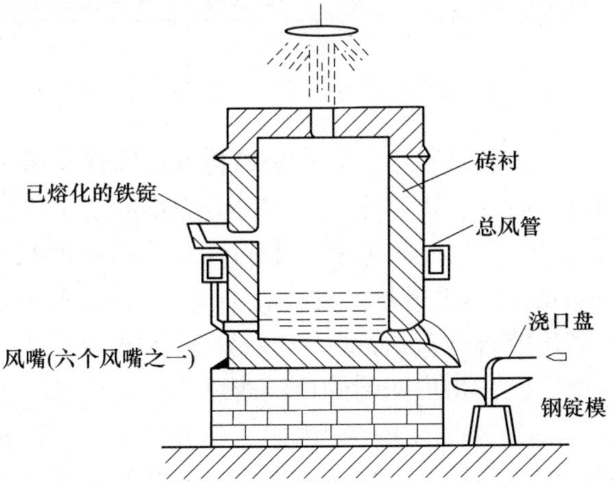

图1-16 1856年在伦敦圣·潘克勒斯采用的贝塞麦固定式转炉❷
（用于把铸铁改炼成钢）

❶ 泰利柯特．世界冶金发展史［M］．华觉明等编译．北京：科学技术文献出版社，1985：368.

❷ 泰利柯特·世界冶金发展史［M］．华觉明等编译．北京：科学技术文献出版社，1985：366.

搅炼熟铁每2小时炼250公斤)，这一发明是具有革命性的[1]。而西门子-马丁平炉（图1-17）炼钢法能在非常高的温度下冶炼大量金属，并能使金属在整个冶炼过程中总是处于熔融状态，再加上使用了废钢和廉价的低质煤，因而这种平炉炼钢法取得了成功。成功的标志是，1900年以后不久，西门子-马丁炼钢炉在生产中应用已大大超过了贝塞麦炼钢法。直到20世纪50年代，在世界钢产量中约85%是平炉炼出来的。

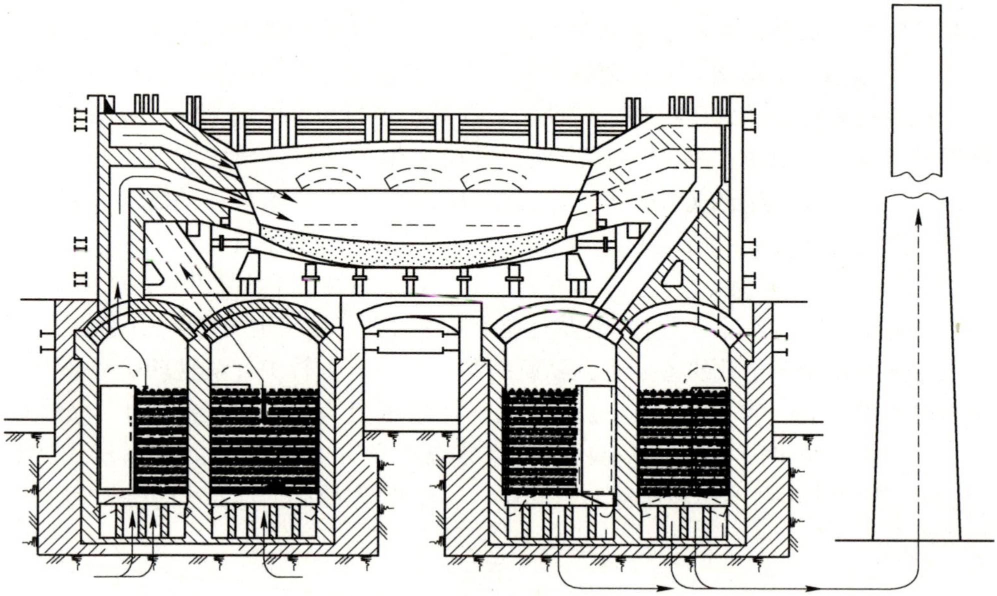

图1-17　19世纪80年代的西门子-马丁平炉

而平炉炼钢法在发展的过程中，从平炉结构上，同样经历了从固定式至可倾式的改进。与此同时，脱硅、提高生产效率等方面都经历了一系列的改进，比较有代表的有塔尔博特法。到19世纪末，人们开始建造一些尺寸相当大的平炉，也建造一些可以倾斜的可动式平炉。在这一方面，美国的钢铁工业处于领先地位。利兹的英国人塔尔博特（Benjamin Talbot）于1895年在美国田纳西州查塔努加南方钢铁公司为亚拉巴马州伯明翰的田纳西煤铁公司做了一系列试验，发明了连续吹风方法，即每次出钢只倒出平炉内的一部分钢水，这样就能使炼钢炉内始终保持很高的温度。当时该煤铁公司由于生铁中含硅量过高而伤透脑筋。塔尔博特提出脱硅的主张，就是连续冶炼、碱性炉衬、煤气加热的可倾炉，通过碱性炉渣去除生铁中的硅，因而发展了1889年坎贝尔（H. H. Campbell）和1895年韦

[1] 泰利柯特．世界冶金发展史［M］．华觉明等编译．北京：科学技术文献出版社，1985：366.

尔曼（S. T. Wellman）在可倾平炉上的实践。塔尔博特法的主要特点是，当生铁与5倍容积的熔融低碳钢混合时，就能迅速地除去生铁中的碳。塔尔博特炉是连续地装料和出钢的，高氧化性炉渣和铁水之间的化学反应加速了这一过程。由高磷生铁产生的重渣可以倾炉倒出，钢则保存在熔池中。可倾炉除了经济上具有大容量的优越性之外，较固定炉还更能利用质量较差的生铁来进行精炼。这种炉子很快被美国采用，但在欧洲使用这种炉子则晚得多。类似塔尔博特炉的设计，但容量更大的圆筒混铁炉在19世纪末开始流行，用于钢厂或炼铁厂。在炼钢厂里，由于发明了混铁炉，就不需要化铁炉来熔铸并固化的铁锭了❶。1899年，塔尔博特连续炼钢法在费城附近的彭科伊德铁厂（The Pencoyd Iron Works）投入实际应用。在欧洲，直到1902年，这种方法才传到林肯郡的弗罗丁汉姆❷。20世纪初英国的Cargo Fleet Iron Company（CFI钢铁厂）和Bolckow Vaughan Steelworks（B. V钢铁厂）均采用过塔尔博特的可倾炉❸。日本八幡制铁所在第三期扩建工程中引进了两座200吨的塔尔博特炉❹。

另一方面，为了提高炼钢的效率和钢的质量，炼钢工艺上也有了较大的发展。比如在炼钢之前将铁水先经过混铁炉搅拌均匀；将两种或多种冶炼方法结合在一起，集多种方法优点，在冶炼过程的第一阶段，最好的选择显然是采用贝塞麦转炉，以便把大量的冶金原料迅速地变成钢水，然后用平炉缓慢而有效地完成第二阶段，完成最后的精炼和金属成分调整。

英国人威廉·戴顿（William Deighton）最早提出将铁水倒入转炉以前先经过混铁炉混匀的设想，并于1873年获得专利。随着处理高炉热铁水工作的改进，1889年，美国卡内基钢铁公司埃德加·汤姆森厂的琼斯（William Jones）发明了混铁炉，该厂建造的最早的两座混铁炉的容量都不超过80吨。混铁炉不仅能确保为炼钢转炉提供均匀的铁水，而且还能除去杂质，并使几个炉子中的铁水混合以后变得更为均匀❺。混铁炉很快被美国、德国和英国（1890年，首先在巴罗安装）所采用。它最初的式样是一种大型砖衬储罐，铁水从高炉流出，储存在混铁炉内，在此保持液体状态直到贝塞麦转炉需要用料之时。下一步是用混铁炉作为

❶ 特雷弗·I·威廉斯．技术史（第Ⅵ卷）［M］．姜振寰，赵毓琴，主译．上海：上海科技教育出版社，2004：299.

❷ The Talbot Steel Process at the Pencoyd Iron Works［J］. Naval Engineers Journal，1900，12（1）：152~154.

❸ Boyce，Gordon. The Development of the Cargo Fleet Iron Company，1900－1914：Entrepreneurship，Costs，and Structural Rigidity in the Northeast Coast Steel Industry［J］. The Business History Review，1989，63（4）：839~875.

❹ 方一兵．中日近代钢铁技术史比较研究：1868-1933［M］．济南：山东教育出版社，2013：125.

❺ 查尔斯·辛格，等．技术史（第Ⅴ卷）［M］．远德玉，丁云龙，主译．上海：上海科技教育出版社，2004：44~45.

炼钢工序的附属设备，在混铁炉中对铁水做进一步的化学精炼。德国赫尔德的马萨内茨（J. Massanez）和英国的萨尼特（E. H. Saniter）的工作导致了“预精炼”混铁炉的使用。1891 年，马萨内茨报道了在混铁炉中锰的脱硫作用（可以去掉铁水中 70%的硫）。1892 年，萨尼特在混铁炉中加入石灰和氯化钙以达到统一的脱硫目的❶。到 20 世纪初期，混铁炉的应用已变得相当普遍。

早在 1872 年，在斯蒂里亚的诺伊贝格就试行了转炉和平炉相结合的双联炼钢法，但这种方法是在美国开始得到广泛应用的，那是在 20 世纪初发明可倾炉以后，虽然同时也有使用固定炉的。用途不大的废钢给主要钢铁冶炼地区的酸性贝塞麦转炉和碱性平炉的双联炼钢法提供了特别合适的条件，而美国钢铁制造者则拥有丰富的低磷富铁矿的有利条件。20 世纪 30～40 年代，美国改良了双联炼钢工艺，主要是减少了可倾炉中残留的金属量，从原来的 1/3 到几乎完全排空。德国的双联炼钢法是在完全不同的条件下发展起来的，因为含磷的铁矿需要在托马斯转炉中进行处理，而且只有低磷原料才可以放入碱性平炉，根据这个原则，德国建立了双联炼钢工业。在英国，贝塞麦转炉的衰落使发展双联炼钢法的必要性降低，尽管曾用两座平炉做了多次试验，在第一座炉中用氧化铁和石灰处理铁水，然后在第二座炉中精炼，并把初渣排除。引进了塔尔博特发明的可倾炉后，得到了另一种令人满意的方法，这对于使用国产的高磷生铁特别有利。1902 年在林肯郡的弗罗丁汉姆建成了欧洲第一座可倾平炉，容量是 110 吨，成效不凡。到年底，另外两个工厂建造了容量几乎多一倍的可倾平炉。英国用大型可倾炉炼出来的钢的比例较西欧和美国还要大，这主要是由于它在平炉冶炼中更多地使用了含磷生铁❷。

转炉炼钢在 20 世纪下半叶得到了很大发展。早在贝塞麦发明底吹空气炼钢法时，就提出了用氧气炼钢的设想，但受当时条件的限制没能实现。直到 20 世纪 50 年代初奥地利的 Voest Alpine 公司才将氧气炼钢用于工业生产，从而诞生了氧气顶吹转炉，又称 LD 转炉。氧气顶吹转炉解决了钢中氮和其他有害杂质的含量问题，使质量接近平炉钢，同时减少了随废气（当用普通空气吹炼时，空气含 79%无用的氮）损失的热量，可以吹炼温度较低的平炉生铁，因而节省了高炉的焦炭耗量，且能使用更多的废钢。由于转炉炼钢速度快（炼一炉钢约 10min，而平炉则需 7h）、负能炼钢、节约能源，故转炉炼钢成为当代炼钢的主流。顶吹转炉问世后，其发展速度非常快，到 1968 年出现氧气底吹法时，全世界顶吹法产钢能力已达 2.6 亿吨，占绝对垄断地位。1970 年后，由于发明了用碳氢化合物保护的双层套管式底吹氧枪而出现了底吹法，各种类型的底吹法转炉（如 OBM、

---

❶ 特雷弗 · I · 威廉斯. 技术史（第Ⅵ卷）［M］. 姜振寰，赵毓琴，主译. 上海：上海科技教育出版社，2004：299.

❷ 特雷弗 · I · 威廉斯. 技术史（第Ⅵ卷）［M］. 姜振寰，赵毓琴，主译. 上海：上海科技教育出版社，2004：301.

Q-BOP、LSW 等）在实际生产中显示出许多优于顶吹转炉之处，使一直居于首位的顶吹法受到挑战和冲击。

顶吹法的特点决定了它具有渣中含铁高、钢水含氧高、废气铁尘损失大和冶炼超低碳钢困难等缺点，而底吹法则在很大程度上能克服这些缺点。但由于底吹法用碳氢化合物冷却喷嘴，钢水含氢量偏高，需在停吹后喷吹惰性气体进行清洗。基于以上两种方法在冶金学上显现出的明显差别，故在 20 世纪 70 年代以后，国外许多国家着手研究结合两种方法优点的顶底复吹冶炼法。继奥地利人 Dr. Eduard 等于 1973 年研究转炉顶底复吹炼钢之后，世界各国普遍开展了转炉复吹的研究工作，出现了各种类型的复吹转炉，到 20 世纪 80 年代初开始正式用于生产。由于它比顶吹和底吹法都更优越，加上转炉复吹现场改造比较容易，使之几年时间就在全世界范围得到普遍应用，有的国家（如日本）已基本上淘汰了单纯的顶吹转炉。传统的转炉炼钢过程是将高炉来的铁水经混铁炉混匀后兑入转炉，并按一定比例装入废钢，然后降下水冷氧枪以一定的供氧、枪位和造渣制度吹氧冶炼。当达到吹炼终点时，提枪倒炉，测温和取样化验成分，如钢水温度和成分达到目标值范围就出钢。否则，降下氧枪进行再吹。在出钢过程中，向钢包中加入脱氧剂和铁合金进行脱氧、合金化。然后，钢水送模铸场或连铸车间铸锭。

综上所述，从冶炼设备的角度看，近代以来新出现的炼钢设备，有贝塞麦转炉、马丁平炉（固定式）、可倾式平炉、电炉、混铁炉、预备精炼炉等。从炼钢工艺上看，随着 1879 年碱性炉衬的发明、1899 年混铁炉的发明以及 1895 年塔尔博特连续炼钢法的发明，各钢铁厂根据自己的生铁和废钢供应情况，生铁的成分，废钢的质量和价格，燃料、熔剂等的质量和供应情况等实际情况出发，确定不同的设备使用与组合，确定适合自己的炼钢方法。到 20 世纪 30~40 年代，世界各国以转炉或平炉为基础，可采用的炼钢方法是多种多样的，按原料可有生铁废钢法、生铁矿石法、废钢法；按设备分可有平炉或转炉等的单独炼钢法，也可有转炉和平炉双炼法，或预备精炼炉和转炉或平炉双炼法，以及特尔博特法等。后文提及的我国汉阳铁厂和日本八幡制铁所在具体的炼钢工艺的选择上就有所不同，而不同炼钢法的使用会直接影响到钢轨的性能和质量。

1.2.2 钢轨轧制技术的发展

1.2.2.1 轧机的发明与发展

关于轧机最早的记载应该是 1480 年意大利人达·芬奇（Leonardo da Vinci）设计出轧机的草图，加工金属的轧辊的最早草图记载于达·芬奇的笔记本中，分别是用于加工金属板材的相对较宽的轧辊和用于加工狭板的短轧辊，在达·芬奇时期人们便已经完全了解轧辊这种机器在金属加工中可能的应用了[1]。1553 年，

[1] 查尔斯·辛格，等. 技术史（第Ⅲ卷）[M]. 高亮华，戴吾三，主译. 上海：上海科技教育出版社，2004：236.

法国人布律列尔（Brulier）轧制出金和银板材，用以制造钱币。此后在西班牙、比利时和英国相继出现轧机。1728年英国设计了生产圆棒材用的轧机，英国于1766年有了串列式小型轧机。19世纪随着人们对钢铁需求的日益增长，钢铁材料加工方法特别是轧钢技术也在不断改进。19世纪中叶，第一台可逆式板材轧机在英国投产，并轧出了船用铁板。1848年德国发明了万能式轧机，1853年美国开始用三辊式的型材轧机，并用蒸汽机传动的升降台实现机械化。第一台三辊立式轧机是由卡尔松德（O. E. Carlsund）于1856年在瑞典的穆塔拉建造的。所谓“三辊立式轧机”是在第一对轧辊的上辊上方放置第三个轧辊，这样，无需让发动机倒向即可使铁板反方向再次通过轧辊。劳斯于1862年在伯明翰他的工厂里引进了这种轧机。早期，在辊轧时轧辊会在载荷作用下发生弯曲，当时最有效的解决办法是增大轧辊直径，但使得轧制相同厚度板材时驱动轧辊的动力增加。德裔美国人劳斯（Bernhard Lauth，1820~1894年）于1864年首先指出使用小直径的工作辊配以大直径支承辊的优点，支承辊能在不提高驱动力的条件下不发生挠曲。劳斯三辊式轧机有一个小直径的轧辊，还配有大直径的上轧辊和下轧辊。轧制工件从中间轧辊和上轧辊之间送入，又从中间轧辊和下轧辊之间返回，所有轧辊都连续不断地运转❶。

早在18世纪，就有人提出连续式轧机的设想。1789年，哈策尔迪内（William Hazeldine）因这种设想而获得英国专利，但他的发明没有得到实际应用。直到1862年，英国的曼彻斯特的贝德森（George Bedson）采纳了这种设想，制造出一台连续式轧机，并在同年获得这种轧机的专利。这种轧机列有16台双辊式轧机。这些轧机的轴线交替呈水平和竖直，因此无需像老式的比利时轧机那样不时转动轧机的棒材。通过与轧机组相连的固定齿轮系统，能使后续轧机的旋转速度高于前面轧机的旋转速度，这就避免了线材在轧制过程中伸长而产生的松弛现象。将正截面为6.85平方厘米，质量达45公斤的熟铁棒送到连续加热炉中预热，然后轧制成直径为6.35毫米的线材，每小时能生产20吨❷。连续式轧机由若干个轧辊机架组成，这些轧辊机架一个跟着一个排列，它们的尺寸和功率逐个减少。1869年，美国引进了连续式轧机。美国工程师们把三辊立式轧机和连续式轧机都发展到了非常高的水平。万能式型材轧机是在1872年出现的，20世纪初制成半连续式带钢轧机，由两架三辊粗轧机和五架四辊精轧机组成。

1.2.2.2　钢轨的轧制

19世纪中期能生产多种产品的先进的轧制装置一般有八个独立的轧机组，

❶ 查尔斯·辛格，等. 技术史（第V卷）[M]. 远德玉，丁云龙，主译. 上海：上海科技教育出版社，2004：429.

❷ 查尔斯·辛格，等. 技术史（第V卷）[M]. 远德玉，丁云龙，主译. 上海：上海科技教育出版社，2004：41，431.

由一台蒸汽机驱动（图 1-18）。轧机有两个直径各为 20 英尺（约 60.96 毫米）的飞轮，所有的轧机组都连续作业，不可能反向和停止。其中的一端是具有二辊式结构的轧机组（A）每 12 小时能轧 80 吨巨型角铁、板坯或钢轨。轴的另一端是用来轧制最高达 12 英寸（约 304.8 毫米）、最长为 50 英尺（约 15240 毫米）的 H 形和 T 形型材的轧机组（B），安装有双轧机；材料从右向左通过轧机下方的一对轧辊，然后通过上方的一对轧辊返回。轧机组（C）用于初轧或轧制巨大的棒材，供轧制钢轨和型材之用，它是具有三个轧辊的三辊式轧机的最早典型设计之一；轧机组（C）上还安装有一个提升巨型棒材的起重轨运器，以便使棒材返回。在这样的轧机中，产品首先要在下轧辊和中间轧辊之间进行轧制，然后在中间轧辊和上轧辊之间返回去。无论是三辊式或是双轧机都可以避免材料在轧辊上头返回，返回的工序不仅降低生产效率且会使金属过分冷却❶。

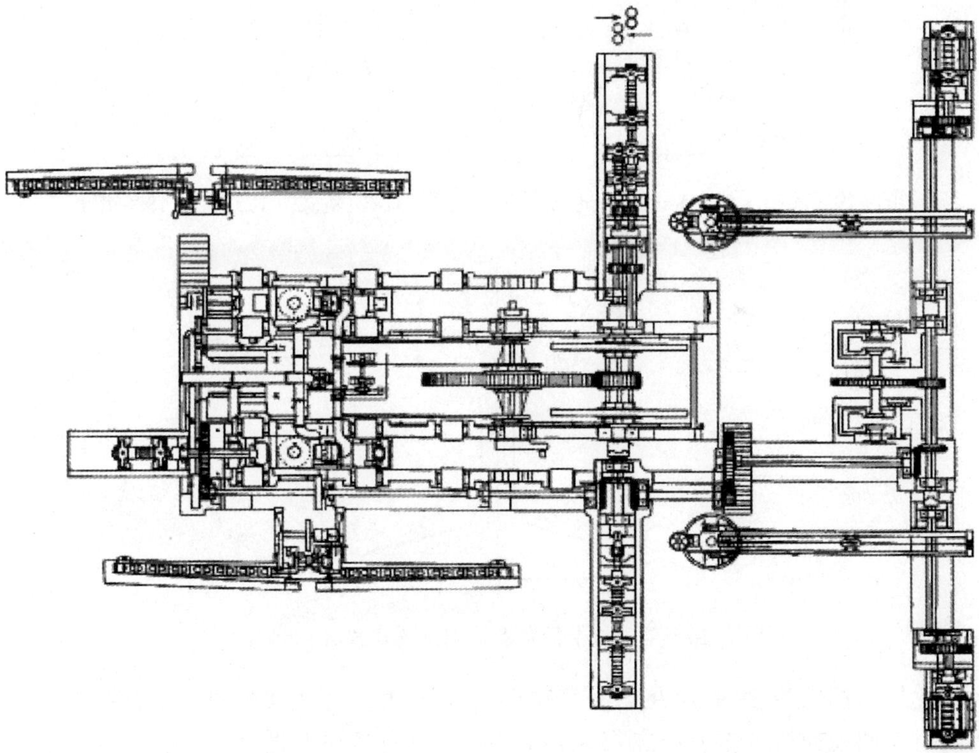

图 1-18　埃布·维尔铁厂轧制钢轨的轧机平面图（约 1850 年）❷

英格兰的埃布·维尔（Ebbw Vale）铁厂即是用上述类型的轧机轧制出世界

❶❷　查尔斯·辛格，等．技术史（第Ⅴ卷）［M］．远德玉，丁云龙，主译．上海：上海科技教育出版社，2004：425~426.

上第一个用贝塞麦转炉钢制造出钢轨的企业。1857 年埃布·维尔铁厂提供给马希特（Robert Forester Mushet）一些赤铁矿炼出的铁块，他用其建造的小型转炉将重 600~700 磅（272~317 公斤）的铁炼成钢，并将一部分钢锭运到埃布·维尔铁厂轧制成一种双头式轨条（double-headed rail）（图 1-19），该种轨条被运往 Derby 车站，用于 Midland 铁路上，连续使用了 16 年。在美国，首炉贝塞麦钢产于 1864 年，由位于 Wyandotte Mich 的一家小型试验工厂生产，而美国制造的第一根贝塞麦炉钢轨产于 1865 年 5 月 24 日，由北芝加哥轧钢厂生产（图 1-20）❶。

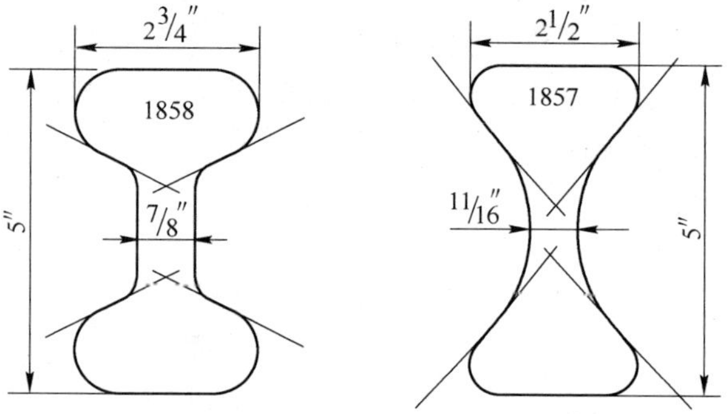

图 1-19　埃布·维尔铁厂用贝塞麦转炉钢轧制的钢轨轨式（1857 年，1858 年）

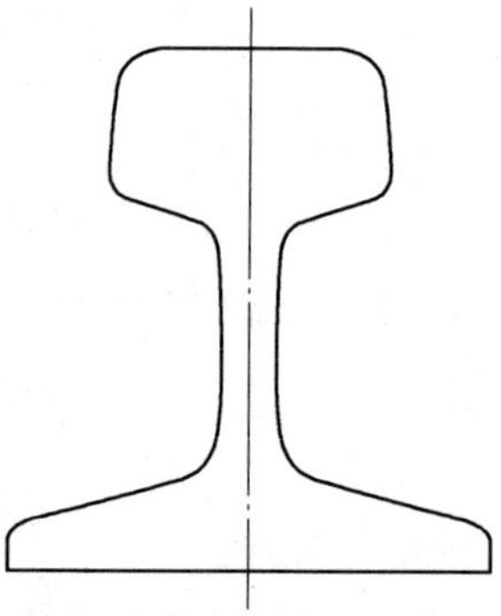

图 1-20　美国首个贝塞麦炉钢钢轨轨式（1865 年）

此外，据认为 1866 年在英国的克鲁首先采用了可逆式轧机，即让灼热的金属前后来回地通过轧辊，第二年（1867 年），这种轧机在谢菲尔德用于生产，即 1867 年谢菲尔德的布朗（John Brown）轧制出平炉钢轨❷。

---

❶ Raidabaugh G P. Origin and Development of the Railway Rail: English and American Wood, Iron and Steel [R]. Pennsylvania Steel Co. & Maryland Steel Co., 1915: 34.

❷ 查尔斯·辛格，等. 技术史（第Ⅴ卷）[M]. 远德玉，丁云龙，主译. 上海：上海科技教育出版社，2004: 41.

炼钢与轧钢技术的发展使钢轨产量在19世纪60~70年代迅速增长。如1867年8月，美国的Cambria公司轧制出第一根基于商业订单的贝塞麦钢钢轨，在此后的几年间，钢轨生产迅速增长成一个巨大的产业。钢轨产量由1867年的2550吨增至1873年的128000吨❶。

在中国，福州船政局最早开始使用轧机。早在1871年，福州船政局为能自造舰船，建立了中国历史上第一家钢加工厂，设立了锤铁厂（锻造）和拉铁厂（轧制），利用进口的钢铁材料，使用蒸汽动力，采用机器进行钢铁压延加工。福州船政局在其所属拉铁厂（轧钢厂）开始用轧机；轧制厚15毫米以下的铁板，6~120毫米的方、圆钢。而钢轨的轧制则始于1890年建立的汉阳铁厂，1890年汉冶萍公司汉阳铁厂装有蒸汽机拖动的横列双机架2450毫米二辊中板轧机和蒸汽机拖动的三机架横列二辊式轨梁轧机以及350/300毫米小型轧机。

汉阳铁厂的钢铁技术是近代中国最大规模的钢铁技术引进。汉阳铁厂轧钢技术的引进是以三条轧制生产线的组成为标志的：一条是钢锭和钢轨轧制生产线，一条是薄板和钢板轧制生产线，一条是熟铁厂的熟铁轧制生产线。后来经过1905~1908年的扩建改造之后，汉阳铁厂拥有500毫米二重式轧机2架，380毫米三重式轧机4架，这两种轧机用于轧制轻轨和其他型钢，另有800毫米二重可逆式轧机5架，用于轧制重轨（图1-21）。关于近代汉阳铁厂钢轨轧制工艺的详情可见于后面章节。

图1-21　汉阳铁厂1904年购置的德国造二重可逆式轧机（现存于重钢）

❶ Raidabaugh G P. Origin and Development of the Railway Rail: English and American Wood, Iron and Steel [R]. Pennsylvania Steel Co. & Maryland Steel Co., 1915: 37.

2 中国近代铁路建设及铁路用轨

中国的铁路建设始于19世纪60~70年代，在经历了晚清洋务运动带来的第一次铁路建设高潮之后，北洋政府和南京国民政府时期继续有所发展。到1949年，共兴建铁路干支线28829.6公里，复线3146.1公里❶。铁路用轨方面，与同时期钢铁冶炼工业的状况密切相关。而从晚清到1949年之前，创办于1890年的汉阳铁厂是中国本土唯一的钢轨制造厂商❷。由于生产能力有限，因此中国近代铁路建设的用轨有两大来源：一是进口钢轨，二是汉阳铁厂制造的钢轨。从时间上看，汉阳铁厂投产于1894年，1922年其炼钢设备全面停工，在其运营时期特别是1908年技术改造之后，汉阳铁厂一度成为中国铁路建设非常重要的钢轨供应商。1922年汉阳铁厂停产以后，铁路用轨再次全部依靠进口。可见，1894年和1922年是中国近代铁路建设用轨的两个重要的历史节点，因此我们将铁路建设及其钢轨使用情况划分为以下三个阶段来进行概述：第一阶段是1894年之前，该阶段铁路建设用轨完全依靠进口；第二阶段是1895~1922年，汉阳造钢轨与进口钢轨同时存在；第三阶段为1922年之后，中国铁路建设再次完全依靠进口钢轨。

2.1 汉阳铁厂投产之前的铁路建设用轨（1875~1894年）

19世纪70年代至90年代中期，是中国铁路建设的开端时期。此时中国正值两次鸦片战争之后被迫开放国门，由于通商口岸的开放，西方势力纷纷进入中国进行商贸等活动，在此情况下，铁路作为那个时代最为先进便捷的运输方式，不可避免地成为了西方人在华积极推动的事业之一，因此诞生了1876年由英国人建成运营的首条铁路——吴淞铁路，但因该路受到清政府的反对，在运营不久即被拆除。另一方面，清政府在西方强大势力和国内太平天国等各方冲击下，开始兴办“洋务”新政，创办新式工业和引进技术，铁路也随之进入洋务派的视野并成为新政的一部分，由此诞生了首条清政府许可修建和运营的铁路——唐胥铁路（唐山—胥各庄），其目的是为开平煤矿所产之煤的运输提供条件。中国的铁路建设自此正式拉开序幕。

实际上，修建于1894年之前的中国铁路并不多。据统计，该时期共筑铁路315.4公里，除了吴淞铁路外，主要修筑了京奉铁路关内段（山海关—天津东

---

❶ 陆逸志，马千里．中国铁路建筑编年简史（1881-1981）［M］．北京：中国铁道出版社，1983：10.

❷ 虽然位于鞍山的昭和制钢所在20世纪30年代后期也开始生产钢轨，但其完全由日本人控制，在本书中不作为中国本土钢轨制造商。

站）282.9公里，大冶铁路及狮子山支线共28公里，以及西沽支线（天津东站—西沽）4.5公里（图2-1）❶。此外，台湾铁路由台北至新竹段完工，约71.5公里❷。所有铁路均使用进口钢轨。

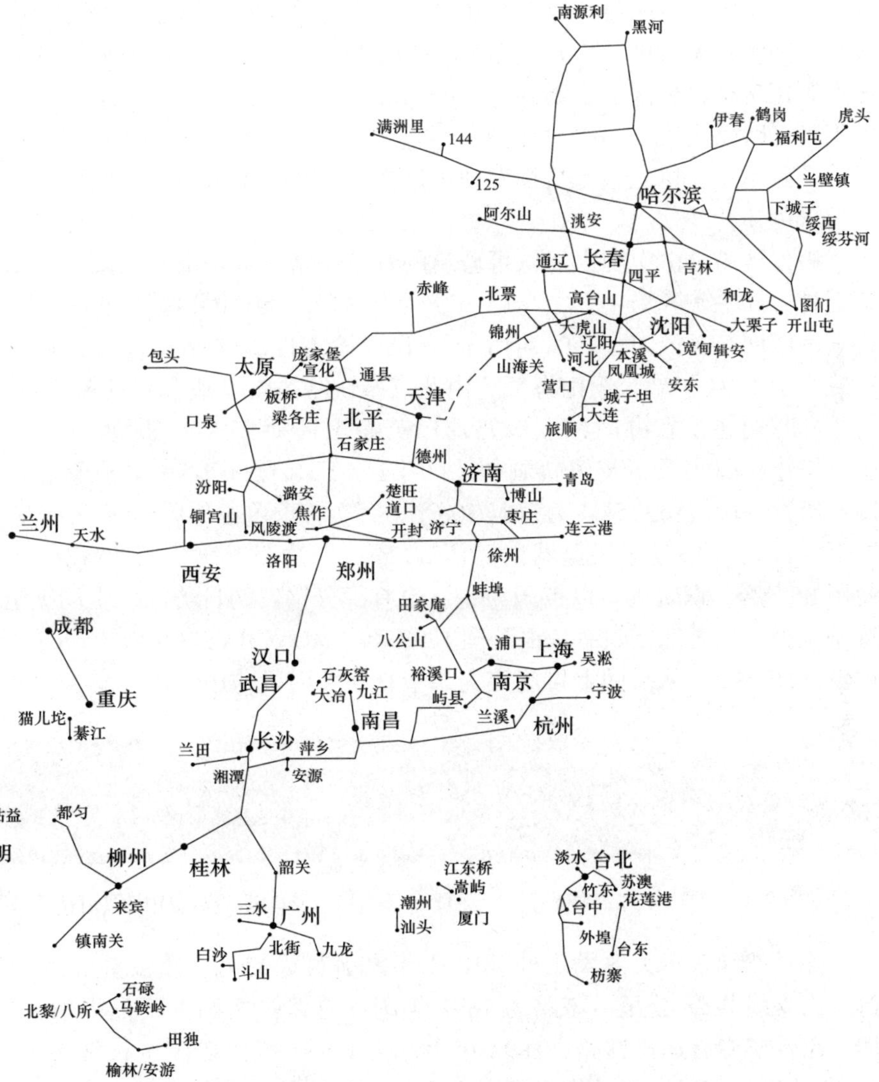

图2-1 1894年以前我国建设的铁路（虚线部分）❸

❶ 笔者根据陆逸志等编的《中国铁路建筑编年简史（1881—1981）》附录：中国铁路建筑史表（建国以前）所计。

❷ 陆逸志，等．中国铁路建筑编年简史（1883—1981）．北京：中国铁道出版社，1983：3.

❸ 图2-1、图2-3、图2-6为笔者根据陆逸志、马千里编的《中国铁路建筑编年简史（1881—1981）》附录所作。

吴淞铁路即上海至吴淞港口，全长 9 英里（约 14.5 公里），由 1874 年在英国注册登记的吴淞道路公司（Woosung Road Co.）组织修建，该公司以英商怡和洋行作为在华代理人。该铁路是在中国本土修建并投入运营的首条铁路，于 1876 年 1 月动工修建，同年 7 月 3 日正式通车营业❶。该路修建工程完全由英国商人按照英国铁路模式进行，是一条轨距为 30 英寸（762mm）的窄轨铁路。钢轨和枕木等建筑材料全部运自英国，钢轨采用每码 26 磅（即 13 公斤/米）的轻轨。由于该铁路仅运营了 16 个月便被中国政府购回并拆毁，钢轨最终被运往台湾并早已废弃不用，目前未有遗存发现。这批用于修建中国最早的铁路的钢轨制造商也尚未可知。

唐胥铁路是由中国当局认可修筑的首条铁路，也是京奉铁路修筑的肇始，修筑之初为开平矿务局主办，1885 年开平铁路公司组建并收买唐胥铁路，1888 年将其南段展筑至天津，1891 年李鸿章设立国有性质的北洋官铁路局，继续向北展筑，于 1894 年展筑至山海关，由此京奉铁路关内段基本完成❷。无论是开平公司主办时期还是官办时期，该路均以英籍工程师金达（Claude William Kinder）主持修建，因此采用英国轨制❸，采用 4 英尺 8 英寸半（1435 毫米）的标准规矩，唐胥一段最初的钢轨为每码 30 磅（后文轨重单位每码××磅均简写为××磅），展至芦台后用 45 磅，展至塘沽后用 60 磅，塘沽至天津段用 70 磅，天津北平段使用 85 磅❹，钢轨进口以英国为主，也有部分钢轨购自美国。中国铁道博物馆馆藏钢轨中，该时期钢轨有 2 根英国 1888 年"MOSS BAY STEEL"所造的 60 磅/码钢轨（图 2-2）从时间上可确定为京奉铁路关内段的用轨。

图 2-2　钢轨铭文：MOSS BAY STEEL 60LBS 1888 SEC97（中国铁道博物馆藏）

除吴淞和京奉关内段之外，1894 年之前筑成的另一重要线路为大冶铁路及狮子山支线共 28 公里。该路为 1891 年湖广总督张之洞为开发大冶铁矿而兴建，属大冶铁矿专有运矿铁路，1892 年 7 月竣工。干线由矿山至长江南岸的石灰窑，为 18 公里，支线由得道湾至狮子山，长 10 公里。大冶铁矿初创时，铁矿运道工程主管为德国铁路工程师时维礼（Scheidtweiler），在他的影响下，大冶运矿铁路

❶ 金士宣，徐文述．中国铁路发展史：1876—1949 年．北京：中国铁道出版社，1986：9.

❷ 凌鸿勋．中国铁路志［M］．台北：文海出版社，1954：173.

❸ 凌鸿勋．中国铁路志［M］．台北：文海出版社，1954：3.

❹ 凌鸿勋．中国铁路志［M］．台北：文海出版社，1954：175.

的材料订购于德国。轨制上，该路采用标准轨距，干线用85磅钢轨，支线用55磅轨。目前大冶铁矿发现有德国波鸿公司生产的钢轨，就是大冶运矿铁路初建时期的用轨。

2.2　汉阳铁厂运营期间的铁路建设用轨（1895~1922年）

1895年对于中国来说是个特殊的年份，洋务运动历时20多年，北洋水师在甲午战争中全军覆没，马关条约的签订，加深了西方各国势力对中国资源瓜分的危机。在这种危机下，中国经历了第一个建立在西方各国主导之下的铁路建设高潮。另一方面，洋务运动尤其是铁路建设的兴起，导致了对现代钢铁材料的大规模需求，面对钢轨等西方钢铁材料的大规模涌入，以张之洞为代表的洋务派深感创办本土钢铁企业的迫切性，于1890年开始筹划创办汉阳铁厂。1894年汉阳铁厂建成投产，其主要目的是为即将修筑的卢汉铁路（卢沟桥至汉口）提供钢轨，这改变了中国铁路用轨完全依靠进口的局面，进入了汉阳轨和进口钢轨瓜分中国市场的时期，这一格局持续到1922年汉阳铁厂的炼钢和轧钢设备全部停产之时。

马关条约签订以后，中国的铁路修筑进入高潮。1896~1903年是西方列强在中国争夺路权最激烈的时期，共修筑铁路4038.4公里❶。1904年后，进入国人争回路权和热心商办的新时期，1904~1911年共修建铁路约4963.7公里❷。辛亥革命至1922年，受到战争和财政等诸多因素的影响，铁路建设进入了一个相对迟缓的时期，修建里程约2300公里❸。1895~1922年，中国修建的铁路主要有东清铁路及南满支线、京汉、株萍、胶济、广三、道清、潮汕、正太、安奉、滇越、沪宁、新宁、沪杭、广九、津浦、南浔、吉长、个碧等铁路全线，京奉铁路关外段，京绥铁路和粤汉铁路大部，陇海铁路及四洮铁路小部（图2-3）。这一时期，中国的铁路初步形成了以京汉、津浦为主的中部与东部两大南北干线；京绥和京奉两条以北京为中心链接关内外的北方干线；东清铁路及南满支线为主的东北地区铁路网等组成的线路格局。

这一时期的铁路用轨有以下两个明显特点：

第一，汉阳造钢轨与进口钢轨共同分割市场份额。根据方一兵的估算，1922年之前汉阳铁厂钢轨铺设的铁路里数占已有铁路的33.5%❹。汉阳铁厂是我国近

---

❶ 陆逸志，马千里．中国铁路建筑编年简史（1881—1981）［M］．北京：中国铁道出版社，1983.6.

❷ 陆逸志，马千里．中国铁路建筑编年简史（1881—1981）［M］．北京：中国铁道出版社，1983.7.

❸ 笔者根据陆逸志等编的《中国铁路建筑编年简史（1881—1981）》附录：中国铁路建筑史表（建国以前）所统计．

❹ 方一兵．汉阳铁厂与中国早期铁路建设［J］．中国科技史杂志，2005（4）：312~322.

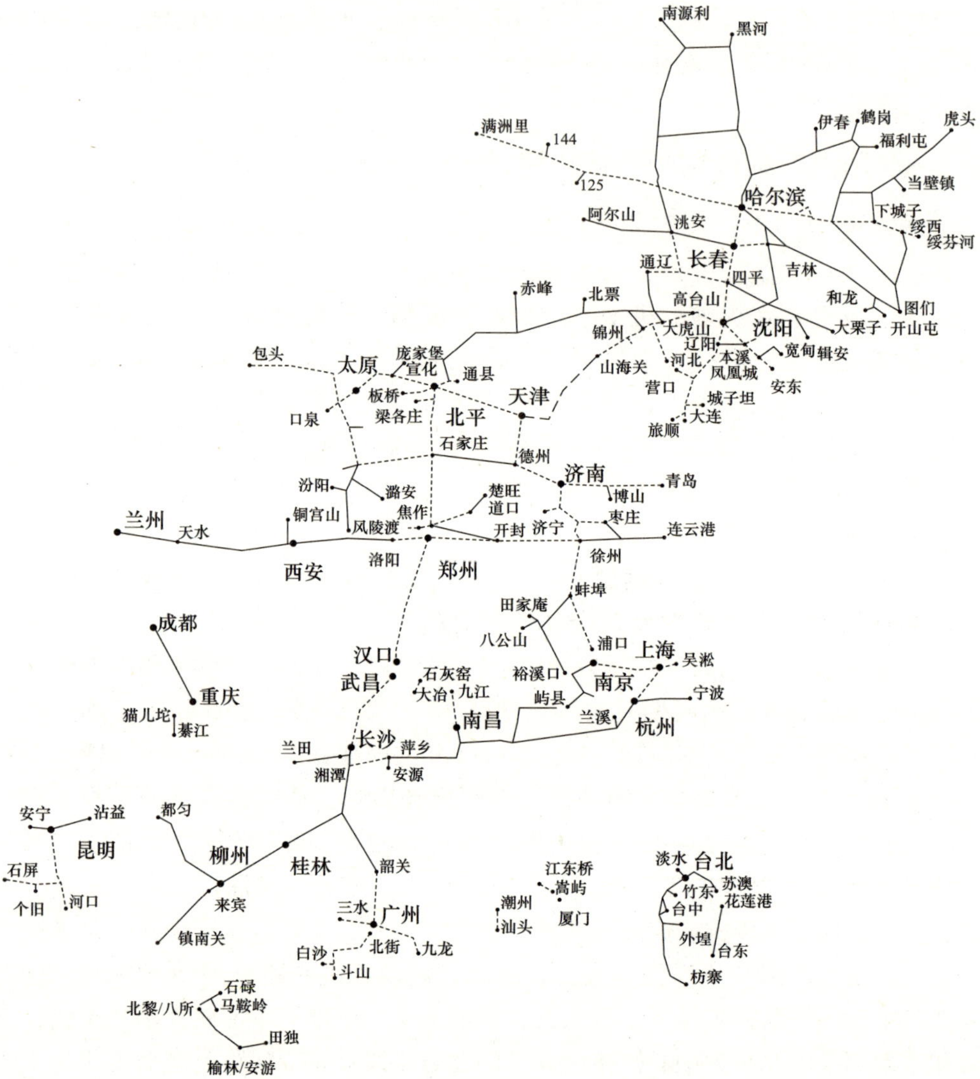

图 2-3　1894～1922 年间我国建设的主要铁路干线（点线部分）

代唯一以钢轨作为最终产品的钢铁厂，但其投产初期生产并不十分顺利，直至 1897 年，其炼钢、轧钢车间才实现正式生产。其钢轨生产可分为两个阶段，一是 1897～1902 年，汉阳铁厂产钢量 108672 吨，其中钢轨及钢轨配件共 63345 吨[1]，占 58.3%。这一阶段的钢轨所用钢出自贝塞麦转炉，因不能除磷而使钢轨易脆，遂于 1903 年停产进行技术改造，并于 1907 年恢复生产。1907～1922 年是

[1] 方一兵．汉冶萍公司与中国近代钢铁技术移植［M］．北京：科学出版社，2011：34.

汉阳铁厂钢轨生产的第二阶段，技术改造使其钢轨质量问题得到解决，这一时期汉阳铁厂产钢量508950吨❶，若仍以钢轨及配件产量占58.3%计算，则生产钢轨及配件约296667吨。根据海关资料统计，1894~1922年中国进口的钢轨数量为390012.7吨，仅为汉阳铁厂产量的1.08倍，可见无论是从所铺设铁路的里程数还是产量方面测算，汉阳钢轨在国内铁路建设中均占据了较高的市场份额。尽管如此，进口钢轨在这一时期仍然占据明显份额，并在1917年之后呈现较快增长（图2-4），这与新线路的建设和大规模换轨工作的开展有关。在进口国方面，与晚清时期英、法、比、德均分布市场不同，民国之后美国逐渐成为最大的钢轨进口国（图2-5）。

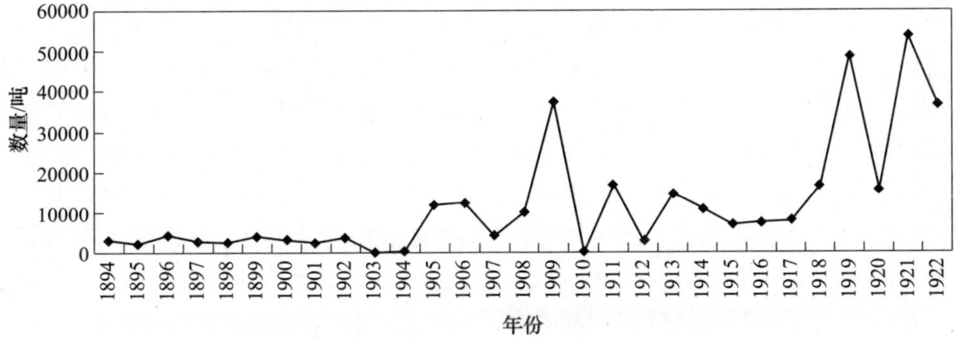

图2-4　1894~1922年我国钢轨进口数量（1902年前进口“钢轨”用进口“钢”量替代）

（注：1902年以前海关统计口径为钢（钢轨包含于钢中），1902年后才将“钢轨”作为独立的统计口径。1910年后开始有“分国别进口”的统计资料）

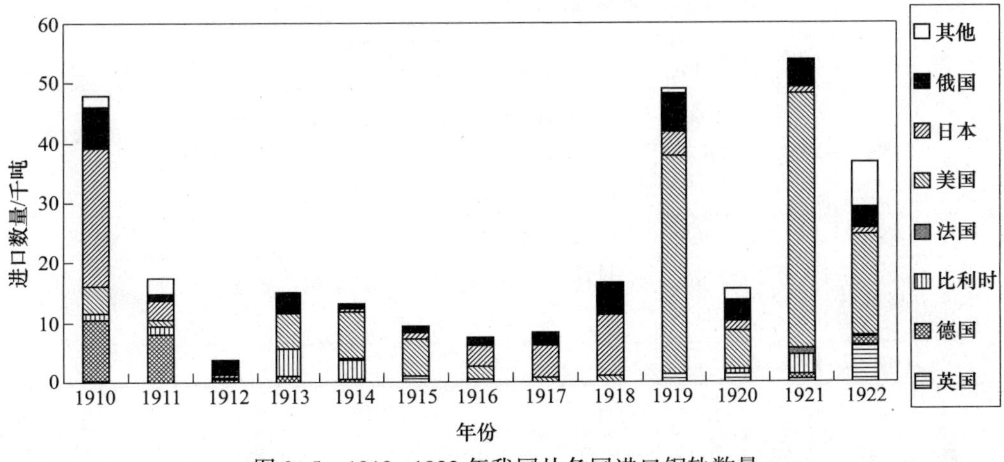

图2-5　1910~1922年我国从各国进口钢轨数量

❶　数据来源：汉冶萍档案史料选编（下），444页.

从铺设线路来看，据不完全统计，这一时期汉阳造钢轨先后为京汉、津浦、正太、陇海、沪杭甬（沪杭段）、粤汉（粤境内和湘鄂段）、株萍、南浔（九江—涂家埠段）、四洮（四平—郑家屯段）、吉长、广九铁路的铺设供轨，铺设总里程约6659.9里❶。这一时期的钢轨除了用于新修铁路，还用于满清铁路钢轨的抽换工作。例如，京奉铁路从1913～1922年共从英美两国购置轨条50978.84吨，抽换轨条72375节❷；京汉铁路在1912～1922年共从良济洋行（比商）、慎昌洋行（美商）、汉阳铁厂购置钢轨38330节，抽换轨条21496节等❸。

第二，该阶段铁路用轨无统一标准，各路钢轨规范各异。表2-1所列为1922年之前修建的主要铁路干线所用轨式。其原因在于两个方面：一是我国早期铁路用轨标准的制定的滞后，二是这一时期我国路权的丧失。我国首个铁路标准是1906年詹天佑拟订的《厘定铁路章程》，此章程对轨距和轨重做了规定，但并未给出标准轨式。而我国首个标准轨式的制定是在1911年汉冶萍公司拟订并由清邮传部颁布的《奏定八十五磅钢轨及附属品制造验收章程》，但标准颁布后不久便由于辛亥革命爆发而失去了官方地位。此后中国铁路用轨仍未统一，这一状况直到1922年民国政府交通部制定并颁布了《中华民国国有铁路钢轨及扣件规范书》之后才得以改变。另一方面，在尚无官方地位的统一标准的情况下，我国的铁路建设又大都由国外工程师主持，各路的轨式大都遵从设计者的国别标准，从而造成了各路钢轨样式轨重各异。

表2-1　1922年之前所建主要铁路干线轨式（含部分换轨轨式）

路线	修筑时间	轨式（截面）	钢轨制造国
京奉（北宁）	1881.5～1922	Sandberg式60磅/码，Sandberg式85磅/码，部定标准43kg/m，79磅/码	英国、美国
京汉	1898.2～1906.5	比利时式76磅/码，英国标准85磅/码，37.7kg/m，40.7kg/m，42kg/m，42.2kg/m	中国、比利时、英国
东清&南满	1898.5～1902.1	俄式32.244kg/m、33.477kg/m；ASCE标准30kg/m，MR式32kg/m，北铁式32kg/m，苏联标准式33kg/m，日本ASCE式37kg/m，ARA-A式40kg/m，苏联标准式43kg/m	俄国、日本、美国
株萍	1899.9～1905.12	英制85磅/码，76磅/码	中国
胶济	1899.10～1904.7	30kg/m，ASCE 75磅/码，美式60磅/码；部定标准43kg/m	德国，美国
广三	1901.12～1903.10	ASCE 75磅/码	中国

❶ 方一兵．汉阳铁厂与中国早期铁路建设：兼论中国钢铁工业化早期的若干特征［J］．中国科技史杂志，2005（4）．

❷ 数据来源：交通史路政编·第七册，227～230页．

❸ 数据来源：交通史路政编·第七册，1079～1081页．

续表 2-1

路线	修筑时间	轨式（截面）	钢轨制造国
道清	1902.7~1907.3	英国 Barrow 75 磅/码，英国 Cammell 60 磅/码，美国 Carnegie 75 磅/码，比利时苏马斯公司 85 磅/码（1923 年），85 磅标准轨 43kg/m	英国、美国、比利时
潮汕	1904.3~1906.10	ASCE 75 磅/码	不明
正太	1904.5~1907.10	威昂式 28kg/m	法国、中国
安奉	1904.8~1919.12	25 磅/码	不明
滇越	1904~1910.3	25kg/m	不明
沪宁	1905.4~1908.7	汉阳 85 磅/码，英制 85 磅/码	中国、英国
陇海	1905.6~?	比利时式 37.7kg/m、42.164kg/m；ASCE 85 磅/码	中国、比利时
京绥	1905.10~1923.1	Sandberg 式 85 磅/码，英制 85 磅/码，美国 Carnegie 85 磅/码，ASCE 70 磅/码，汉阳 60 磅/码，Sandberg 式 60 磅/码	英国、美国、中国、比利时
新宁	1906.5~1913.8	ASCE 60 磅/码，75 磅/码	不明
粤汉	1906.9~?	南段：ASCE 85 磅/码，美制 75 磅/码；湘鄂段：汉阳 85 磅/码，ASCE 85 磅/码	中国、美国
沪杭甬	1906.10~?	汉阳 85 磅/码，英制 85 磅/码，比制 75 磅/码，汉阳 75 磅/码，Cockerill 65 磅/码	中国、英国、比利时
漳厦	1907.7~1911.5	比利时式 76 磅/码	中国
广九	1907.8~1911.10	英式 85 磅/码	中国
津浦	1908.8~1912.11	干线：英国旧式 85 磅，Prussian 式 41kg/m；支线：Prussian 式 33.4kg/m，汉阳 37kg/m	英国、德国、中国
南浔	1908~1916.5	ASCE 60 磅/码，比利时式 76 磅/码	中国、日本
吉长	1910.5~1912.10	60 磅/码，ARA 80 磅/码	中国、美国
四洮	1917.4~1923.10	英制 85 磅/码，俄式 64 磅/码	英国、俄国、中国

注：潮汕、滇越、安奉及新宁铁路因史料限制，无法确定钢轨制造国。

资料来源：1. 方一兵．汉冶萍公司与中国近代钢铁技术移植［M］．北京：科学出版社，2011：89~90.

2. 铁道部工务司工程科制．中华民国国有铁路工程状况表［Z］．南京：铁道部．1934年．

3. 关赓麟主编．交通史路政编（第1-18册）［M］．南京：铁道部交通史编纂委员会，1935.

4. 凌鸿勋著．中国铁路志［M］．台北：文海出版社，1954：173~401.

5. 中国长春铁路管理局企划处编译．铁路资料汇编第七种——中长铁路工务概要（上）［M］．长春：中国长春铁路管理局企划处，1948.

正是由于历史上我国各线路的制造商和轨式各异，使得能够在今天的中国境内发现这个时期来自如此众多的国外制造商的不同制式的钢轨。从中国铁道博物馆馆藏情况看，这一阶段的钢轨文物数量最多，除汉阳造外，还有来自英国、德国、比利时、法国、俄国、美国等国制造的钢轨，共 52 根，占馆藏近代钢轨总数的 57.8%。从钢轨铭文来看，主要有中国铁路总公司（ICR）所辖铁路定制的钢轨，以及专门铁路线定制的钢轨，如京张（IPKR）、京奉（PMR）、津浦（KTPE）、东清（KBЖД）等线所定之轨。

2.3　汉阳铁厂停产以后的铁路建设用轨（1923~1949 年）

20 世纪 20 年代后半期到 1949 年，中国社会经历了两个重要阶段：一是 1927~1937 年，这是国民党政府在南京执政的十年，这十年国家相对稳定，中国的工业在相对宽松和自由的环境下获得发展的空间，铁路建设再次受到重视。国民政府在行政院下添设铁道部专司铁道管理之职，国有铁路的延展，以及省营、公营和民营铁路的修建等，形成了近代又一次铁路建设的高潮。二是 1937~1945 年的抗日战争时期，由于东北、华北和长江下游等地相继沦陷，国民政府迁都重庆，铁路建设在日占区和抗战后方分别展开。

从铁路修建线路及里程来看，1923~1937 年间，共修建 10109 公里❶，大部铁路建设集中于东北地区，关内修建的主要干线有浙赣、锦古、江南、同蒲、淮南、赤峰、苏嘉等路，以及陇海铁路陕州至兰州段大部、粤汉铁路（韶关-株洲北站）、杭甬铁路肖山至曹娥江段等。抗战期间，铁路建设在东北日占区和抗战后方两处分别展开，共修建铁路 6297.5 公里，其中抗战后方修建 2383.5 公里❷。后方的铁路建设主要出于打通西南外援和连接内地的需要，因此国民政府尽自己所能在西南赶筑湘桂铁路的衡桂、桂柳、柳南段大部、滇缅铁路东西部分路段以及黔桂铁路；并在西北将陇海铁路向西展筑至天水。抗战胜利至新中国成立，共建成铁路 191.3 公里（见图 2-6）❷。

值得一提的是，东北是 20 世纪 20 年代至 1945 年间新增铁路里程数最多的地区，这与日本对东北的侵略有直接关系。实际上，日本早在 1906 年日俄战争之后取得中东铁路长春至旅顺段路权，并成立南满洲铁道株式会社，开始以各种方式对东北地区铁路建设进行控制和渗透。1931 年东北沦陷之后，日本便开始实施大规模铁路建设，打造“开发满蒙铁路网”。日本占领的 14 年间，除原有铁路上增筑支线和复线外，共筑成通车铁路长约 5700 公里❸，从而使东北成为中国土地上铁路网线最为密集的区域。为满足铁路建设用轨的需求，1933 年日本在鞍山制铁所的基础上设立昭和制钢所，除新增炼钢设备外，还兴建大型轧钢厂，

---

❶ 李占才．中国铁路史（1876—1949）［M］．汕头：汕头大学出版社，1994：203.

❷ 陆逸志，马千里．中国铁路建筑编年简史（1881—1981）［M］．北京：中国铁道出版社，1983：概述部分 10.

❸ 金士宣，徐文述．中国铁路发展史（1976—1949）［M］．北京：中国铁道出版社，2000：441.

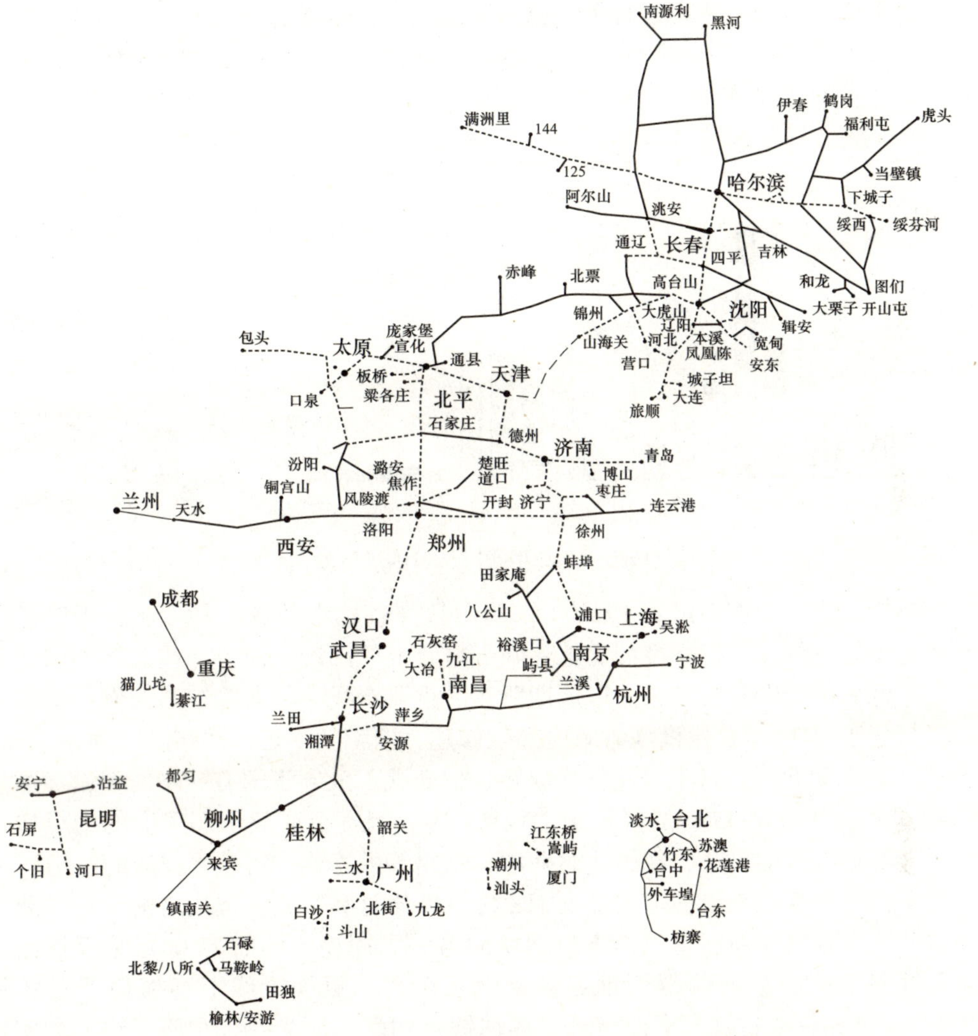

图 2-6 1923~1949 年间我国建设的主要铁路干线（粗线部分）

用于钢轨和其他型钢的生产，1935 年之后开始产钢，最迟至 1937 年出产钢轨。其所生产的钢轨全部供应东北和华北地区的铁路建设。目前中国铁道博物馆收藏的钢轨文物中有 7 件战争时期昭和制钢所出产的钢轨。

这一时期，中国铁路用轨呈现以下几点特征：

第一，由于本国钢铁工业的衰败，中国的铁路建设再次几乎全部依赖进口钢轨。据统计，1923~1949 年中国共进口钢轨 693450.2 吨[1]。从来源上看，钢轨主

---

[1] 数据为笔者根据："茅家琦，黄胜强，马振犊．中国旧海关史料（1859—1948）［M］，北京：京华出版社，2001."有关钢轨的统计数据计算。

要来自美国、英国、法国、日本、德国、比利时、苏联七个国家，它们占进口总量的比重分别为：29.45%、14.29%、10.28%、9.70%、9.64%、9.55%、7.95%（见图 2-7）❶。

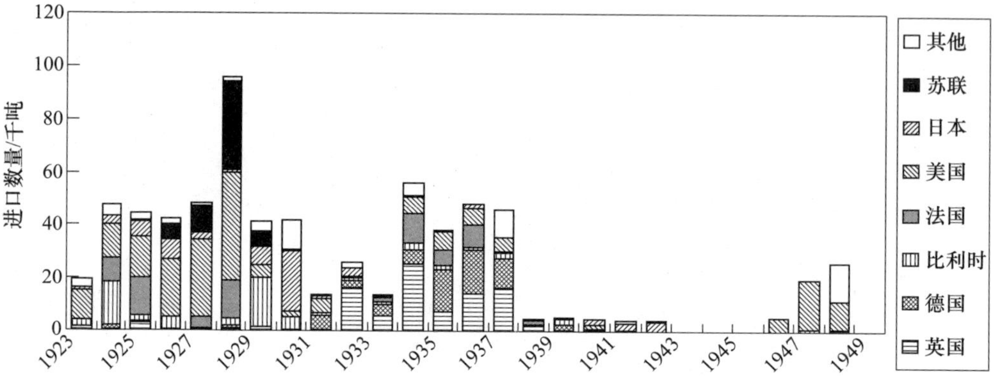

图 2-7　1923～1949 年我国从各国进口的钢轨数量

第二，这一时期，随着 1922 年铁路用轨部颁标准的颁布和实施，干路用轨开始有了统一制式，但标准的实施受限于财政上的困难，使得一些线路的修建采取了降低标准而未实现统一。以该期所建的重要干线——浙赣铁路为例，该线杭江段筹建于 1929 年，由浙江省政府筹款修建，因工款不足，此路以“先求其通，次求其备”为原则，虽然采用标准轨距，但轨式上放弃了国有铁路的部颁标准的 85 磅重轨，而采用 35 磅的轻轨来铺设❷，这一因资金或战争而采取的为尽快通车放弃部颁标准的做法，在抗战时期湘桂铁路等的修建中得到更普遍的使用。

第三，随着运输量的增大以及钢轨标准的修订和实施，抗战之前一些主要干线进行了大规模换轨，这成为进口钢轨的另一大用途。例如 1936 年平汉铁路用湘鄂铁路中英庚款所购得大批英制钢轨及配件，更换干线上磨损最严重的钢轨❸。而浙赣铁路杭江段向西展筑与萍株铁路相联，成为一条东西干线，为实现干路与沪杭甬和粤汉两路之间的联运，最终于 1936 年决定将 35 磅轨换为由捷克的钢铁厂生产的 63 磅新轨❹。

第四，抗战时期后方铁路建设里程非常有限，因战事影响，一方面钢轨进口急剧减少，另一方面国民政府将原汉阳、上海等处设备西迁至重庆，在后方创办了钢铁厂迁建委员会等企业，部分企业在 20 世纪 40 年代之后开始生产钢轨，但

❶ 数据为笔者根据：“茅家琦，黄胜强，马振犊．中国旧海关史料（1859—1948）［M］，北京：京华出版社，2001 年.” 有关钢轨的统计数据计算。

❷ 金士宣，徐文述．中国铁路发展史（1976—1949）．北京：中国铁道出版社［M］. 2000：374.

❸ 卞秋霞编，陈琯校阅．更换钢轨工程志略［J］．平汉铁路月刊，1936（79）：1～12.

❹ 金士宣，徐文述．中国铁路发展史（1976—1949）．北京：中国铁道出版社［M］. 2000：376.

产能非常有限。在此情况下，所建湘桂、黔桂、滇缅、綦江等铁路的用轨主要为两个来源：一是其他已成线路拆换，或是原为其他线路建设用轨，但因战事而转移的；二是后方钢铁厂所产的钢轨。如 1937 年开工建设的湘桂铁路衡阳至桂林段，所用钢轨为每米 37 公斤的钢轨，全由因战事停建的湘黔铁路移拨❶。1941 年复工兴建的柳州至来宾段，系利用粤汉线拆下的轨料铺设❷。而 1939 年动工的黔桂线所用钢轨，则是由华北及长江以南撤退所拆各路钢轨铺设，拆移的路轨包括湘黔路 100 公里、南浔路 100 公里、粤汉路长沙段 35 公里及南段 50 公里、浙赣路约 100 公里，以及湘桂路南镇段 80 公里。此外，1942 年动工兴建的綦江铁路，其猫儿沱至五岔一段，使用钢迁会轧制的 35 磅轻轨铺设。

从中国铁道博物馆馆藏的钢轨看，该时期的钢轨有 36 根，主要为日本和美国造。其中，日本八幡制铁所制造的钢轨数量多达 17 根、昭和制钢所造 7 根、美国造 7 根。由于该阶段我国铁路建设的区域主要集中在东北地区，因此馆藏日本造钢轨的数量之所以如此庞大也就不足为怪了。

---

❶ 凌鸿勋．中国铁路志．台北：文海出版社［M］．1954：244.

❷ 金士宣，徐文述．中国铁路发展史（1976—1949）．北京：中国铁道出版社［M］．2000：425.

3 汉阳铁厂的钢轨生产

汉阳铁厂是中国近代首个成功投产运营的西式钢铁企业，也是抗战之前中国唯一的钢轨生产商。正是由于汉阳铁厂的兴起，使中国近代铁路建设用轨在19世纪末改变了完全由进口钢轨垄断市场的局面，历经曲折的汉阳铁厂在此后的30年间，为中国铁路建设的本土化做出了不可磨灭的贡献。目前，在中国各地发现了越来越多的汉阳造钢轨，均制造于19世纪末到20世纪20年代，因其见证了我国近代铁路建设和本土钢轨生产史而逐渐受到人们的关注。因此，无论在技术史还是文物研究的层面，都有必要对近代汉阳铁厂钢轨生产及其技术进行梳理。

汉阳铁厂的兴建源于卢汉铁路的筹建，1889年4月，时任两广总督的张之洞奏请修建卢汉铁路（卢沟桥至汉口），8月，清廷派调任湖广总督的张之洞与直隶总督李鸿章，会同海军衙门筹建卢汉铁路❶。身为晚清洋务派的张之洞，其洋务实践的重要思想动机就是要“开利源，杜外耗”，他倡导修建卢汉铁路也是出于此目的。因此对于铁路建设所用材料，张之洞坚决提倡使用中国本土生产的材料。

1889年张之洞还在广东任两广总督时，便向英国谛塞德厂（Tees-side Iron and Engine Works）订购了炼铁炉和制造铁轨的炼钢设备。至1890年初，清廷批准已调任湖广总督的张之洞将炼铁设备移至湖北，“今日之轨，他日之械，皆本乎此。宏论倾划，自底于成。”❷ 汉阳铁厂的筹建自此开始，历经5年，于1894年开炉炼铁制钢。自此，中国开始了为修建铁路而自造铁轨的现代化钢铁工业的历程。

汉阳铁厂的钢轨生产可分为两个阶段：一是铁厂第一期建设完工后至1904年；二是1908年第二期改扩建基本完工到1922年汉阳铁厂炼钢轧钢全部停产。这两个阶段汉阳铁厂钢材的生产工艺有所不同。

3.1 汉阳铁厂一期投产之后的钢轨生产（1896~1904年）

3.1.1 设施建设与钢轨生产

在湖广总督张之洞的谋划下，汉阳铁厂于1890年12月23日动工兴建。铁

---

❶ 中国铁路史编辑研究中心．中国铁路大事记［M］．北京：中国铁道出版社，1996：6~7.

❷ 孙毓棠．光绪十六年正月初四海军衙门致张之洞电［A］．中国近代工业史资料［Z］．北京：科学出版社，1957：750.

厂选址于龟山角下、汉水南岸的一片滩涂地上，主要设备来自英国北部地区米德尔斯堡的谛塞德公司（Tees-side Engine Company of Middlesbrough），由张之洞于 1889 年委托驻英大使刘瑞芬（1827~1892 年）订购。这批设备包括了从炼生铁厂到熟铁厂、炼钢厂、轧钢厂在内的全套设施（表 3-1）[1]。

表 3-1 汉阳铁厂第一期生产设备[2]

生产部门	设 备	数量	备 注
高炉部门	75 吨（日产能）的高炉	2	
	鼓风机	6	
	高伯式热风炉	6	
熟铁厂	搅炼炉	20	每 12 小时给料 6 次，共 250 公斤
	蒸汽锤	2	重 60 英担[3]
	70 马力的轧机	1	轧辊直径 510 毫米
马丁炉炼钢厂	西门子-马丁平炉	1	生产能力为 12 吨/回
贝塞麦炼钢厂	贝塞麦转炉	2	生产能力 5.5 吨/回
	混铁炉	3	直径 2.1 米
	双向鼓风机	3	风缸直径 520 毫米；蒸汽缸直径 350 毫米，交换机直径 620 毫米
	双向垂直鼓风机	1	1897 年购买
轧钢厂	钢锭和钢轨生产线	1	轧辊直径 760 毫米
	薄板生产线	1	轧辊直径 530 毫米、310 毫米、360 毫米

铁厂的建设历经三年，于 1893 年年底全部完工，但由于财政拮据和高炉的质量问题，汉阳铁厂直到 1894 年 6 月 28 日才正式投产。因缺乏经验和技术上的有效指导，铁厂的生铁冶炼和炼钢等环节都经历了较长时间的试错和调整。炼钢到 1897 年 5、6 月份，轧制车间到 1897 年 7 月之后才实现正常生产。此后生产逐步稳定，贝塞麦炼钢车间的月产量维持在 2000~2500 吨，马丁车间维持在 400~500 吨[4]。表 3-2 列出了 1897~1902 年汉阳铁厂炼钢和轧钢的产量。这一时期，钢轨作为最主要的最终产品，占铁厂出产钢材总量的 75%。

[1] 方一兵. 汉冶萍公司与中国近代钢铁技术移植［M］. 北京：科学出版社，2010：25.

[2] 资料来源：根据欧仁. 吕柏回忆录《中国的采矿业与钢铁工业》有关资料整理。

[3] 1 英担=50.8 千克。

[4] 据吕柏回忆录《中国的采矿业与钢铁工业》记述。

表 3-2 1897~1902 年汉阳铁厂炼钢和轧钢产量 （吨）

年份	炼钢		轧钢	
	贝塞麦车间	马丁车间	重锭钢轨生产线	钢板薄板生产线
1897	6602	1816	4691	2713
1898	18507	3399	13424	2808
1899	17140	3117	12148	4055
1900	17464	4670	12257	4453
1901	10305	2146	7107	1969
1902	19114	3792	13718	4637

资料来源：吕柏回忆录《中国采矿业和钢铁工业》。

这一时期，汉阳铁厂实现了从生铁冶炼到炼钢再到轧钢的钢铁一体化生产。高炉炼制的生铁，进入贝塞麦转炉或西门子-马丁平炉进行炼钢，所产的钢锭再经过轧机轧制成钢轨。但这一阶段汉阳铁厂生产的钢轨质量并不高，其中炼钢环节是决定质量的关键。虽然此时汉阳铁厂同时拥有贝塞麦酸性转炉和西门子-马丁平炉，但用于轧制钢轨的钢料主要来自贝塞麦转炉。众所周知，贝塞麦酸性转炉的炉衬是用含有大量硅酸盐的“酸性”耐火材料制成的，这种炉衬可以去除碳、硅、锰等杂质，但是不能除磷，因此只适用于炼制低磷生铁。而这一时期汉阳铁厂的生铁是利用磷含量高达 0.123%的大冶铁山区的铁矿石冶炼而成，不能除磷的炼钢环节最终导致了钢轨用材的磷含量偏高。据时任铁厂工程师的吕柏记录，钢轨用材的磷含量达 0.08%~0.12%（表 3-3）。

表 3-3 汉阳铁厂生产钢材的主要化学成分 （%）

名称		C	Si	S	P	Mn
贝塞麦车间	铁轨用钢	0.15~0.25	0.05~0.10	0.03~0.07	0.08~0.12	0.65~0.85
	连接板用钢	0.08~0.12	0.02~0.05	0.03~0.07	0.08~0.10	0.50~0.55
马丁车间	三角铁螺栓等用钢	0.06~0.10	0.01	0.05	0.02	0.50

资料来源：吕柏回忆录《中国的采矿业和钢铁工业》，第 77 页。

3.1.2 为卢汉铁路建设供轨

为卢汉铁路（卢沟桥至汉口）的建设供应钢轨，是汉阳铁厂创办的初衷。1896~1905 年，是卢汉铁路的建设时期。这一时期，汉阳铁厂生产的钢轨均供给卢汉铁路。

卢汉铁路缘起于 1889 年，时任两广总督的张之洞奏请修筑卢汉铁路，以北京城外十余公里的卢沟桥为起点。得到清廷许可后，张之洞随即被调任湖广总督，以便就近筹划。对于铁路的修建，张之洞认为以“积款、采铁、炼铁、教工四事为先，勘路开工次之。”因此在调任湖广总督之后，便有了汉阳铁厂的创办。汉阳铁厂投产之后的 1896 年，为解决财政困难，张之洞请盛宣怀接管汉阳铁厂。盛宣怀接手汉阳铁厂的同时，为保证汉阳铁厂钢轨的销路，组建了由他本人任总督办的官办中国铁路总公司。1897 年，中国铁路总公司与比利时银行工厂合股公司签订卢汉铁路借款合同，将汉口至保定段的筑路权交给比利时，合同对筑路材料有如下规定：“营造汉保全路，及行车所需制造材料，除汉阳各厂所能造者先尽购办外，皆归比公司承办。”❶ 此合同条款后为正太、京沪、汴洛等路借款所仿效。

实际上，在合同签订之前，卢汉铁路的卢沟桥至保定段已开始修建，长约 80 英里，其中约 50 英里的钢轨由汉阳铁厂提供。保汉一段则优先使用汉阳铁厂的钢轨，但汉阳钢轨铺设的里程数已不能确切知道。据估算，1896~1904 年，汉阳铁厂生产钢轨及钢轨配件共 63345 吨，若按每英里需用 85 磅轨 133.57 吨、鱼尾板 9.35 吨、枕钉 2.53 吨、螺钉 0.78 吨计❷，该时期汉阳轨可铺设的里程数约为 433 英里（约 697 公里），相当于卢汉铁路总里程的 57%。

这一时期汉阳造钢轨质量并不过关。由于含磷过高，使得京汉线使用的汉阳钢轨出现了多处断裂现象，1897 年铁厂开始向卢沟桥至保定一段供应钢轨时，就有检验不合格的报告：“……此次所验第三条钢质过硬，拉力只长一分，制钢轨不甚相宜。照泰西章程，验得第三条钢质如此，须将同时所出之钢轨再验一条，倘仍只拉长一分，应将全行钢轨概行废弃。目下各钢已经杂乱，未能照此章办理。”❸ 但未引起重视，直到 1903 年汉阳铁轨出现多处断裂现象，时任汉阳铁厂提调的宗得福才道出其中缘故：“……又奉敬电，沙多云去年所运北轨，断者甚多，当即两次电复。旋据卜聂云，外洋轨质含磷只 0.05，汉厂所拉之轨含磷皆 0.12 不等。历年皆伊设法，另用马丁钢炼成样轨，就铁路洋工师考验。”❹ 可见，为使汉阳铁厂能顺利向京汉铁路各工段供轨，负责钢轨生产的工程师卜聂只能以含磷低的马丁炉钢拉成样轨来对付检验。

但汉阳铁厂仍然坚持为京汉铁路供轨直到 1904 年铁路基本完工。此时铁厂总办盛宣怀下决心利用日本借款，对铁厂进行技术改造和扩建，以解决困扰汉阳

❶ 卢汉铁路比国借款续订详细合同．见：肯德．中国铁路发展史［M］．北京：三联书店，1958：215~221.

❷ 汉冶萍公司纪略［J］．东方杂志．1918，15（4）．

❸ 光绪二十三年九月十四日顾培验轨报单［A］．陈旭麓等编．盛宣怀档案资料选辑之四：汉冶萍公司（一）［Z］．上海：上海人民出版社，1982：687.

❹ 光绪二十九年二月初九宗得福致盛宣怀函［A］．陈旭麓等编．盛宣怀档案资料选辑之四：汉冶萍公司（二）［Z］．上海：上海人民出版社，1986：311.

铁厂多年的钢轨质量问题。1905~1908 年是汉阳铁厂的技术改造和第二期设备建设阶段。

3.2　汉阳铁厂的二期建设之后的钢轨生产（1907~1922 年）

3.2.1　技术改造与改扩建

1905~1908 年是汉阳铁厂的第二期改扩建时期。在改扩建之前的 1904 年，时任汉阳铁厂翻译及掌管西人事务的李维格被派往日本、美国与欧洲进行考察，此次考察携带了大冶铁矿石、萍乡焦炭以及汉阳铁厂的钢铁制品，目的为考验矿质、考究厂务、访聘工师、购办机炉以及筹补用款。经过其在英国寻访专家进行化验的结果，汉阳铁厂决定废弃贝塞麦转炉炼钢而改用西门子-马丁碱性平炉炼钢。

1905 年，汉阳铁厂进入了生产设施全面改扩建时期。这一时期，贝塞麦转炉全部停止生产，铁厂对原有高炉进行了提高产量的改造，并对原有轧钢生产线进行了更新和添置设备。二期最主要的任务是新建了 2 座日产 250 吨的高炉和 7 座 30 吨的西门子-马丁炼钢平炉，并将原有的贝塞麦转炉全部废弃。表 3-4 所列为汉阳铁厂二期改扩建工程全部竣工之后各部门的主要设备情况。

表 3-4　汉阳铁厂二期建设之后的主要设备❶

部门	设　　备	数量	备　　注
炼铁	100 吨高炉	2	来自英国，各有热风炉 3 座
	250 吨高炉	2	来自德国，各有热风炉 4 座
炼钢	西门子-马丁炼钢平炉	7	容积 30 吨，来自英国
	混铁炉	1	容积 150 吨，来自美国
	打钢样汽锤	2	
轧钢	二重式轧机（辊径 500 毫米）	2	轻轨、鱼尾板等
	三重式轧机（辊径 380 毫米）	4	轻轨夹板、方钢、圆钢、扁钢
	二重式轧机（辊径 380 毫米）	1	
	二重式轧机（辊径 320 毫米）	1	
	二重往返可逆式开坯轧机（辊径 1016 毫米）	1	钢板扁坯
	二重可逆式钢板轧机（辊径 770 毫米）	2	
	二重可逆式轧机（辊径 800 毫米）	3	重轨
	二重可逆式轧机（辊径 800 毫米）	2	

❶ 资料来源：1. 顾琅．中国十大矿厂记［M］．北京：商务印书馆，1914；2. 吕柏．1917~1918 年回忆录；3. 刘明汉．汉冶萍公司志［M］．武汉：华中理工大学出版社，1990.

1907年改扩建基本完成后，汉阳铁厂恢复了钢轨生产。与一期相比较，二期的钢轨生产在技术上最重要的改变是，钢料全部改由西门子-马丁碱性平炉炼成，也就是改变了炼钢环节的工艺，这从技术上解决了钢材含磷高的质量问题，使汉阳铁厂的钢轨质量获得了大幅度提高。具体地，这一时期汉阳铁厂完全采用碱性平炉炼钢（图3-1）。炼钢炉料分为两种：一种是生铁加废钢炉料，生铁和废钢各占50%；另一种是热铁水加废钢，热铁水占2/3，废钢占1/3，所加炉料每次30吨，每8小时出钢一次，出钢率88%[1]。但大多数情况下，由于废钢料的缺乏，汉阳铁厂平炉炼钢所加的废钢仅为20%左右[2]。炼钢平炉以煤气发生炉产生的煤气做燃料，并没有利用高炉煤气。汉阳铁厂的西门子-马丁平炉如图3-1所示。

图3-1 汉阳铁厂西门子-马丁平炉（1908年）[3]

轧钢方面，汉阳铁厂在二期建设中扩充了轧钢生产能力，轧机数量增加至16台，其中7台用于钢轨生产（表3-4）。轧制重轨的设备为两台辊径800毫米的二重可逆式轧机，由德国克莱因（Klein）兄弟机械制造有限公司制造，为汉阳铁厂二期改扩建时期订购的设备[4]。这些设备可轧制16.1~85磅的钢轨。汉阳铁厂的轧钢车间如图3-2所示。

---

[1] 方一兵．汉冶萍公司与中国近代钢铁技术移植［M］．北京：科学出版社，2010：51.

[2] Hoyt L W. Blast furnaces and steel mills in China［J］. The Far Eastern Review，1923（5）：305~312.

[3] 图片来源：汉冶萍煤铁厂矿有限公司图说［M］．上海：汉冶萍煤铁厂矿有限公司，1908.

[4] 方一兵．中日近代钢铁技术史比较研究：1868—1933［M］．济南：山东教育出版社，2013：79.

图 3-2　汉阳铁厂的轧钢车间（约 1923 年）❶

3.2.2　钢轨生产与供轨

经过二期改扩建，汉阳造钢轨的质量得到改善，产量也明显提高。1908 年正值中国铁路建设的第一次高潮，汉阳铁厂面临着很好的前景。为解决资金问题，盛宣怀决定将汉阳铁厂、大冶铁矿与萍乡煤矿合并成立商办的汉冶萍煤铁厂矿股份有限公司，借以筹集社会资本。汉冶萍公司一经成立，便成为远东最大的钢铁联合企业。1908～1910 年，汉阳铁厂保持了三年连续盈利的好势头。1911 年的意大利世界博览会上，汉阳造钢轨获得最优等奖。

从产量上看，到 1915 年 4 号高炉竣工投产之时，汉阳铁厂高炉的年产生铁能力可达 20 万吨以上，实际的最高年产量为 1919 年的 166000 吨。1911 年 6 号平炉竣工以后，每年可出钢 10 万吨以上，但公司的实际最高钢产量为 1917 年的 6 万多吨，最终产品（各类钢材）以 1916 年的 45000 吨为最高年产量，其中以钢轨为最大份额。据估算，1907～1922 年，汉阳铁厂生产钢轨及配件约 296667 吨。

这一时期，中国铁路建设用轨进入了由汉阳铁厂和国外钢轨制造商共同分割市场的格局。据估算，汉阳造钢轨所占的市场份额可达三分之一之强，成为中国

---

❶ 图片来源：Hoyt L W. Blast furnaces and steel mills in China [J]. The Far Eastern Review, 1923 (5): 305～312.

铁路建设的主要钢轨供应者之一。尤其在早期的1907年、1908年和1911年，汉阳铁厂一度超过了进口钢轨成为中国铁路用轨的最大供应商，以至于当时被英国泰晤士报称为“钢铁世界之大竞争家”❶。

然而好景不长，汉阳铁厂并没有像西方记者所预期的那样发达。在经历了1911年辛亥革命炮火摧毁的阵痛，以及一战短暂的“黄金时期”之后，其钢轨销售额占总销售额的比重开始逐年下降（表3-5）。1916年汉阳铁厂因市场需求变化而停止了钢轨生产，改为大量生产工字钢等其他钢货。第一次世界大战结束之后，汉阳铁厂虽然恢复了钢轨生产，但销售不畅以致钢轨大量积压，至1921年库存钢轨48000吨，当年仅销售8200吨。1922年民国政府改变铁路轨式，汉阳铁厂库存积压的钢轨报废。1922年生产185吨钢之后，炼钢炉全部停产。至此，我国近代唯一的以钢轨为最终产品的钢铁实业以停产而告终。中国铁路建设由此进入了完全依赖国外钢轨修建的时期。

表3-5 1908~1918年汉阳铁厂钢轨销售额占总销售额比重变化❷ （%）

年份	1908	1909	1910	1911	1912	1913	1914	1915	1916	1917	1918
比重	37.5	49.5	51.5	35.0	11.3	20.2	35.3	27.3	20.7	15.5	5.9

纵观而论，经过二期改造之后，汉阳铁厂已经能生产出质量上佳的钢轨。因此，导致汉阳铁厂钢轨生产衰败的原因不在其技术能力和钢轨质量本身，而是技术之外的各种外因所致，笔者认为主要有以下几方面：

首先，铁路建设用轨标准的不统一，导致了钢轨生产的不经济性。中国近代首部铁路用轨标准虽然产生与清末，但因政权更迭而形同虚设。直到1922年为止，并无一部真正发挥作用的钢轨制造标准。因此汉阳铁厂必须遵从各铁路工程师的不同国别习惯，来生产样式和轨重各异的钢轨，这导致汉阳铁厂无法实现集中和连续生产的经济性规模。例如1911年，汉阳铁厂钢轨种类既有本厂标准的85磅轨，也有按美国式、英国式、比利时式标准轧制，出产钢轨的轨重最重为每码85磅，也有从33.2磅到16.1磅的轻轨（表3-6）。1913年，时任汉阳铁厂总办李维格撰写《中国钢铁实业之将来》一文，便将标准不统一作为中国钢铁业不能发达的两大原因之一：“各处铁路，人自为政，所用洋工程师，亦各有意见，路轨车辆样式，杂乱分歧，从无划一之规定。因此各国工师，各出其式，使承造者穷于应付。……此中国之铁业，不能发达之二也。”❸

❶ 汉冶萍煤铁厂矿记略·附录己酉九月上海时报译泰晤士报［J］. 东方杂志. 1910, 7（7）: 70.

❷ 资料来源：刘明汉. 汉冶萍公司志［M］. 武汉：华中理工大学出版社，1990: 31.

❸ 李维格. 中国钢铁实业之将来［J］. 东方杂志，1913，10（6）.

表 3-6　汉阳铁厂轧制钢轨的种类（1911 年）❶

每码轨重/磅	轨式	每千英吨单轨铁路长/英里
85	中国式	7.48
85	美国式	7.48
76	比利时式	8.37
60	美国式	10.60
60	英国式	10.60
33.2	轻轨	19.20
30	轻轨	21.21
25	轻轨	25.45
16.1	轻轨	39.55

注：1 英里＝1609.344 米。

其次，没有国家关税的保护，直接面临进口钢轨的强大竞争。保护性关税是各国普遍采取的对本国幼稚工业的保护措施，由于钢铁业的重要性，欧美各国在钢铁业发展初期大都对进口钢制品征收高额关税。如美国为鼓励本国钢轨工业，1861 年开始实施摩利尔法案，征收高额进口税，钢轨每吨进口税 12 元，1865 年提高至每吨 13.44 元，高额的进口税致使美国本国的钢轨产量大增，进口迅速减少（表 3-7），改变了以前修建铁路主要依赖英国钢轨的情形。

表 3-7　美国钢轨产额及进口额比较　　（万吨）

年份	1850	1855	1860	1870	1880	1886	1889
产量	4	8	20	62	132.6	160	201.3
进口	16	34	15	39.9	26	4	0

资料来源：彭维基．铁业与保护关税之关系［J］．东方杂志，1924（21）：23.

我国自 1842 年《南京条约》确定协定关税原则后，关税自主权丧失。1858 年《天津条约》进一步降低进口税率，确定“值百抽五”的原则。在协定关税之下，中国长期实行的是低进口税、高出口税的标准，该情形直到 1926 年才有改变（表 3-8）。进口关税低使得欧美等主要钢铁生产地将中国作为倾销市场。欧美钢铁业在 20 世纪初已经进入到大规模生产的成熟时期，与刚刚建立的汉阳铁厂相比，其竞争优势是显而易见的。同时，由于早期中国铁路大都是举外债修建，在借款合同中均规定对购买债权国的钢轨等材料减免关税，如沪宁铁路借款合同第十四款规定：筑造及行驶干路支路所需各种材料，无论由外洋进口，或由

❶ 资料来源：湖北省档案馆汉冶萍公司档案全宗，档号 LS56-3-328.

别省运至工次，照北洋铁路章程办法，准免关税厘金❶。因此国外钢轨大都可以零关税进入中国市场，这对相对弱小的汉阳铁厂生产的钢轨在价格上形成了巨大冲击，使成本本来就高的汉阳铁厂钢轨更无竞争优势。

表 3-8 中国进出口贸易税率 （%）

年份	1873	1883	1893	1903	1911	1921	1926
进口税率	4.9	4.8	3.4	3.3	3.2	3.1	3.8
出口税率	8.8	10.8	7.3	4.5	3.3	3.1	3.0

资料来源：严中平，等.《中国近代经济史统计资料选辑》[M]. 北京：科学出版社，1955 年：61.

第三，巨额日本贷款及其特殊的还款条件，是导致汉冶萍公司调整生产重心，最终放弃钢轨生产而转向以生铁冶炼为主的重要原因。汉冶萍公司成立不久，便因辛亥革命的爆发而陷入困境，为应对民国政府征款需求和筹集修复高炉的资金，公司于 1912 年与日本横滨正金银行和八幡制铁所签订了预借铁矿石价值 300 万日元合同。1913 年，为扩充生产，汉冶萍公司再次向横滨正金银行提出借款要求，而此时八幡制铁所正处于第二期扩建实施的时期，汉冶萍公司的铁矿石和生铁资源是其扩张计划顺利实施的条件之一，汉冶萍公司的借款要求正好投合了日本进一步控制汉冶萍公司的企图。因此，在日本内阁会议的支持下，横滨正金银行、八幡制铁所与汉冶萍公司在 1913 年 12 月再次签订了 1500 万日元的借款合同，以 40 年为期限，汉冶萍公司必须以矿石和生铁价值偿还。这一巨额借款合同及其特殊的偿还条件，迫使汉冶萍公司几乎将资金的全部投向生铁冶炼的扩充，花巨资兴建了更大规模的大冶高炉，扩充大冶铁矿，但炼钢和轧钢方面不再有任何新进展。

可以说，正是日本巨额借款控制了汉冶萍公司 20 世纪 10 年代之后的技术发展方向，其钢轨轧制在完全没有来自政府的关税保护，又不能依靠技术发展而提高效率和降低成本的同时，自然没有足够的能力与进口钢轨竞争，在经历了短暂的黄金时期后，终于以停产而告终。

❶ 肯德. 附录丁：沪宁铁路借款合同 [A]. 中国铁路发展史 [M]. 伦敦：爱德华·安德诺书店，1907.

4 中国近代钢轨技术标准的制定与实施

标准化是技术发展到一定阶段的产物，也是近代工业化发展的重要特征。我国铁路用轨标准的制定始于20世纪初的清末，但在之后的数十年中，政权的数次易手和铁路与钢铁工业的兴衰交织在一起，早已使这一标准的制定和实施超越了技术本身的范畴，从而成为一段令人唏嘘的历史，值得回顾。

清末出于日益增长的铁路建设统一规制和降低成本的需要，清邮传部开始尝试制定铁路规制，首个85磅钢轨技术标准也在汉阳铁厂的推动下得以在1911年形成。民国之后钢轨技术标准经历了1922年、1936年和1945年三次重新修订和完善，1936年之后基本形成了由每米30公斤轻轨到50公斤重轨的本土钢轨标准体系。与欧美工业国相比，中国近代钢轨技术标准的发展经历了一个由英国蓝本到本国体系确立的过程，这段历史伴随着中国近代钢铁工业由兴盛到衰落，从微观之处再现了来自技术之外的因素是如何影响其中的，为中国近代技术史提供了一个不多见的具有时间持续性的技术标准化案例。

本章将分阶段来展现近代史上几部钢轨标准的制定及其内容，并结合铁路建设来分述这些标准的实施情况。

4.1 清邮传部《奏定八十五磅钢轨及附属品制造验收通行章程》(1911年)

1911年清邮传部的《奏定八十五磅钢轨及附属品制造验收通行章程》（以下简称为“清邮传部八十五磅轨标准”）是我国第一部钢轨技术标准。从历史背景来看，这部标准产生的动因有两个：一是中国在1911年之前经历了第一个铁路建设高潮，京汉、津浦、正太、陇海、粤汉等铁路都已开工建设，因各路轨式各异而亟需中国自己的钢轨标准来统一：“我国创路之初原系借款兴筑，其制各依所借款国之工程师而定，迄未著为通章，以是津榆则制取于英，卢汉则制取于法，沿至续建之正太汴洛萍株道清沪宁京张及现建之广九吉长张绥津浦粤汉川汉等路所有轨量靡不互相参差即验收钢轨章程亦复淆杂分歧莫衷一是，若长此不予釐正，将来各省路线接通必有此路车辆不能驶于彼路轨辙者，为行军起见微调固虑不灵，即为通商设谋运输亦虞多阻，与其曰日后改正必至巨款虚縻，不如及早图维犹足收无形之益。”❶ 二是本土钢轨制造商汉阳铁厂的兴起。汉阳铁厂最初

---

❶ 厘定全国铁路轨制揩［A］．盛宣怀．愚斋存稿［M］．台北：文海出版社，1975：525.

创办目的即为京汉铁路提供钢轨，此外，其在 1911 年之前还为津浦、正太、陇海、沪杭甬、粤汉、萍株等路制造钢轨。但由于各路轨式各异，致使铁厂不能规模化生产，徒耗成本和精力❶。

实际上，中国铁路轨制和钢轨标准化的讨论和制定在 1905 年就已在商部的主持下开始，并一直持续到邮传部成立之后，而汉冶萍公司主持制定的 85 磅轨标准可以看作是这一过程的最终结果。

4.1.1 清商部、邮传部统一铁路轨制的工作与 85 磅轨标准的制定

作为铁路工程的组成部分，钢轨的标准化首先是轨重、轨式的标准化，进而是制造、验收等的标准化，而一国铁路轨制的统一通常是制定钢轨标准的前提。清邮传部 85 磅轨标准的产生也不例外。

1905 年，商部因各省铁路渐次增多，乃饬道员詹天佑拟定“铁路通行程式”❷，清铁路轨制的统一因此展开。同年，詹天佑呈请商部称：“请即饬行已成各路绘具图式呈核择优采定奏明划一章程颁行。”❸1906 年，在汇总了京汉铁路、关内外铁路、青岛铁路总公司、萍谭铁路局等所呈报的轨道图式之后，詹天佑拟订“厘定铁路章程”送商部，章程沿用国际通用的标准轨距，规定干路轨距为 4 英尺 8 英寸半，将铁路分为上中下等，规定上等铁路所用钢轨轨重应为 80~100 磅；中等铁路为 60~75 磅轨；下等铁路为 30~45 磅轨，但章程未规定标准轨式。同年，清廷设邮传部，分管原由商部主持的铁路交通行政。

1907 年，汉阳铁厂坐办李维格为统一轨式电禀邮传部，请求“速于中国各路中择一稳妥轨式定为准绳……其验收章程亦须参酌订定颁发各省遵守”，并称“汉厂可代为拟定再寄往外洋由欧盟名家品评后呈请钧处核定”❹，邮传部将此文交参议厅审酌后称“此项章程似应饬由各路工程司会同妥商禀候核办，再行参酌汉厂所拟章程集案办理”。❺因此，邮传部一面要求汉阳铁厂拟订钢轨轨式和验收章程送部，一面要求各路总工程师就统一轨式和验收章程的意见报部。随后在京汉、沪宁、道清、汴洛等路局呈报邮传部的意见中，对于何种重量钢轨统一轨式，分别提出 60 磅（京汉）；65~90 磅（沪宁）；75 磅（道清）的建议，并给

---

❶ 方一兵．汉冶萍公司与中国近代钢铁技术移植［M］．北京：科学出版社，2011：89.

❷❸ 交通部铁道部交通史编纂委员会．交通史路政编第二册［M］．南京：交通部铁道部交通史编纂委员会，1935：1110.

❹ 交通部铁道部交通史编纂委员会．交通史路政编第二册［M］．南京：交通部铁道部交通史编纂委员会，1935：1112.

❺ 交通部铁道部交通史编纂委员会．交通史路政编第二册［M］．南京：交通部铁道部交通史编纂委员会，1935：1113.

出了验收标准建议，其中沪宁铁路总工程师格林森（A. H. Glinson）在呈文中表达了对汉阳铁厂拟定钢轨验收章程的不信任："验收章程应由铁路工程司拟具，不应由制造商拟具方称妥协。"[1] 1908 年 5 月，李维格将汉阳铁厂调查各路并商定的 7 种轨式和钢板轨样，并附日本验收章程一并呈报邮传部以备参考[2]。同年 6 月，邮传部工程顾问沙海昂[3]呈文建议选择京张铁路使用底宽和轨高同为 137 毫米的英国山伯式（Samdberg）85 磅轨作为标准轨式[4][5]，但沙氏的建议并未得到采纳。此后两年间，邮传部未就统一钢轨标准做出决断。而此时正值商办粤汉铁路南段大规模复工兴建[6]，汉阳铁厂为其生产的仍然是美式 85 磅轨[7]。

宣统三年（1911 年）四月，邮传部大臣盛宣怀宣布铁路国有政策，取消之前粤汉川汉一切商办的川路鄂路湘路旧案（粤路除外），并与英国、法国、德国、美国四国银团签订"湖北湖南两省境内粤汉铁路湖北省境内川汉铁路借款合同"，约定："政府选用英国人为湘鄂段总工程师"。英籍工程师格林森（A. H. Glinson）担任了该职。与此同时，汉冶萍公司借为官办粤汉铁路北段提供钢轨之机，利用李维格与格林森的交好，共同议定了 85 磅钢轨轨式与验收标准[8]。1911 年 5 月，邮传部奏请将各干线钢轨统一为川汉铁路所定的英式 85 磅轨[9]，《奏定八十五磅钢轨及附属品制造验收章程》（章程详见附录）于 1911 年 8 月得以颁布[10]。

4.1.2　清邮传部 85 磅轨标准与其英国蓝本的关系

清邮传部 85 磅轨标准的首要目的是将中国各路干线用轨的轨式统一为

---

[1] 沪宁铁路局申邮传部文［A］：交通部铁道部交通史编纂委员会．交通史路政编第二册［M］．南京：交通部铁道部交通史编纂委员会，1931：1114~1115.

[2] 交通部铁道部交通史编纂委员会．交通史路政编第二册［M］．南京：交通部铁道部交通史编纂委员会，1935：1115.

[3] 沙海昂（Antoine Henry Joseph Charignon，1872—1930），法国里昂人。1898 年受法国利来公司（P. Lille Co.）之聘，来中国先后修建滇越铁路、平汉铁路、正太铁路及陇海铁路。1908 年任邮传部顾问，民国后改任交通部顾问．

[4] 邮传部工程顾问沙海昂说贴［A］．交通部铁道部交通史编纂委员会．交通史路政编第二册［M］．南京：交通部铁道部交通史编纂委员会，1116.

[5] 英国山伯式是作者根据其沙海昂说贴中描述的钢轨尺寸和京张铁路史料推测的结果．

[6] 凌鸿勋．中国铁路志［M］．台北：文海出版社，1982：224.

[7] 铁道部工务司工程科．中华民国国有铁路工程状况表［R］．南京：铁道部工务司，1934.

[8] 宣统三年五月初五日李维格致盛宣怀函［A］．陈旭麓等编．盛宣怀档案资料选辑之四，汉冶萍公司（三）［Z］．上海：上海人民出版社，2004：181.

[9] 厘定全国铁路轨制措［A］．盛宣怀．愚斋存稿［M］．台北：文海出版社，1975：525.

[10] 奏定八十五磅钢轨及附属品制造验收通行章程．湖北省档案馆汉冶萍公司档案全宗．档号 LS56-3-328.

英式 85 磅：“……拟请将干支各轨均按照川汉所订之英式为定式，……重量则干轨定为八十五磅支轨定为七十五磅，……拟令于将来修理之际逐渐改归一律俟奉”❶。并称以英国标准为蓝本：“现所拟各办法大要以英国通行章程为本。”❷

据查，英国首部全国通行的平脚钢轨技术标准 B. S. 11（British Standard 11）由工程标准委员会（The Engineering Standards Committee）于 1905 年颁布，1909 年做了一次修订并一直沿用到 1922 年❸。清邮传部 85 磅轨标准参照的蓝本应为 1909 年修订的英国平脚钢轨标准 B. S. 11：1909。而清邮传部 85 磅轨标准中所定的“中国普通式八十五磅轨”的尺寸，如轨高 $5^{3}/_{16}$英寸、轨头宽 $2^{9}/_{16}$英寸、轨脚宽 $5^{3}/_{16}$英寸，均与当时英国标准 B. S. 11 中规定的 85 磅轨轨式相同，印证了“将干支各轨均按照川汉所订之英式为定式”的规定。

在近代钢轨标准中，除轨式外，与钢轨质量密切相关的主要有制造法、化学成分和力学性能等三方面，如果将邮传部章程与 B. S. 11：1909 中这三方面的规定进行比较（表 4-1），可知清邮传部的标准并非完全照抄英国蓝本，而是根据汉阳铁厂的实际情况做了以下调整：

首先，因技术改造，汉阳铁厂已将贝塞麦转炉全部淘汰，完全改用西门子-马丁炉炼钢，因此邮传部章程规定的钢轨制造法只有西门子-马丁炉碱基法，而没有像英国标准那样将贝塞麦法、西门子-马丁法和其他被工程师所认可的制造法都包括在内。

其次，在化学成分上，汉阳铁厂已能生产出含碳量相对较高的平炉钢，故其碳含量的规定略高于英国标准。而磷含量的规定以 0.075%为上限，略高于英国标准 0.07%，这是基于汉阳铁厂使用的铁矿石含磷较高的考虑。其他化学成分标准则较英国标准略宽或相同。

再次，在力学性能部分，邮传部章程规定了两种试验以测试其抗重负和抗冲击性能，但未要求拉伸试验，体现出其更注重钢轨的抗压和冲击强度而不是延展性。其原因是否如时任粤汉川铁路总公所考工科长的赵世瑄所述：“更有就其扯力试验（即拉伸试验）者窃以为无大关系铺轨于枕木之上受扯力时甚少也”❹，我们不得而知。

---

❶❷ 奏定八十五磅钢轨及附属品制造验收通行章程．湖北省档案馆汉冶萍公司档案全宗．档号 LS56-3-328.

❸ British Standard Specification and Sections for Flat Bottom Railway Rails［Z］. London：British Standards Institution，1936：6.

❹ 赵世瑄．试验钢轨法［J］．中华工程师会会报．1914（3）：20.

表 4-1　清邮传部 85 磅钢轨标准与 1909 年英国平脚钢轨标准 B. S. 11 的部分内容❶

主要项目		清邮传部标准	英国标准 B. S. 11：1909
制造法		钢轨系用马丁碱基法所炼的钢制造	钢轨需用由工程师（或购轨者）所准许的贝塞麦、西门子-马丁法或其他工艺所炼的优质钢制造
化学成分/%		碳 C：0. 40～0. 60 硫 S：≤0. 06 硅 Si：≤0. 10 磷 P：≤0. 075 锰 Mn：≤0. 90	碳 C：0. 35～0. 50 硫 S：≤0. 06 硅 Si：≤0. 07 磷 P：≤0. 07 锰 Mn：0. 70～1. 00
力学性能	落重测试	每 50 吨钢轨取长 6 英尺的样轨 1 条，在落重试验设备上进行两个试验：一是在样轨中央悬挂 28 吨重物测试其抗重负性能；二是落重试验，测试其韧性	每炉钢选择一 5 英尺长样本，进行落重试验，如合格，再在每 200 条完工钢轨中选取 1 条截取样轨，进行相同落重试验
	拉伸试验	无	每 100 英吨取一轨条制样，置于经过认可的拉伸试验机，张力须在 40～48 英吨/平方英寸，拉伸后的伸长率不超过 15%

资料来源：1. 定八十五磅钢轨及附属品制造验收通行章程. 湖北省档案馆汉冶萍公司档案全宗. 档号 LS56-3-328；2. British Standard Specification of Flat Bottom Railway Rails. （B. S. 11：1909）. 见：William Hamilton Sellew. Steel Rails：Their History，Properties，Strength and Manufacture，with Notes on the Principles of Rolling Stock and Track Design ［M］. New York：D. Van Nostrand Company，1913：488～490.

4. 1. 3　邮传部 85 磅轨标准的实施情况

标准颁布不久，1911 年 10 月辛亥革命爆发，由清邮传部颁布的中国第一部钢轨制造验收标准很快就失去了官方地位，直至 1922 年新标准颁布以前，中国铁路用轨仍未统一。与此同时，汉冶萍公司曾数次尝试说服民国政府交通部推行这一标准均没能成功，公司只能依靠自己的力量与客户再三磋商，争取将钢轨纳入标准之内❷。

我们对 1911～1922 年中国在建的主要铁路干线所用轨式做了统计，其中使用了邮传部 85 磅轨标准轨式（即汉阳 85 磅/码）的线路只有粤汉、沪杭甬两条线路。为验证汉阳铁厂生产的钢轨材质，对中国铁道博物馆所藏的 1917 年与

❶ 因篇幅有限，表 4-2、表 4-4、表 4-5 中的力学性能测试的具体规定从略。

❷ 方一兵. 汉冶萍公司与中国近代钢铁技术移植［M］. 北京：科学出版社，2011：91～92.

1920 年汉阳造 85 磅轨进行试验分析，结果显示其化学成分完全符合清邮传部颁布的 85 磅轨标准。图 4-1 为目前发现的汉阳造钢轨中唯一一件铭文完全按邮传部 85 磅轨标准制造的钢轨，即“奏定八十五磅轨制 汉阳铁厂造”，说明在 1911 年邮传部颁布标准之后到辛亥革命之前的短暂几个月中，这一标准在汉阳铁厂钢轨制造中得到实施。

图 4-1 汉阳铁厂造奏定 85 磅轨（天津工务段藏）

4.2 交通部《中华民国国有铁路钢轨及扣件规范书》(1922 年)

中华民国成立之后，由交通部行使清邮传部的职能，交通部内设路政司，将原邮传部铁路总局的事务归并办理。1915 年 11 月 13 日，北洋政府颁布《民业铁路法》，其中第 29 条为“建筑方法及车辆构造应依交通部核定之工程方法及车辆图示说明书办理”❶。但此时交通部并无中国铁路修建的统一规范，时任汉冶萍公司代经理的王勋看到此法律条款后，曾促使公司董事会致函交通部，希望将前清邮传部制定的 85 磅钢轨制造和验收章程以及汉冶萍公司制定的 60 磅钢轨标准纳入交通部的工程规范之中，但未能实现❷。民国时期第一部钢轨技术标准则是在交通部铁路技术委员会主持下制定的。

4.2.1 交通部铁路技术委员会的组建与外籍技术顾问的聘请

1917 年 10 月，交通部鉴于国内铁路修筑标准各异及铁路类型纷杂，不利运输，乃筹设铁路技术委员会，“选集本部及路局技术专家，并延聘中外铁路专门人才从事讨论规划统一之法”❸。1918 年 1 月，铁路技术委员会成立，以启沦新

❶ 民业铁路法［N］. 北洋政府公报 . 1915-11-13：23.

❷ 民国四年十二月六日公司董事会致孙宝琦函［A］，湖北省档案馆 . 汉冶萍公司史料选编（上）［Z］. 北京：中国社会科学出版社，1992：499.

❸ 交通部铁道部交通史编纂委员会 . 交通史路政编第二册［M］. 南京：交通部铁道部交通史编纂委员会，1935：777.

知为宗旨，以统一方法为归宿，选派詹天佑为会长、沈琪[1]为副会长、俞人凤[2]为总干事。委员会下设工程、机械、运输和总务四股。其中工程股负责审订与铁路修建有关的工程与验收等规则，具体为："一、建筑程式之审订；二、养路规程之审订；三、考验材料章程之审订；四、已成各路建筑改良之研究；五、最新发明之建筑方法及其材料之调查；六、铁道史水之研究"[3]。制定铁路钢轨的标准规范属于铁路技术委员会工程股的工作职责。工程股的主任由华南圭担任，会员共87人，其中专任会员有金涛、邓益光、孙瑞林、王咸、何厚伟、凌鸿勋、王国勋、洪观涛、徐道明等9人，外籍会员24人，分别来自英国、法国、美国、日本、瑞典、比利时、意大利、罗马尼亚等8国[4]。

除上述会员外，交通部还聘请了6位有较高声望的国外技术名家担任技术委员会的顾问，包括1名高等专门顾问和5名顾问，直接指导技术标准的制定。对顾问的寻访始于1919年，交通部前任次长叶恭绰借巴黎和会召开之际赴欧洲考察，并代表交通部向法国、英国、美国各国寻访技术名家延聘铁路技术委员会顾问。同年5月，法国前总理，巴黎大学教授班乐卫（Paul Painleve）[5]被聘为铁路技术委员会高等专门顾问，经过两次续聘，任期至1923年9月。按聘任合同，班乐卫的职责为研究监定各路车辆如机车以及钢轨机厂桥梁及建筑物等，并审订车辆及建筑物的各种规章等[6]。实际上，班乐卫在受聘于交通部期间并未常驻中国，而是由其先后所派的两名技术专家达东（Taton）和克利迈（Crimail）作为顾问代表在华行使职责。

---

[1] 沈琪（1871—1928），毕业于北洋武备学堂铁路科，清政府时期历任胶州铁路技士、天津市政工程局技师、京奉铁路技师、北京练兵公署兼修、北京外城市政工程局副总办、奉天工程局总办、盛京铁工局总办、川粤铁路总管理局顾问、津浦铁路北段总督查及会办、津浦铁路黄河大桥监修、京浦铁路南段副总稽查及会办。民国成立之后，曾任交通部路工司司长、技监，1917年12月任交通部总技监。

[2] 俞人凤（1871—?）天津人。北洋武备学堂铁路工程专科毕业。清末历任关内外铁路、京张铁路及粤汉铁路工程师。1912年任交通部路政司科长、京绥铁路车务总管。1915年任京汉铁路管理局局长，1916年任交通部技正兼北京铁道管理学校校长。

[3] 铁路技术委员会规则［A］. 交通部铁道部交通史编纂委员会. 交通史路政编第二册［M］. 南京：交通部铁道部交通史编纂委员会，1935：779.

[4] 交通部铁道部交通史编纂委员会. 交通史路政编第二册［M］. 南京：交通部铁道部交通史编纂委员会，1935：781.

[5] Paul Painleve，法国数学家和政治家。毕业于巴黎高等师范学院，在哥廷根大学获得博士学位。曾任教于巴黎大学、巴黎综合理工大学（Ecole polytechnique）、巴黎学院（The College de France）以及巴黎高等师范学院（The Ecole Normale Superieure）。1900年被选为法国科学院院士。他在微分方程上的工作使他将数学应用于飞行理论当中，也使他对很多工程方面问题感兴趣。他是1908年第一个同威尔伯·莱特一起飞行过的法国人，1909年他开设了第一个航空学大学课程。1917年3~9月任法国陆军部长。曾于1917年9~11月，1925年4~10月任法国总理。

[6] 交通部铁道部交通史编纂委员会. 交通史总务编［M］. 南京：交通部铁道部交通史编纂委员会，1936：388.

同一年，交通部还聘请了英国人詹孙（T. R. Johnson）[1]、美国人克拉克（F. H. Clark）[2]、日本人平井晴二郎[3]为技术顾问，1920年，在日本驻华公使小幡西吉的推荐下，日本人大村卓一[4]也被聘为铁路技术委员会技术顾问[5]。从履历上看，他们都是长期效力于本国铁路建设或管理部门的技术专家。

4.2.2 1922年钢轨技术标准的制定

此次技术标准的制定，是在交通部铁路技术委员会组织下，外籍技术顾问的直接参与下，由中外技术人员开会讨论并做出决策的。铁路技术委员会成立之后，每星期开常会一次，对草拟的各标准事项进行讨论，并在会长认为必要时召开大会，大会的目的是对各标准草案及一些重点问题进行讨论和决议。工程股于1920年2月14日至17日召开了第一次大会，主要议决工程建筑大体办法[6]；会后委员会将包括钢轨在内的各种标准规范逐次厘定，并于同年5月17日至20日召开第二次大会，对草拟的规范逐件详加讨论。值得注意的是，此次讨论的钢轨最初草案中，包含了每码60磅、75磅、85磅和95磅四种钢轨的草拟图[7]。随后，技术委员会将大会意见汇总并拟出各标准的修正案，于1920年9月13日至15日召开了第三次大会，对修正案进行讨论，而此次钢轨修正案中只剩下了85

---

❶ T. R. Johnson，英国铁路工程师，1919年11月至1920年10月被交通部聘为技术顾问，来华前曾任英国大北铁路副总工程师、养路总管。工程师学会会员，澳大利亚骚斯维尔士铁路督办。（交通史总务编，395-396页）。

❷ F. H. Clark，美国铁路技术专家，1890年毕业于美国伊利诺斯大学机械科。毕业后先后在芝加哥、伯灵顿及昆来铁路任机械工程师，并在密苏里河东部铁路服务16年，任发动力部总管。之后服务于“巴尔迪厄”及“俄亥俄”铁路8年，之后任纽约城顾问工程师。他是美国机械工程师会会员、美国试验材料会会员、富兰克林工程师学会会员，车辆建筑会会长；美国铁路机械会会长。1919年11月至1926年11月被交通部聘为技术顾问（中华工程师学会会报，1921年第8卷10期：1页；交通史总务编，390~393页）。

❸ 平井晴二郎，日本人，1870年就读于日本开成学校，1875年作为文部省第一批出国留学生在美国Rensselaer Polytechnic Institute学习，1878年获工科学士学位。曾任大阪铁道技术部长、铁道作业局长官、日本帝国铁道厅总裁、铁道院副总裁。1913年被北洋政府交通部铁路顾问，1919年8月被聘为铁路技术委员会顾问（交通史路政编第二册，783页）。

❹ 大村卓一，日本铁道院技师，1895年毕业于日本北海道帝国大学，历任北海道煤矿及铁路公司造路养路工程师及总工程师，1906年任日本帝国国有铁路北海道总段养路工程师；1915年任该路总管。1917年任帝国国有铁路总稽查；后任西伯利亚中东铁路国际技术部代表兼中东铁路长春段稽查。1920年由日本驻华公使小幡西吉推荐给交通部，1920年5月被交通部聘为铁路技术委员会技术顾问，任期一年（中华工程师学会会报，1921年第8卷10期：2页）。

❺ 交通部铁道部交通史编纂委员会．交通史路政编第二册［M］．南京：交通部铁道部交通史编纂委员会，1935：783.

❻ 交通部铁路技术委员会召集第二次工程会议记事［J］．中华工程师学会会报．1920，7（5）：1.

❼ 交通部铁路技术委员会召集第二次工程会议记事［J］．中华工程师学会会报．1920，7（5）：5.

磅一种❶。在人员上，工程大会的参会人员包括了技术委员会成员和各路工程主管人员，技术委员会人员主要由会长、副会长、外籍技术顾问以及各股主任、工程股专任会员和部分其他股专任会员组成，汉阳铁厂厂长兼总工程师吴健仅参加了第三次会议。可见，1922 年部颁标准的制定是在一个由中外铁路技术人员组成的决策系统中进行的，来自本土钢铁制造部门的技术人员在其中发挥的作用不大，这是其与前清邮传部标准在制定上表现出的最重要的不同之处。

1922 年 5 月，技术委员会裁撤，所议定的各项技术规范事项由交通部技术厅继续进行。1922 年 9 月，各种规范书经交通总长交国务会议通过。1922 年 11 月 6 日以部令公布各项规范书，《中华民国国有铁路钢轨及扣件规范书》作为部令第 1118 号得以颁布（该部规范书详见附录）。

4.2.3　1922 年钢轨标准之特点：与清邮传部标准和同期欧美标准的比较

在内容上，1922 年交通部的《中华民国国有铁路钢轨及扣件规范书》与前清邮传部的标准没有直接相承关系，且汉阳铁厂的工艺条件已基本上不被作为制定依据。在重新考研各国标准的同时，交通部标准更像是在复杂条件下建立中国本土钢轨技术标准的一次过渡性的尝试。这从以下特点体现了出来：

第一，这部钢轨规范书只制定了每米 43 公斤轨（约每码 85 磅轨）的标准。如前所述，虽然最初草拟了 60~95 磅 4 种钢轨的草案，但不久就被放弃而只限于 85 磅轨方案的讨论。同时颁布的《国有铁路建筑标准及规则》中也只对我国干路钢轨做了规定："干路应用之钢轨标准截面应如第十一图所示，每长一公尺重四十三公斤"❷。之所以这样，应该是在条件不成熟的情况下选取一种干线钢轨进行的尝试。值得注意的是，这部标准使用的单位改前清邮传部的英制为万国权度制进行标示，同时将英制单位在括号中标出。如规范书中第六节"重量"的规定为："钢轨之重应为每公尺四三. 〇七九公斤(每码八六. 八四三磅)"❸。这从另一侧面反映出民国之后度量衡制度的变更，1915 年北洋政府颁布《权度法》，第一次将万国权度制和营造尺库平制同时列为度量衡单位，而交通部于 1921 年 1 月 1 日起在各铁路统一实行采用万国权度制❹，1922 年钢轨标准中的单位标示的规定，正是在这一大背景下做出的。

第二，与前清邮传部的钢轨标准不同，此次标准没有唯一的参考蓝本，其内容

---

❶ 交通部铁路技术委员会召集第三次工程会议记事［J］. 中华工程师学会会报. 1920，7（9）：1~16.

❷ 交通部. 交通部令第 1116 号：中华民国国有铁路建筑标准及规则［R］. 北京：交通部，1922 年 11 月 6 日，9.

❸ 交通部令第 1118 号：中华民国国有铁路钢轨及扣件规范书［R］. 北京：交通部，1922 年 11 月 6 日. 3.

❹ 凌鸿勋. 中国铁路志［M］. 台北：文海出版社，1982：437.

“多取法英美国”❶。由于参与制定者除中国工程师外，还有来自法国、英国、美国、日本等国家的技术顾问，在意见不统一时，一些具体内容不得不采用折中的方法确定。如“钢轨所用之平炉钢，其化学成分，在美国规范应含磷质百分之0.04，而在英国规范应含磷百分之0.06，我国规范则规定为百分之0.05，即为一例。”

但在更重要的规定上，并非进行简单的折中，中国本土技术人员面对外籍顾问提出的方案，更倾向于去寻找和建立更适合自己的原则，如钢轨截面标准（轨式）的确定。

由于在同等钢质下，钢轨轨式直接关系到轨道的运行质量和寿命，在本土钢轨制造业不能实现自给的情况下，轨式相对于其他与冶炼工艺直接相关的指标（如化学成分）来讲是更为可控的指标，因此成为此次钢轨标准制定的重点。最初，英籍技术顾问詹孙和法籍技术顾问达东提出了两种不同的轨式方案，由于意见分歧，三次工程会议在轨式问题上一直悬而未决。在三次工程会议之后的1920年11月，时任铁路技术委员会工程股专任会员的金涛❷在中华工程师学会会报上发表《钢轨截面之研究》一文，对英国、德国、美国三国钢轨截面标准优劣进行比较，并结合中国过去用轨经验，从钢质分配、轨头尺寸、轨腰尺寸和轨底尺寸等4方面为中国制定自己的85磅钢轨轨式提出建议。实际上，金涛的建议更倾向于美国铁路工程学会标准（A. R. E. A标准）在20世纪10年代使用的设计原则：即在钢质分配上采用头底部大体相等的A. R. E. A甲种标准原则；轨腰的设计采用两边成大半径曲面的形式；轨腰下角半径照A. R. E. A标准设为9.5公厘；在轨底宽度的设计上放弃清邮传部采用的轨高与轨底宽相等的英国轨式，建议采用A. R. E. A的“轨身之高略大于轨底宽”的形式，以“增加轨身之劲度”❸。金涛的这些建议，最终得到了采用。1920年12月13日和1921年1月6日又经两次讨论，技术委员会拟定了43公斤钢轨的标准轨式，根据会后呈报的“关于制定85磅钢轨截面的方案的意见”一文（图4-2），可知其主要数据是按金涛一文所建议的设计原则，对詹孙和达东二人的方案进行修改而形成的（表4-2）。正如文中所述：“詹孙达东所拟轨式各有所长，詹孙式惰性动率较大，轨底较宽均其优点，而达东式轨腰较为强固，其鱼钣接触之斜度与世界各大国最新标准相合，似应采长弃短、合二式为一。”❹

---

❶ 萨福均．三十年来中国之铁路工程［A］．中国工程师学会编．三十年来之中国工程［C］．南京：中国工程师学会，1946.

❷ 金涛（1888—1970），字旬卿，1909年为第一批凭借庚子赔款赴美留学的学生之一，1912年获美国康奈尔大学土木工程学位。曾任交通部铁路技术委员会工程股专任会员，平绥铁路总工程师，北大工学院教授。

❸ 金涛．钢轨截面之研究［J］．中华工程师学会会报，1920，(7) 11：1~12.

❹ 北洋政府交通部铁路技术委员会关于制定85磅钢轨截面的方案的意见［R］．北京：交通部铁路技术委员会，1921.

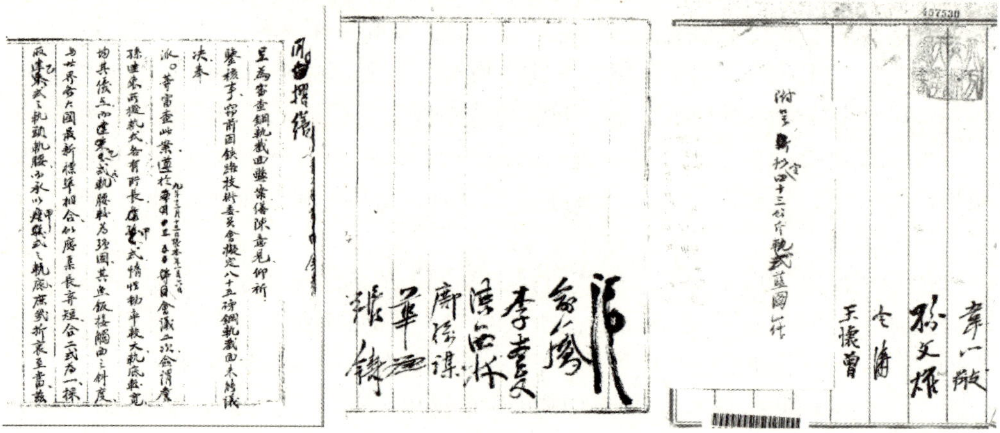

图 4-2　铁路技术委员会“关于制定 85 磅钢轨截面的方案的意见”文稿首页及参与者签名

表 4-2　詹孙和达东提出的轨式方案与最终拟定方案的部分指标

项目		詹孙式	达东式	部定方案
截面面积/平方公尺		54. 36	54. 61	54. 88
每公尺重量/公斤		42. 673	42. 869	43. 07
钢质分配/%	头部	42. 35	39. 76	39. 64
	腰部	19. 70	21. 27	21. 78
	底部	37. 95	38. 97	38. 58
轨身高/公厘		136. 5	136. 5	136. 5
轨底宽/公厘		133. 3	128. 0	133. 3
轨腰形状		两边直面平行	两边曲而成弧形	两边曲而成弧形
轨腰上角半径/公厘		9. 5	7. 0	7. 0
轨腰下角半径/公厘		9. 5	7. 0	9. 5
鱼板接触面之斜度	轨头之下面	1 : 3	1 : 4	1 : 4
	轨底之上面	1 : 5. 55	1 : 5	1 : 5. 2
轨底边缘之厚/公厘		9. 5	10. 4	9. 5

资料来源：北洋政府交通部铁路技术委员会关于制定 85 磅钢轨截面的方案的意见，1921 年。

更重要的是，此次 43 公斤钢轨轨式的重新制定，使民国时期钢轨轨式的设计原则得以确立，该原则被继续用于 1936 年制定的 30 公斤、35 公斤、50 公斤轨截面标准中。

第三，除钢轨轨式标准的重新制定外，这部标准最大的特点是其与钢质有关的规定体现出很大的灵活性：

在化学成分上，除了磷含量外，碳、硅、硫、锰等常用化学成分均无具体规定。“材料”一节中对碳含量的要求为“钢质中炭之成分务须多加至能合规定之试验为度”❶，在“检查与试验”第三条中规定：“检查员应随时选取规条钻孔屑作化学分析，籍以证明其化学成分与第一条之规定（即落重试验）相符”❷，也就是说，只要钢轨化学分析能印证落重试验测试结果即可，这显然不同于英、美等国标准详细规定的各化学成分指标（表 4-3），甚至也不同于清邮传部标准。

表 4-3 交通部 1922 年钢轨标准与美国 AREA1920 年标准、英国 B.S.11：1922 的比较❸

名称		交通部 1922 年标准	美国 AREA1920 年标准	英国标准 B.S.11：1922
制造法		酸性贝塞麦法；碱性贝塞麦法；酸性马丁法；碱性马丁法	贝塞麦法或平炉法	工程师（或购轨者）所准许的平炉法、贝塞麦法或其他工艺所炼之优质钢制造
化学成分/%	贝塞麦法	磷：≤0.10%	略	略
	平炉法	磷：≤0.05	碳：0.62~0.77 磷：≤0.04 硅：≥0.10 锰：0.60~0.90	碳：0.45~0.55（酸性） 0.45~0.60（碱性） 磷：≤0.06（酸性） ≤0.05（碱性） 硅：≤0.15 锰：≤0.09 硫：≤0.06
力学性能	落重测试	每炉钢之钢轨取一公尺半之长（5 英尺），进行落重试验	贝塞麦钢每炉取一样轨，平炉钢每炉在第二、中间和最后的钢锭中取样轨，进行落重试验；快速弯曲试验（若合同要求）	由工程师或监管者（购买商）选择的钢轨中截取 5 英尺，放置在英国标准落重测试机上，进行落重试验
	拉力测试	由检查工程师选取试件进行试验，极限张力为每平方公厘 65 公斤、长 50 公厘（二吋）的伸长率不少于 15%		若工程师或客户要求，则在标准拉伸试验机上进行测试。样轨由工程师或购买商在每 100 吨钢轨中任意选取

资料来源：1. 交通部令第 1118 号：中华民国国有铁路钢轨及扣件规范书. 1922 年 11 月 6 日；

2. Manual of the American Railway Engineering Association: Definitions, Specifications and Principles of Practice for Railway Engineering. Chicago: American Railway Engineering Association, 1921: 109~154;

3. British Standard Specification of Flat Bottom Railway Rails. (B.S.11: 1909). 见：William Hamilton Sellew. Steel Rails: Their History, Properties, Strength and Manufacture, with Notes on the Principles of Rolling Stock and Track Design [M]. New York: D. Van Nostrand Company, 1913: 488~490.

---

❶ 交通部令第 1118 号：中华民国国有铁路钢轨及扣件规范书 [R]. 北京：交通部，1922 年 11 月 6 日，1.

❷ 交通部令第 1118 号：中华民国国有铁路钢轨及扣件规范书 [R]. 北京：交通部，1922 年 11 月 6 日，6.

❸ 限于篇幅，表 4-3 和表 2-5 的化学成分一栏只列出平炉法钢轨的具体指标。

力学性能测试方面，虽然规定了落重试验和拉力试验的要求，但却允许进口钢轨按制造国标准办法执行："凡轨条及其扣件购自国外者，其试验方法应按照该制造国中有名机关之标准办法执行之。但所作试验至少应与本规范书所开者相等。"❶

之所以在钢质上采用这种灵活度很大的规定，应该是考虑到当时中国铁路仍需大量使用进口钢轨的权宜之计。正如叶恭绰在第三次工程大会上所说："材料规范之应普合于世界市情也。……各种材料划一之规范应将各国制造上之习惯互相参证于兼收并蓄之中，……而使各路得以最低廉之代价采取最上乘之品物。"❷另外，这部标准显然不像清邮传部标准那样更多地考虑汉阳铁厂的工艺条件，而这种在钢质上放弃本国指标兼容各国标准的做法，使 1922 年的钢轨标准成为一部更具过渡特征的并不完整的技术标准。

4.2.4　1922 年钢轨标准的实施情况

随着交通部一系列铁道建设规范标准的实施，加上本土技术人才成长起来，铁路建设在管理上日趋自主，我国在抗战之前的十多年间形成了近代又一次铁路建设的高潮，1923~1937 年我国修建铁路 10109 公里❸。但由于汉阳铁厂 1922 年炼钢轧钢设备全部停工，我国铁路用轨不得不再次全部依赖进口，据我们的统计，这段时期钢轨主要来自美国、英国、日本、俄国、德国、比利时、法国七国❹。

这一时期，1922 年的部颁钢轨标准得到了一定程度的推行，主要表现在两方面：一是新标准颁布后，对一些已建成的部分重要干路按部颁标准轨式进行了换轨；二是这期间修建的铁路，也有部分使用的是部颁标准轨。1934 年交通部对已成的国有铁路工程状况进行调查，统计显示使用了部定 43 公斤标准轨的铁路集中在京奉、胶济以及粤汉珠韶段❺。由于部颁标准对他国标准的兼容，加之只规定了 43 公斤轨的标准，因此这一时期铁路建设用轨也有相当部分采用的是他国标准。在中国铁道博物馆收集的 1922~1936 年制造的 12 段钢轨中，4 段为 43 公斤轨，其中仅两段日本八幡制铁所制造的钢轨采用的是中国部颁标准（图 4-3），这一方面证实了 1922 年部颁钢轨标准的确得到了推行，同时也反映出在近代本土钢铁产业的衰落下，钢铁技术标准的制定和实施的局限性。

---

❶ 交通部令第 1118 号：中华民国国有铁路钢轨及扣件规范书［R］. 北京：交通部，1922 年 11 月 6 日，7.

❷ 交通部铁路技术委员会召集第三次工程会议记事［J］. 中华工程师学会会报，1920，7（9）：1~16.

❸ 李占才. 中国铁路史 1876—1949［M］. 汕头：汕头大学出版社，1994：203.

❹ 根据 1923 年至 1937 年中国海关资料整理计算，国家是按进口数量由多到少排序。

❺ 铁道部工务司工程科. 中华民国国有铁路工程状况表［R］. 南京：铁道部工务司，1934.

图 4-3 八幡制铁所按照 1922 年中华民国国有铁路钢轨规范书的标准制造的钢轨
(中国铁道博物馆藏)

4.3 铁道部《中华民国国营铁路钢轨规范书》(1936 年)

4.3.1 铁道部技术标准审订委员会与钢轨技术标准的制定

南京国民政府成立之后，为贯彻“总理铁路政策”❶，于 1928 年 10 月设立铁道部，将原交通部管辖的铁路行政划归铁道部主管❷。铁道部成立不久，便在工务司技监室内设置技术标准审订委员会，负责规定铁道技术各种标准及改良与铁道有关的各项技术事务❸，实际上，技术标准审订委员会成立后的主要工作即为研究修正 1922 年的国有铁路建筑标准、规则及各种规范❹。修订钢轨的技术标准也在其中。

铁道部此次技术标准的修订，较前两次具有更明显的本土自主性特征。这首先体现在此次标准制定的原则上：在参考先进国家标准的基础上，强调结合我国铁路建设的实际情况，以达到切合实用的目的❺。即如技术标准审订工作报告所述：“他们（指先进国家）的标准经过多次的研究改良，他们从前所走之曲折过程，我们固然可以省却不走，但是他们现在认为最完美之标准，适用于他们的铁路，未必适用于我国的铁路，我们只可把他做借镜，最重要而应当注意的，就是要深切研究如何可以切合我们的实用。”❻这种实用性目的的强调，其本身就是将先进国家技术知识进行本土化的体现。而这种本土化特征在此部标准的组织结构、决策程序和内容上均体现出来。

---

❶ 杨承训．三十年来中国之铁路事业［A］．中国工程师学会编．三十年来之中国工程［C］．南京：中国工程师学会，1946.

❷ 凌鸿勋．中国铁路志［M］．台北：文海出版社，1982：33.

❸❹ 铁道部铁道技术标准审订委员会规程［J］．铁路协会月刊，1929，(7)：11.

❺ 铁道技术标准审订工作报告［J］．铁道公报，1935（1294）：5.

❻ 铁道技术标准审订工作报告［J］．铁道公报，1935（1294）：6.

在人员上，铁道部技术标准审订委员会设主任委员、副主任委员各一名，专任委员和兼任委员若干，并规定“技术标准之审订必须经全数专任委员之核议方能决定”❶。据查，该委员会所有委员均由中国籍铁路工程师担任：1930 年，颜德庆❷、萨福均❸分别被任命为主任委员和副主任委员❹，担任过专任委员的先后有陇海铁路管理局机务处处长钮孝贤❺；原交通部铁路技术委员会工程股专任会员金涛❻；铁道部技正陈滔❼；津浦铁路管理局副工程司陆元昌；铁道部南京办事处杨毅❽；铁道部技正龚光显❾；屠慰曾❿；津浦铁路工务处工程师杨格⓫；程孝刚⓬等。担任过兼任委员的有 4 人：孙谋、沈祖伟、朱葆芬、郑华⓭。在外籍工程师方面，仅有铁道部顾问康德黎（Kenneth Cantlie）在 1930 年被派往委员会帮同办理该会审订事宜⓮。

在决策程序上，1936 年标准的决策是以铁道部技术标准审订委员会为核心，先由该委员会在调查当下我国各路及最近需要，以及研究各先进国家已订标准、实验结果、经验报告及国内外材料及制造情形的基础上，由委员会起草初稿，形成第一次草案。之后将第一次草案送到各处，请各处进行研究批评，提出意见。委员会将各处意见汇总后，再逐一加以讨论研究，形成第二次修正草案，同时将各处第一次所提意见和是否采取的理由，编写成册，一并附送给各处，第二次征求意见。在第二次意见回来之后，委员会就把第二次草案加以整理，即可预备呈请公布。至 1935 年 10 月，有关钢轨及其附件的标准已经完成了第二次草案的修订⓯。1936 年 6 月，铁道部颁布了包括《中华民国国营铁路钢轨规范书》在内的

---

❶ 铁道部铁道技术标准审订委员会规程［J］. 铁路协会月刊，1929（7）：12.

❷ 颜德庆（1878~1942），字季余，上海人。1895 赴美国里海大学学习，主修铁道工程学，1901 年获工程硕士。1902 年起，历任粤汉铁路、广三支路工程师；川汉铁路副总工程师、代理总工程师；1920 年华盛顿会议中国代表团专门委员，1922 年中国接收铁路委员长，胶济铁路管理委员会委员长等。

❸ 萨福均（1886~1955），1906 年入美国普渡大学攻读铁路工程，1910 年获土木工程学位。回国后历任粤汉、川汉铁路工程师；云南个碧铁路总工程师；青岛铁路工务处长；铁道部参事兼管理司司长等。

❹ 铁道部令第 1340 号［J］. 铁道公报，1930（50）：6.

❺ 铁道部令第 1785 号［J］. 铁道公报，1930（116）：4.

❻ 铁道部令第 1711 号［J］. 铁道公报，1930（104）：1.

❼ 铁道部令第 23 号［J］. 铁道公报，1932（238）：5.

❽ 铁道部铁道年鉴编纂委员会编. 铁道年鉴第一卷［M］. 南京：铁道部铁道年鉴编纂委员会，1933：42.

❾ 铁道部令第 1930 号［J］. 铁道公报，1934（770）：1.

❿ 铁道部令总字第 2145 号［J］. 铁道公报，1934（843）：1.

⓫ 铁道部令总字第 31 号［J］. 铁道公报，1935（1084）：1.

⓬ 铁道部训令第 6023 号［J］. 铁道公报，1931（143）：1.

⓭ 铁道部令第 1663-1666 号［J］. 铁道公报，1930，（90）：1~2.

⓮ 铁道部训令第 4470 号［J］. 铁道公报，1930，（80）：5.

⓯ 铁道技术标准审订工作报告［J］. 铁道公报，1935（1294）：5~8.

新的铁路建筑标准及各种规范（该部分规范书详见附录）。

4.3.2 《中华民国国营铁路钢轨规范书》的特点

从内容看，1936年标准继承了1922年确定的轨式设计原则，且发展成为一部涵盖轻重轨、在轨式和化学物理性能等各方面都形成详细规范的完整的标准书，标志着民国时期钢轨技术标准体系的形成。与国外标准相比，则反映出在参考欧美标准的基础上，与我国铁路建设用轨的实际经验相结合的特点：

第一，根据当时铁路用轨的需要，尤其从经济性角度出发，改变了原标准仅含43公斤一种的状况："国有铁路标准钢轨，现只43公斤一种，但在次要路线，则以铺用较轻钢轨为宜，至于重要路线，或因运输量扩充，或有其他原因，与其添铺轨枕不如加重钢轨为经济。"❶ 故同时修订的铁路建筑标准及规则做了如下规定："干路应为每长一公尺重四三公斤。次要路应自每长一公尺重三〇公斤至每长一公尺重三五公斤。四三公斤钢轨，每条下业经铺设第三五条所规定轨枕最多数，尚虞不敷负荷运输时，应改用标准截面每长一公尺五〇公斤。"❷ 因此1936年钢轨标准除保留原有的43公斤钢轨外，还增加了30公斤、35公斤和50公斤轨。

第二，1936年标准是一部更为完整的技术标准，其体系和内容与英、美20世纪20年代的标准接近。首先，由于增加了30公斤、35公斤和50公斤钢轨，这使得中国的钢轨标准开始成为一个涵盖了次要路轻轨和主要干线标准轨的较全面的标准体系。其次，在化学成分上，与1922年不同，此次标准详细规定了转炉和平炉钢制造的钢轨的碳、磷、锰含量标准，而且按43公斤和50公斤干路用轨和30公斤、35公斤轻轨分别做了规定（表4-4），这种按不同轨重和炼钢法分别规定钢轨化学成分的方式在20世纪20年代之后被普遍使用，如1920年颁布的美国AREA标准按70~84磅、85~110磅、111磅以上三类轨重分别规定了平炉和转炉钢轨的碳、磷、锰、硅含量❸。英国标准B. S. 11也在1922年的版本中规定：80磅及大于80磅的钢轨应尽可能地采用其所制定的高碳标准。再次，在力学性能测试上，这部标准规定每炉钢必须经过落重试验和张力试验，在制样、试验参考和合格标准等方面进行了详细规定。经比较发现，落重试验的测试方法与美国1927年标准几乎相同，也和美国1927年标准一样，增加了布氏硬度测试，但在延展性测试方面，这部标准基本仿照1922年的英国标准设计了张力

---

❶ 本年度铁道技术标准审订工作报告［A］．铁道部参事厅第四组编辑．铁道年鉴第二卷［M］．上海：铁道部秘书厅图书室，1935：717.

❷ 铁道部．国营铁路建筑标准及规则［R］．南京：铁道部，1936年6月，第8页．

❸ Manual of the American Railway Engineering Association: Definitions, Specifications and Principles of Practice for Railway Engineering［M］. Chicago: American Railway Engineering Association, 1921: 115.

试验。因此可以推测铁道部 1936 年标准是在综合参考英、美 20 世纪 20 年代标准的基础上形成的。

表 4-4　铁道部 1936 年标准与美国 AREA1927 年标准、英国 B. S. 11：1936 比较

<table>
<tr><th colspan="2">名称</th><th colspan="2">铁道部 1936 年标准</th><th>美国 AREA1927 年标准</th><th>英国标准 B. S. 11：1936</th></tr>
<tr><td colspan="2">制造法</td><td colspan="2">酸性平炉法、碱性平炉法、酸性贝塞麦法</td><td>平炉法</td><td>平炉法、酸性贝塞麦法</td></tr>
<tr><td rowspan="3">化学成分</td><td>酸性贝塞麦法</td><td colspan="2">略</td><td>略</td><td>略</td></tr>
<tr><td rowspan="2">平炉法</td><td>30 公斤、35 公斤</td><td>碳：不低于 0. 50
磷：≤0. 05
锰：0. 60~0. 90</td><td rowspan="2">碳：0. 50~0. 63（50~69 磅）
0. 53~0. 70（70~84 磅）
0. 62 ~ 0. 77（85 ~ 100 磅）
磷：≤0. 04
硅：≥0. 15</td><td rowspan="2">碳：0. 50 ~ 0. 60（> 50 磅，酸性）
0. 45 ~ 0. 55（≤ 50 磅，酸性）
0. 55 ~ 0. 68（> 50 磅，碱性）
0. 50 ~ 0. 63（≤ 50 磅，碱性）
磷：≤0. 06（酸性）；≤ 0. 05（碱性）
硅：0. 10~0. 30
锰：0. 70~0. 90
硫：≤0. 06</td></tr>
<tr><td>43 公斤、50 公斤</td><td>碳：不低于 0. 55
磷：≤0. 05
锰：0. 60~0. 90</td></tr>
<tr><td rowspan="2">力学性能</td><td>落重测试</td><td colspan="2">每次熔化，由第二、中部及最后铸块第一钢轨之首各截取长 1. 5 公尺（5 英尺）钢轨一段，进行落重试验。合格的试样之一进行布氏硬度试验并备案</td><td>用 AREA 标准落重机进行测试；取第二、中部和最后铸块的“A”钢轨之首截取长 4~6 英尺进行。试样之一进行布氏硬度试验并登记备案</td><td>由工程师或购买商选择的钢轨中截取 5 呎（1. 52 米），放置在英国标准落重测试机上进行测试</td></tr>
<tr><td>拉力测试</td><td colspan="2">通过落重试验的该炉钢轨，只需通过拉力测试、轨面截面及制成状态等，最后检验即可全部接受之</td><td></td><td>若工程师或客户要求拉伸断裂强度和延展性，则需要在标准拉伸试验机上进行测试。样轨由工程师或客户在每 100 吨钢轨中任意选取</td></tr>
</table>

资料来源：1. 铁道部制定．国营铁路钢轨规范书，1936：6；
2. Standard Specifications for Open-hearth Carbon-steel Rails. 见：中島龍一．軌條［M］．東京：共立出版株式會社，1943：319~324；
3. British Standard Specification and Section for Flat Bottom Railway Rails. London：British Standards Institution，1936.

第三，虽然内容体系与英、美标准接近，但部分具体指标则是根据我国实际情况有所调整。比如，在碳含量的规定上，英、美标准同时规定了上下限，这部标准似乎更强调增大碳含量，只规定了其下限。之所以这样，我们认为这与此前中国铁路用轨经验有关。1922 年标准对碳质成分没有数值上的规定，导致了按此标准购买的部分钢轨因碳含量低而发软的现象：“民国十一年钢轨标准截面公布之后，几乎所有各路如胶济、平汉、京沪等路皆以按照标准截面及规范书所购之钢轨加以改换。……惟试用之结果终发现钢质稍软，轨顶钢料有压成铁箔向两边两端流动之瑕疵。以后数批订购时，乃提高炭质成分以加其坚韧性，结果较为良好。”[1] 正是基于这一经验，1936 标准中便规定了碳含量的最低值，表示更需要防止钢轨碳含量偏低情况的发生。

4.3.3 1936 年钢轨标准的实施情况

新标准颁布后不久，抗战爆发，铁路建设规模急剧下降，国民政府抗战 8 年建铁路约 2427 公里，钢轨进口数量由 1937 年的 4.5 万吨锐减到每年不足 5 千吨，1942 年之后钢轨进口停止[2]。在钢轨生产方面，1937 年国民政府资源委员会将位于汉阳等地的钢铁生产设备迁至重庆，在后方建起了钢铁厂迁建委员会（大渡口钢铁厂）等一批钢铁企业，据 1946 年的统计，后方拥有钢轨轧制设备的企业仅钢迁会、中国兴业公司和渝鑫钢铁厂三家[3]，但除了钢迁会在 1946 年试轧过 85 磅钢轨外[4]，后方钢铁厂仅能生产未列入部颁标准的 16 磅或 35 磅钢轨。因生产能力的限制，这一时期铁路修建使用的钢轨难以按照 1936 年部颁标准执行。根据史料，1940~1948 年国民政府修建的綦江铁路，使用的是钢迁会制造的 35 磅轻轨（17.36 公斤轨）铺设[5]，这显然不是部颁标准的钢轨。在中国铁道博物馆现存钢轨中也找不到按 1936 年部颁标准制造的钢轨。可以肯定，战争的爆发使 1936 年部颁钢轨标准基本上没有得到应用。

4.4 进一步讨论

概括地讲，技术标准化体现在两个层面：一是技术标准的制定；二是技术标准的实施。而从前述内容可知，我国近代钢轨技术标准的制定和内容在逐步趋于系统化的同时，技术标准的实施却受到很大限制，因此这不是一个理想的技术标准化进程，但值得从技术史的角度做如下讨论：

（1）如果将 1911 年、1922 年与 1936 年三次标准的制定和内容做一个纵向比较（表 4-5），可以发现这是一个本土化程度逐渐提高的演变过程，在微观层面上见证了中国近代本土技术系统的发展。

---

[1] 萨福均．三十年来中国之铁路工程［A］．中国工程师学会编．三十年来之中国工程［C］．南京：中国工程师学会，1946.

[2] 根据国民政府海关资料统计。

[3] 王子祐．抗战八年来之我国钢铁工业［J］．资源委员会季刊，1946，6（1~2）：102~103.

[4] 钢迁会八十五磅钢轨试轧报告［A］．重庆市档案馆．抗战后方冶金工业史料［Z］．重庆：重庆出版社，1988：602~605.

[5] 綦江铁路工程处撰綦江铁路建筑概况［A］．中国第二历史档案馆编．中华民国史档案资料汇编第五辑第二编 财政经济（十）［Z］．南京：江苏古籍出版社，1997：334~336.

表 4-5　中国近代三次钢轨技术标准制定的演变

年份	参考蓝本	方案草拟者	决策系统	与各国标准的关系	内　容
1911 年	英国平脚钢轨标准	汉阳铁厂技术人员与英籍工程师格林森	汉阳铁厂组织，汉厂负责人和粤汉铁路英籍总工共同决策	直接参照英国蓝本，轨式为英式	仅 85 磅钢轨的标准，无张力试验规定
1922 年	英国、法国、美国各国	交通部铁路技术委员会外籍技术顾问和本土会员。外籍顾问提出或指导草案	交通部铁路技术委员会组织中外会员和铁路各方对草案进行决策	折中取舍各国标准，轨式的设计更多参考美国 AREA 的原则，确立自己的轨式部颁标准	仅 43 公斤钢轨标准，规定标准轨式，无化学成分指标，材质上兼容各国指标
1936 年	英国、美国等国；本国 1922 年标准	完全由中国技术人员组成的铁道部技术标准审订委员会	各路对草案提出修订意见，由铁道部技术标准审订委员会进行决策	体系接近于英、美标准，具体指标根据本国用轨经验有所调整，轨式按 1922 年标准原则设计	含 30 公斤、35 公斤、43 公斤、50 公斤钢轨标准。内容完整，已成体系

首先，标准的制定者由 1911 年的汉阳铁厂转变为 1922 年之后的交通部或铁道部的技术委员会和技术标准审订委员会，说明政府主导的技术行政机构取代了企业成为技术标准的制定者，这是一国技术标准化体系得以发展的通常路径。

其次，三次标准的制定是一个与中国本土铁路技术人员的成长相伴的过程，由一开始英国工程师拟定，发展到 1922 年中外人员共同组成的技术委员会制定，再到 1936 年完全由中国工程师群体制定，说明经过近 30 年的发展，中国已经拥有了一批能够自主发展铁路技术能力的本土工程师，而其背后折射出的是中国最初近半个世纪的留学史以及本土技术教育的发展史。

第三，如果将钢轨标准视作一个技术知识体系，那么三次标准内容上的演化便是一个典型的技术知识体系的本土化过程，由最初的“直接拿来”发展到最终建立一个较完整的本土技术标准系统。1911 年标准单方面参照英国蓝本，1922 年标准比较各国标准后尝试确定本土轨式标准原则，但因条件不成熟放弃钢材化学成分的规定，1936 年标准则形成一部包含轻重钢轨，在轨式、材料性能等各方面均成规范，并在一定程度上具有本土特征的标准体系。而这一过程显然与中国本土技术经验的积累有密切关系。

（2）如果说上述三次钢轨标准的演化体现的是技术系统的内在发展，那么更值得讨论的是，各种技术之外的因素是如何影响着这一标准化过程的。

影响首先来自中国政局，辛亥革命使前清邮传部颁布的标准失去官方地位，给清邮传部钢轨标准的实施带来极大影响。不仅如此，1936 年标准虽然是一部相对完善的标准，但因抗战的全面爆发基本上没有发挥作用。此外，与政局相关的因素，也对1922年交通部铁路技术委员会外籍顾问的聘用产生了影响，如高薪聘请没有铁路或材料技术专长的数学家和政治家班乐卫任高等专门顾问，就是民国政府在巴黎和会期间为争取法国的政治支持而采取的措施，而实际上，班乐卫的任职对当时技术标准的制定没有起到任何直接的作用。

中国本土钢轨制造业由盛到衰的发展状况，是影响钢轨标准化进程的另一重要因素。前清邮传部的钢轨标准可以说直接源自1908年之后汉阳铁厂非常乐观的钢轨制造，但交通部标准制定之时，正值1919年欧战结束，此时的汉阳铁厂不敌大量涌入的进口钢铁而开始衰败，本土钢轨产量显著减少，这一方面使汉阳铁厂未能在1922年部颁标准的制定中发挥应有的作用，另一方面，这也是1922年标准为兼容各国进口钢轨而采取很大灵活性的主要原因之一。而1922年部颁标准的颁布和同年汉冶萍公司全面停止钢轨生产，两者并非巧合。由于部颁标准的实施，导致汉阳铁厂原来轧制的钢轨轨式全部作废而加速了其停产的步伐；此外，汉阳铁厂的停产意味着中国铁路用轨再次完全依赖进口，这又极大地影响了本土标准的实施。产品技术标准的制定本可以降低生产成本，给制造商带来更好的发展前景，但民国之后汉冶萍公司与钢轨部颁标准之间的相互作用却是反向的，其中的经验教训至今也是值得深思的。

5　中国近代钢轨文物研究：统计与鉴别

中国现存近代钢轨文物有以下两大特点：

第一，制造国家和厂商众多。由于中国近代钢轨制造能力有限，因此铁路所用钢轨除了部分为汉阳铁厂制造外，大都从欧美国家进口。又因参与中国铁路建设的国别众多，钢轨制造国家和厂商也非常多，形成了钢轨种类繁杂的情形，因此在中国内地发现的近代钢轨文物堪称集多国钢轨之大成。

第二，由于历经多个时期和使用地点的更迭，近代钢轨分布广泛而零散，增加了识别其最初使用线路和来源的难度。近代钢轨至少经过三次大的更换和搬运：一是 1922 年新的钢轨技术标准出台后，一些干线铁路进行了换轨；二是抗战时期前线部分钢轨被拆除转运至后方，而日本人在占领区又重新铺设了路轨；三是 1949 年以后，一批老钢轨被转运至云南、广西等地，用于当时的铁路修建或厂矿运输线路的建设。因此目前近代钢轨分布非常广泛，而且绝大部分钢轨的发现地并不是钢轨最初铺设的线路，这无疑增加了辨识其最初来源的难度。

随着时间的推移和中国新一轮铁路建设与发展，近代钢轨大部分已停止服役。加之这些年大规模城市建设，现存的晚清和民国造钢轨已越来越少。近年来，钢轨作为历史文物或铁路工业遗产的组成部分，开始得到中国铁道博物馆等相关博物馆的收藏并受到一定程度的重视。2012 年以来，我们有针对性的对中国铁道博物馆原有钢轨文物进行了系统的整理，同时分赴北京与河北周边、东北地区、内蒙古、天津、云南、武汉等地对新发现的近代钢轨进行调研和征集。与此同时，对藏品较多的云南铁路博物馆所藏钢轨情况进行了调研。为了给近代钢轨文物的进一步研究和保护工作提供支持，我们对中国铁道博物馆的近代钢轨进行了逐一辨识和数据统计，形成了较完整的中国近代钢轨文物基本信息系统。

5.1　近代钢轨的统计

5.1.1　中国铁道博物馆馆藏钢轨

中国铁路博物馆主要有 6 个，分别是中国铁道博物馆、云南铁路博物馆、上海铁路博物馆、海南铁路博物馆、香港铁路博物馆、沈阳铁路陈列馆。

中国铁道博物馆成立最早，为了抢救和保留那些具有一定历史的老钢轨，1980 年至今先后从北京、哈尔滨、沈阳、上海、广州、昆明等铁路局和其他地方单位及个人处征集和购买了部分旧钢轨以丰富馆藏，使其馆藏老式钢轨数量达到148根；其中104根存放于东郊馆、29根存放于正阳门馆、15根存放于詹天佑纪念馆[1]。印铸于钢轨侧面的铭文信息反映了钢轨的制造信息，是研究钢轨价值的最直接、最重要的线索。通过对中国铁道博物馆馆藏钢轨铭文信息的初步分析，其制造时间以及制造国别统计见表5-1。

表5-1 中国铁道博物馆馆藏钢轨的制造年份及制造国别的情况

制造年份 制造国别	1894年前	1895~1911年	1912~1922年	1923~1936年	1937~1949年	1949年后	不详	小计
中国		4	8			5		17
英国	2	24		1				27
比利时		15		1	1		1	18
德国		11		1				12
美国	1	1	4	2	5		4	17
日本				7	25			32
俄国		3				1		4
法国		4						4
捷克						3		3
不明		3			1（VIT）	2	8	14
总计	3	65	12	12	32	11	13	148

注：日本造（1937~1949年）的25根钢轨中含8根鞍山昭和制钢所造的钢轨。

中国铁道博物馆的馆藏老钢轨中，日本、英国、比利时、美国、中国、德国6国所造钢轨共计113根，占馆藏老钢轨总数的76.4%。从钢轨制造时间来看，1894年前造的钢轨有3根，其中，1根为美国TROY公司1887年所造、2根为英国Moss Bay公司1888年所造。1895~1911年间制造的老钢轨数量最多，达65根，占馆藏近代钢轨总数的43.9%，馆藏的英国、德国、比利时、法国、俄国造钢轨主要集中在这一时期。1912~1922年间所造12根，占8.1%，其中，汉阳造8根、美国造4根。1923~1936年间所造钢轨12根，占8.1%，其中，日本八幡制铁所造钢轨7根，美国造钢轨2根，英国、比利时、德国各1根。1937~1949年间所造钢轨32根，占21.6%，其中，日本八幡制铁所造17根、鞍山昭和制钢所造8根、美国造5根、比利时造1根。1949年之后制造（主要是20世纪50年代所造）的钢轨11根，占7.4%，其中，中国造5根、捷克造3根、苏联造1根，另2根制造国不详。此外，铭文不全或无铭文的钢轨共13根，根据残缺的铭文可确定4根为美国MARYLAND公司制造，1根为比利时COCKERILL制造，其余8根为无可识别的铭文标识。

5.1.2 其他馆藏钢轨

国内其他博物馆也收藏了为数不等的近代钢轨，其中云南铁路博物馆的收藏

---

[1] 本书数据的统计截止到2016年。

数量较多，而且有着突出的地域特点。

云南铁路博物馆初创于 1990 年 4 月，2004 年正式对外开放。该馆收藏的钢轨多为窄轨（米轨、寸轨）铁路使用的钢轨，共计收藏有 41 根[1]，分别由法国、中国、德国、美国、比利时等国家的多家厂商制造，以中国、法国两国的数量最多。钢轨的规格、型号也较为繁杂，这些钢轨真实客观地反映了云南地区的铁路建设与发展历程。

其中中国造的 12 件钢轨文物，有铭文标识的为 10 件，分别是汉阳铁厂 1902 年、1903 年、1907 年、1908 年、1910 年、1913 年造钢轨各 1 件（见图 5-1），以及鞍钢 1966 年、1979 年造钢轨各 1 件，重钢 1960 年造钢轨 1 件，武钢 1971 年造钢轨 1 件。

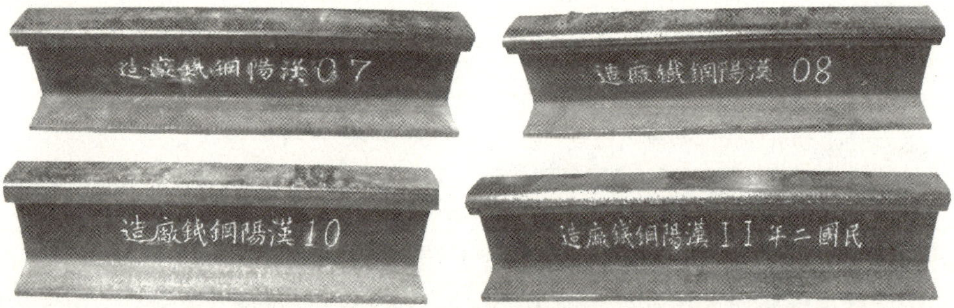

图 5-1　汉阳钢铁厂造钢轨（1907 年，1908 年，1910 年，1913 年）（云南铁路博物馆藏）

法国钢轨文物 11 件，分别制造于 20 世纪 00 年代和 20 世纪 30 年代，其中 7 件来自 20 世纪 00 年代的钢轨是法国人修建滇越铁路的历史见证。它们分别是法国 N. E-BB 厂 1903 年、1904 年造钢轨共 2 件（见图 5-2），1904 年法国托马斯热福公司（B-Th-JOEUF）制造的钢轨共 4 件（见图 5-3），米歇尔公司（MICHEVILLE）1904 年造钢轨 1 件。其余 4 件 20 世纪 30 年代的则分别来自米歇尔公司（1935 年）、平波公司（POHT TALBOT）（1934 年）、TUNG-RU 公司（1936 年）和 STUMM 公司（1937 年）。

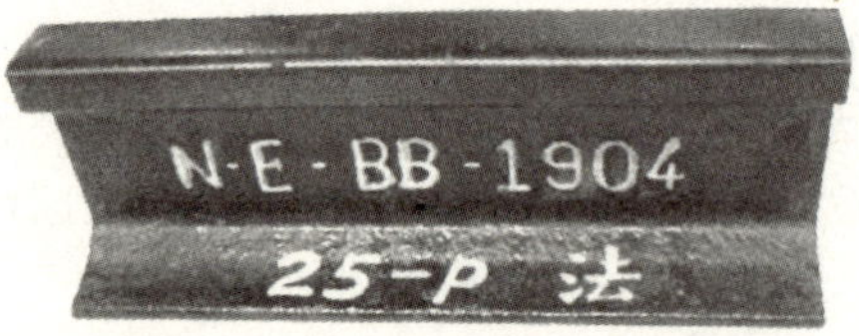

图 5-2　铭文：N-E-BB-1904
（云南铁路博物馆藏）

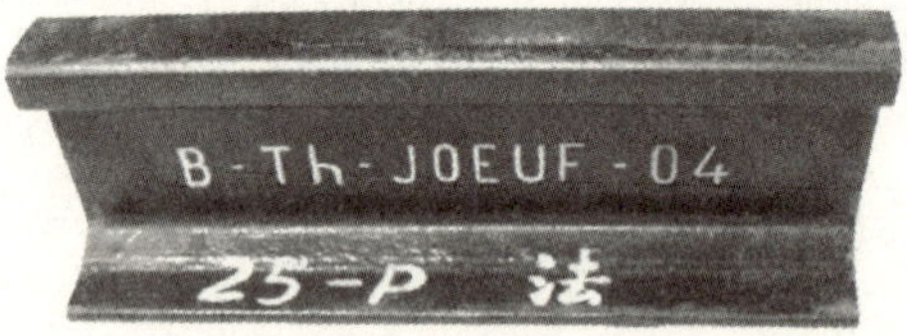

图 5-3　铭文：B-Th-JOEUF-04
（云南铁路博物馆藏）

---

[1] 该数据为 2015 年云南铁路博物馆提供的信息。

德国造钢轨文物 7 件，其中 3 件为克虏伯公司（KRUPP）1882 年、1901 年、1903 年制造（图 5-4）；2 件为蒂森公司（THYSSEN）1933 年、1936 年制造（图 5-5）；1 件为 HOESCH 公司 1910 年（见图 5-6）。

图 5-4 铭文：CPR STEEL KR * PP 1882（云南铁路博物馆藏）

图 5-5 铭文：THYSSEN Ⅻ 1933 CEUTSCHES FABRIKAT（云南铁路博物馆藏）

图 5-6 铭文：K. T. P. E HOESCH 1910 Ⅱ（云南铁路博物馆藏）

此外，还有美国马里兰钢铁公司（MARYLAND）1899 年、1900 年造钢轨，美国伊利诺斯钢铁公司（ILLINOIS）1915 年造钢轨，俄国 HOB POC 公司 1899 年造钢轨，比利时 SJC 公司 1897 年造钢轨、比利时 OUGREE 公司 1907 年造钢轨（图 5-7）以及加拿大 MACKIE 公司 1932 年造钢轨（图 5-8）。

图 5-7 铭文：OUGREE 1907 AT（云南铁路博物馆藏）

图 5-8 铭文：MACKIE PA ENTEO 1932 ALGOMA CANADA-10（云南铁路博物馆藏）

云南省在中国近代铁路建设史上有着特殊的地位，1900 年代修建的滇越铁路跨越中国与越南，采用 1 米轨距和每米 25 公斤的轻轨铺设，是法国铁路工程技术在中国西南山区的一次成功实践，而云南当地发现的近代钢轨，尤其是法国制造的钢轨正是这段历史的体现，其他钢轨，则多是抗战时期滇缅铁路的修建和新中国成立之初挪用各地铁路拆卸下来的近代铁轨的产物。

5.2 近代钢轨的铭文信息辨识

近代钢轨成品都有印铸于表面一侧的铭文，虽然各国和各制造商生产的钢轨铭文内容有所不同，但近代钢轨的铭文标记可大体分为两类：一类是制造厂商、制造年月、定制方名称等一般信息；另一类是与钢轨制造标准相关的技术类信息，包括钢轨断面规格如轨式、制造工艺、轨重等。可以说，钢轨的铭文是研究近代钢轨文物价值以及钢轨制造技术的重要线索。正是由于铭文的存在，使钢轨成为有据可考的重要的近现代钢铁工业遗产。在本节中，我们结合中国铁道博物馆馆藏 148 件钢轨文物，来挖掘和讨论上述两大类铭文所带给我们的信息。

5.2.1 一般信息

5.2.1.1 制造厂商

制造厂商的铭文信息一般以制造厂商名称、名称的首字母缩写或企业的标志性符号等表示，有些还可能涉及制造厂所在地、制造国家等方面的信息。就中国铁道博物收集到的钢轨文物来看，其制造厂商至少涉及 8 个国家的 30 多个钢铁企业（表 5-2）。这些企业基本涵盖了 19 世纪末到 20 世纪上半叶主要钢铁生产国的重要钢铁企业，部分企业不仅是中国铁路用轨的供应商，还以提供设备或输出技术等形式参与了那个时期的中国钢铁工业的发展，例如比利时的郭克里尔厂和德国的好望钢铁公司等。

表 5-2 馆藏近代钢轨铭文中有关“制造厂商”的信息解析

序号	国别	制造方的相关铭文	制 造 厂 商
1	中国	汉阳铁厂	汉阳铁厂
			鞍钢
		“重冈”或“重鋼”	重庆钢铁厂
		西南 101 厂	西南 101 厂
2	英国	Moss Bay Steel	Moss Bay Steel
		CAMMELL. S. STEEL	查尔斯卡梅尔公司（Charles Cammell & Co.）
		BARROW STEEL	巴罗赤铁矿钢铁有限公司（Barrow Hematite Steel Co. Ltd.）
		BV&CoLD	伯尔考沃恩公司（Bolckow，Vaughan & Co.，Ltd）
		w BEARDMORE&Co.	威廉·比尔德莫尔公司（William Beardmore & Co.）

续表 5-2

序号	国别	制造方的相关铭文	制　造　厂　商
3	比利时	COCKERILL	科克利耳公司（Société anonyme John Cockerill）
		ANGLEUR	Angleur（昂格勒尔）公司
		OUGREE	OUGREE（乌格雷）公司
			PROVIDENCE 公司
4	德国	KRUPP	弗里德里希克虏伯股份公司（Friedrich Krupp AG ）
		G. H. H.	好望钢铁公司：Gute Hoffnungshütte（GHH）
		B. V. G. BOCHUM.	波鸿矿业钢铁公司 （Bochumer Verein für Bergbau und Gußstahlfabrikation）
		UNION	多特蒙德矿山制铁联合有限公司 Union A. G. für Bergbau u. Stahi Industrie zu Dortmund）
5	日本		日本官营八幡制铁所
			（鞍山）昭和制钢所
6	美国	B. S. CO MARYLAND	B. S. CO 公司 MARYLAND 分公司
		ILLINOIS-U. S. A	US 钢铁公司 ILLINOIS 分公司（原公司全名： ILLINOIS STEEL Co.），1901 被 US Steel 合并
		TENNESSEE（USA）	US 钢铁公司 TENNESSEE 分公司
		CARNEGIE E. T USA	US 钢铁公司 CARNEGIE 分公司的 Edgar Thomson 工厂，CARNEGIE 公司（CARNEGIE STEEL Co.）在 1901 年后被 US 钢铁公司合并
		L S Co BUFFALO	LACKAWANNA Iron & Steel Co.
		COLORADO	COLORADO Fuel & Iron Co.
		TROY. S&I Co	TROY. S & I Co
7	俄国	A. Ю. P3. Б. O	A. Ю. РОСИЙСКО ЗАВОД Б. ОБЩЕСТВО
		HOB POC	НОВО-РОСИЙСКО ОБЩЕСТВО
8	法国	MICHEVILLE	法国 MICHEVILLE 公司
9	捷克	TRINEC	捷克 Trinec 钢铁工厂（Trinec Iron and Steel Works）

注：本表仅列出已确定的馆藏钢轨制造厂商。

资料来源：1. 方一兵，等. 北京广安门车站的近代钢轨［J］. 近代中国与文物，2010（2）：41~46；

2. A webpage of old rails（for Railroad）in Japan（http：//homepage1. nifty. com/arashi/fururail/3prints. html）。

5.2.1.2 制造年月

在钢轨铭文中，制造年份大多以公元纪年表示，但也有部分例外。如日本造钢轨在 1941~1948 年期间制造的钢轨用皇纪 2601~2608 表示；中国汉阳铁厂造钢轨在民国时期用民国纪年表示。钢轨制造月份的表示方式较多，或用阿拉伯字母 1、2、3、…、12 表示，或用罗马字母 Ⅰ、Ⅱ、Ⅲ、…、Ⅻ表示；或用竖条“｜”的根数表示，或用正四角形周围生长的胡须根数表示，例如“世”表示 7 月份制造（图 5-9）❶。

图 5-9　钢轨铭文：P. K. P. 20 1955 世 S. 49 Ⓚ（中国铁道博物馆藏）

5. 2. 1. 3　定制方

有些钢轨铭文中还含有定制方的信息，直接反映了钢轨的用处或去处。在中国博物馆馆藏钢轨文物中，铭文中带定制方信息的近代钢轨共 57 件，其中，以清末成立的中国铁路总公司（以 ICR 为铭文标识）定制的钢轨数量最多，达 23 件，标志为京张铁路（IPKR）定制的钢轨 10 件，含有中东铁路（КВЖД）标识的钢轨 7 件。此外还有中华民国国有铁路（CGR）、京奉铁路（PMR）、津浦铁路（KTPE）、南满铁道（ ）等定制的钢轨（图 5-10～图 5-13）。各定制方的铭文注释详见表 5-3。

图 5-10　钢轨铭文：A. H. V. 1910 K. T. P. E（中国铁道博物馆藏）

图 5-11　钢轨铭文：OH TENNESSEE 6087 3 1921 P. M. R.（中国铁道博物馆藏）

❶ A webpage of Old Rail (for Railroad) in Japan. 网址链接：http：//homepage1. nifty. com/arashi/

图 5-12 钢轨铭文：A. Ю. P3. Б. O 1904. Ⅶ. K. B. Ж. Д（中国铁道博物馆藏）

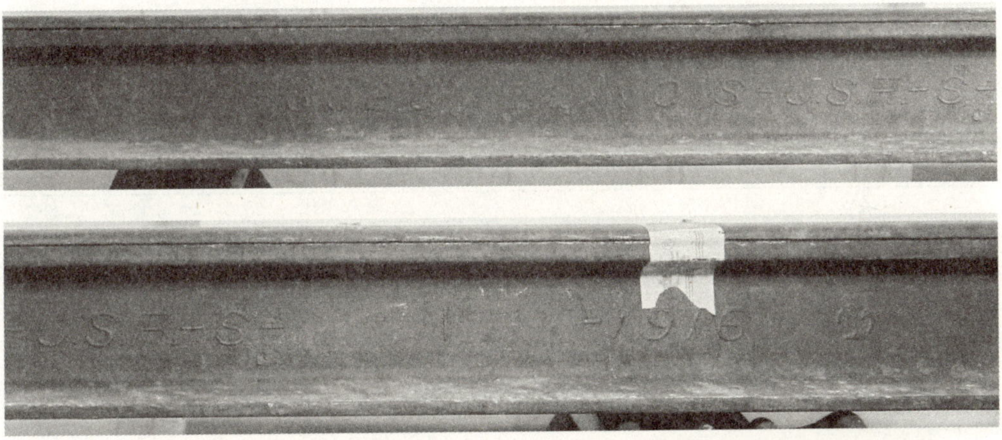

图 5-13 钢轨铭文：ARA-A-8020-ILLINOIS-U. S. A-S- 1-1916（中国铁道博物馆藏）

表 5-3 中国近代铁路用轨钢轨铭文中“定制方”铭文的注释

序号	定制方铭文	铭文注释
1	ICR	盛宣怀督办的中国铁路总公司（Imperial Chinese Railway）首字母缩写
2	IPKR	京张铁路，是“Imperial Peking Kalgan Railway”首字母缩写
3	КВЖД	中东铁路的俄文缩写，即“КИТАЙСКАЯ ВОСТОЧНАЯ ЖЕЛЕЭНАЯ ДОРОГА”的首字母缩写
4	KTPE	津浦铁路，TPE 为德文“Tiansing Pukow Eisenbahn”首字母缩写
5	PMR	京奉铁路，“Peking-Mukden Railway”首字母缩写
6	CGR	中华民国国有铁路“Chinese Government Railways”首字母缩写
7		满铁标记

注：本表仅列出已确认的铁路定制方铭文解析，暂时无法确定的定制方未列出。

资料来源：1. A webpage of Old Rail（for Railroad）in Japan. 网址链接：http：//homepage1. nifty. com/arashi/；

2. 铁道部铁道年鉴编纂委员会编辑．铁道年鉴（第 1 卷）［M］．南京：铁道部铁道年鉴编纂委员会，1933：23.

5.2.2　技术类信息

5.2.2.1　轨式

轨式（即钢轨截面形式）从结构上决定了钢轨的力学性能与使用寿命，直接影响行车安全以及营业费用支出，因此具有十分重要的意义。近代以来随着列车速度的提升及载重的增加，轨式也在不断地演进，到 20 世纪时，平底式钢轨已成为世界最通行的式样，我国铁路也采用此式❶。19 世纪末以来，各国相继颁布了本国铁路钢轨轨式标准，这在中国铁道博物馆馆藏钢轨的铭文中也体现出来。

在中国铁道博物馆馆藏钢轨中，铭文中含有轨式信息的共 76 件（表 5-4），分别标识了 19 世纪末至 20 世纪 30 年代英国、美国、日本和中国制定的以下 7 类轨式标准。

表 5-4　中国铁道博物馆馆藏含轨式铭文标识的钢轨统计

轨式	具体铭文	制造国/厂	制造年代	件数	总件数
英国 SEC 号系列截面	SEC 97	英国	1888	2	20
	SEC 435	英国	1896（3），1898（2），1907（2）	7	
	SEC 486	英国	1899	1	
	SEC 543	英国	1896（3），1897（4），1898（1）	8	
	SEC 596	英国	1902（1），1905（1）	2	
美国 ARA-A 标准截面	ARA-A	美国	1916（1），1937（3）	4	16
	RA-A	美国	1937	1	
	RA	日本	1934（3），1935（2），1938（2），1939（2），1942（1），1943（1）	11	
日本 MR 型断面	MR	日本	1937（3），1938（3），1939（3），1940（2），1941（3），1943（2）	16	16
美国 ASCE 标准截面	ASCE 6540	英国	1928	1	3
	75-40 ASCE	美国	1943	1	
	37	日本	1943	1	
英国 SANDBERG 式断面	SANDBERG	比利时	1906	2	2
（交通）部定 43 公斤标准截面	SEC 43 公斤	日本	1936	2	2
（邮传）部定 85 磅/码标准截面	部定 85 磅轨制	中国	1913（2）	2	2
其他	R50	捷克 &VIT	1955（3），1957（1）	4	4
	38 公斤/P-38	中国	1956（1），1957（1）	2	2
	43/P-43	中国 & 苏联	1963（1），1953（1）	2	2
	600	美国	1906	1	1
	60 5-75	美国	1916	1	1
	6087	美国	1921	1	1
	8587	美国	1931	1	1
	87 XCA	美国	1934	1	1

❶ 童大埙．铁道工程学［M］．北京：中国科学图书仪器公司，1951：1.

续表 5-4

轨式	具体铭文	制造国/厂	制造年代	件数	总件数
其他	S. 49	不详(P. K. P)	1955 (1)	1	1
	35 公斤/米	不详 (VIT)	1938 (1)	1	1
总计					76

注：本表根据馆藏钢轨铭文统计。其中制造年代后括号中的数据表示馆藏该年制造的钢轨对应轨式的根数。

(1) 英国 SEC 号系列。在馆藏钢轨文物中，有 20 件 1906 年之前英国制造的钢轨以 SEC+数字来标示钢轨断面编号，它们分别来自 Barrow、Cammell 和 Moss Bay 这三家钢铁厂。该系列不代表轨式标准，而是指在没有统一的轨式标准之前，英国各钢铁厂对本厂制造的钢轨断面进行的独立编号，SEC 是断面“SECTION”的缩写，后面的数字几乎不重复。

(2) 英国山伯式 (Sandberg) 标准，这是 1896 年制定的一种轨式。在馆藏文物中，有一件由比利时郭克里尔公司 1906 年生产的钢轨，标示为该轨式，这件钢轨的定制方为京张铁路。实际上，英国首部全国通行的平底式钢轨技术标准 B. S. 11 (British Standard 11) 于 1905 年颁布，经 1909 年修订后一直沿用至 1922 年[1]。但在我们调研的文物中，未见采用这一标准制造的钢轨。(3) ASCE 标准，指美国土木工程师会 ASCE (American Society of Civil Engineers) 于 1893 年确定的钢轨轨式，该标准规定钢轨轨头、轨腰及轨底钢质分配比为 42%、21%、37%，可用于轨重为 40~100 磅的钢轨[2]。馆藏文物中，有三件 1928 年和 1943 年制造的钢轨采用了该轨式，分别产自英国、美国和日本。

(4) ARA 标准。由于 ASCE 标准截面存在发生挠曲或在冷却过程中容易弯曲等问题，1909 年美国铁路学会 ARA (American Railway Association) 另行制定了 60~100 磅的钢轨截面，ARA 截面分 A、B 两种类型，ARA-A 型截面轨头宽而薄，ARA-B 型截面轨头窄而厚；因 B 型的轨头太窄，钢轨与轮箍、轨头斜面与鱼尾板接触面均太小而易磨损，实际中多用 ARA-A 型截面[3]，其铭文常用“ARA-A 或 RA-A” + “钢轨磅重”表示。在馆藏文物中，采用 ARA-A 型标准的钢轨有 16 件，除了 1 件为 1916 年生产外，其余 15 件均为 20 世纪 30~40 年代生产，其中 5 件为美国制造、11 件为日本企业制造。

(5) 日本 MR 型标准，指日本在中国东北成立的满铁所制定的轨式，截面符号为“MR”。其中，“32 MR”型是满铁于 1932 年所制定的 32 公斤/米式钢轨截面 (图 5-14)[4]。在馆藏的 16 件标志为 MR 轨式的钢轨中，均为 32MR 型轨式。

---

❶ British Standard Specification and Sections for Flat Bottom Railway Rails [Z]. London: British Standards Institution, 1936: 6.

❷ 金涛. 钢轨截面之研究 [J]. 中华工程师学会会报, 1920, 11 (7): 2.

❸ 金涛. 钢轨截面之研究 [J]. 中华工程师学会会报, 1920, 11 (7): 3.

❹ 中国长春铁路管理局企划处编译. 铁路资料汇编第七种——中长铁路工务概要 (上) [M]. 长春: 中国长春铁路管理局企划处, 1948: 52.

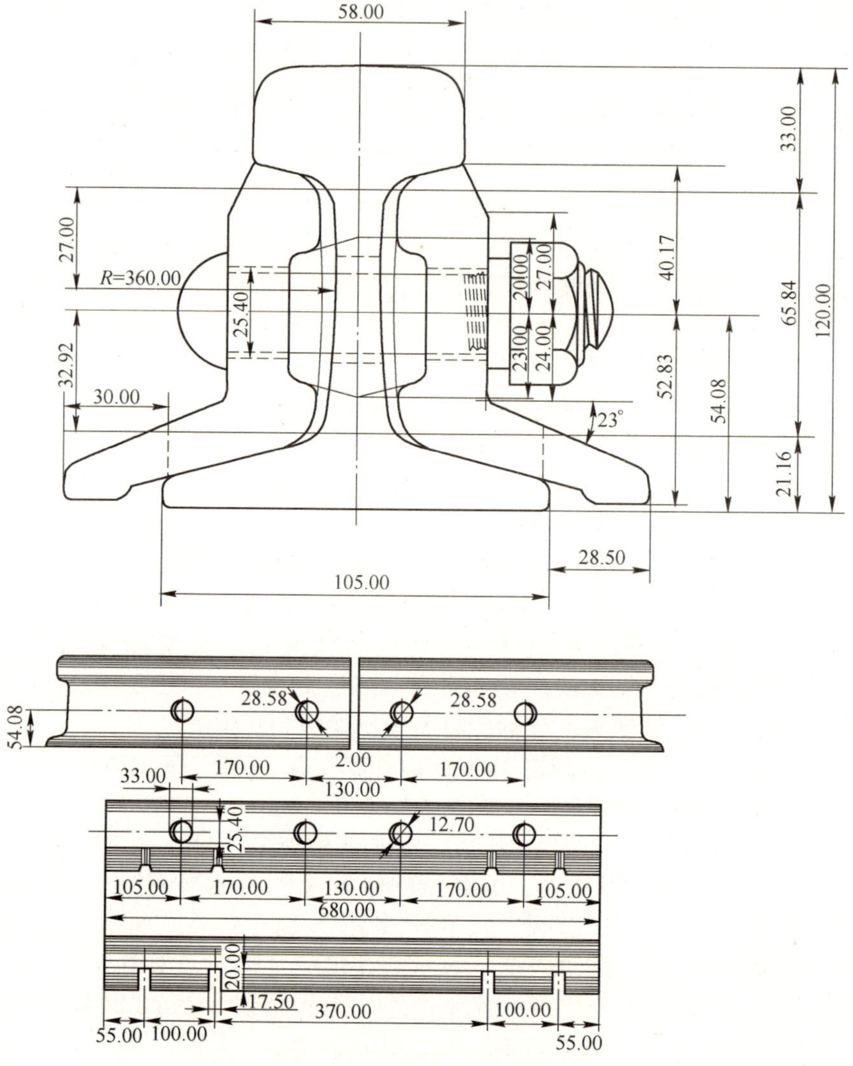

32 瓩 滿　鐵（M. R）型

軌 條 重 量　32·032 瓩（1米に付）

繼　目　板　21·820 瓩（1對に付）

第33圖 同　前

图 5-14　日本在我国东北的满铁制定的 MR 型 32 公斤/米标准钢轨截面图❶

❶ ［日］中岛龙一．轨条［M］．东京：共立出版株式会社，昭和 18 年（1943 年）：45.

（6）中国（邮传）部定85磅轨标准。这是1911年晚清邮传部在汉阳铁厂的主导下制订的《奏定85磅钢轨及附属品制造验收章程》中的轨式标准。在馆藏文物，有2件1913年汉阳铁厂制造的钢轨，采用的是该标准轨式。

（7）交通部定标准。这是1922年由北洋政府交通部制定的《中华民国国有铁路钢轨及扣件规范书》中所规定的43公斤/米轨式标准（图5-15）。在馆藏文物中，2件日本八幡制铁所1936年制造的钢轨，采用的是该标准轨式。

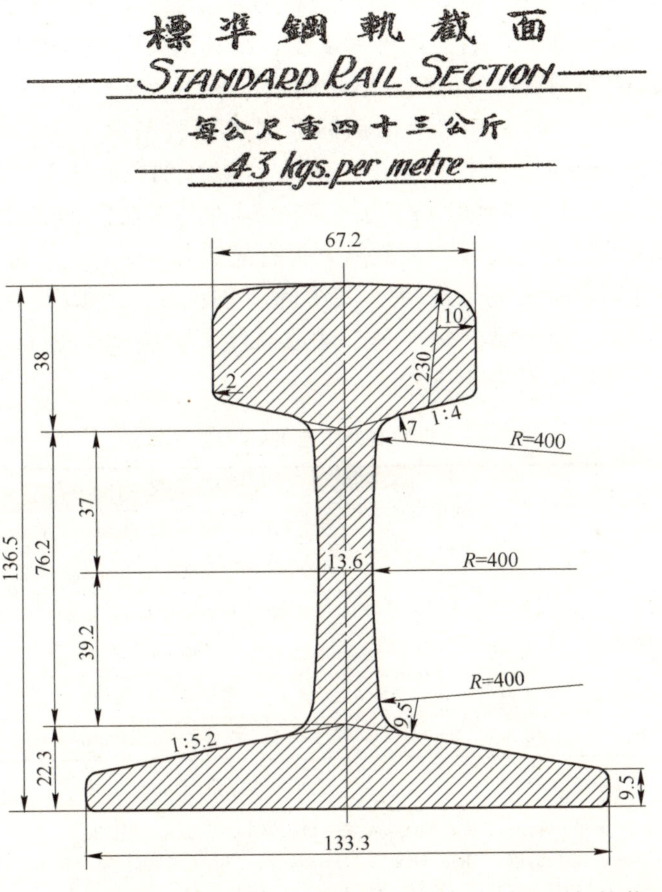

图5-15　中华民国交通部于1922年颁发的43公斤/米标准钢轨截面图❶

5.2.2.2　材料制造工艺

钢轨材料的制造工艺与其最终的化学成分密切相关，从而影响钢轨的质量、寿命、力学性能等，具有重要的技术价值。近代，钢轨材料的制造法主要有贝塞麦转炉炼钢和平炉炼钢两种，而两种方法又因其炉衬材料的不同而区分酸、碱性两种。

❶ 交通部令第1118号：中华民国国有铁路钢轨及扣件规范书［R］．北京：交通部，1922：17~18.

从近代各国钢轨标准对制造工艺铭文的规定，英国（B. S. 11）中对制造工艺没有特殊的规定，即只要可以达到化学成分的要求，转炉或平炉制造法均可，如 B. S. 11（1909 年）规定制造工艺可为 S. A. 、S. B. 、B. A. 和 B. B. ❶。B. S. 11（1936 年）规定制造工艺可为 O. A. 、O. B. 和 B. A. ❷。美国颁布的平炉法碳素钢钢轨标准规格中规定，其制造工艺用 O. H. 表示❸。而从 1920 年的美国碳素钢钢轨标准看，钢轨的制造工艺可以是平炉法，也可为贝塞麦法，但铭文中仅规定“平炉法钢轨须在其他铭文标识后面加‘O. H.’的标识”❹，按逻辑可以推断，美国按该标准制造的钢轨，若使用贝塞麦法，则其铭文中可省略制造工艺。日本 JES 钢轨标准及满铁钢轨标准均制定钢轨制造法采用盐基性平炉制造法，铭文也用“O. H.”表示❺。中国 1911 年钢轨标准制定钢轨制造法为“马丁盐基法”。1922 年钢轨标准中规定钢轨材料制造法可为“酸性别色麻法”“碱性别色麻法（即碱性马丁平炉法）”“酸性马丁法”和“碱性马丁法”四者之一❻。1936 年标准中有关制法的规定则改为“除购料人另有规定外，钢料应以酸性平炉法，碱性平炉法或酸性别色麻法制炼之”❼，其中的“别色麻法”即贝塞麦法，而从后两次钢轨标准的铭文示例看，碱性马丁法或碱性平炉法均用 B. O. H 表示。各种制造工艺的铭文及释义见表 5-5。

表 5-5　各种制造工艺的铭文及其释义

制造法	铭文	铭　文　注　释
平炉法（又称西门子-马丁法）	S. A.	酸性西门子-马丁法（Siemens-Martin Acid）
	S. B.	碱性西门子-马丁法（Siemens-Martin Basic）
	O. A.	酸性平炉法（Open Hearth Acid）
	O. B.	碱性平炉法（Open Hearth Basic）
	O. H.	平炉法（Open Hearth）
	B. O. H.	碱性马丁法或碱性平炉法（Basic Open Hearth）

❶ British Standard Specification and Sections for Flat Bottom Railway Rails.（B. S. 11：1909）. 见：William Hamilton Sellew . Steel Rails：Their History，Properties，Strength and Manufacture，with Notes on the Principles of Rolling Stock and Track Design [M]. New York：D. Van Nostrand Company，1913：489.

❷ BRITISH STANDARDS FOR STEEL AND STEEL PRODUCTS：BS HANDBOOK NO. 10（1949 EDITION）[M]. 上海：龙门联合书局影印，1951：371.

❸ [日] 中岛龙一. 轨条 [M]. 东京：共立出版株式会社，昭和 18 年（1943 年）：323.

❹ Manual of the American Railway Engineering Association：Definitions，Specifications and Principles of Practice for Railway Engineering [M]. Chicago：American Railway Engineering Association，1921：109~154.

❺ [日] 中岛龙一. 轨条 [M]. 东京：共立出版株式会社，昭和 18 年（1943 年）：310，331.

❻ 交通部令第 1118 号：中华民国国有铁路钢轨及扣件规范书 [R]. 北京：交通部，1922 年 11 月 6 日.

❼ 国营铁路钢轨规范书 [Z]. 南京：铁道部，1936 年 6 月，1.

续表 5-5

制造法	铭文	铭 文 注 释
贝塞麦法	B. A.	酸性贝塞麦法（Bessemer Acid）
	B. B.	碱性贝塞麦法（Bessemer Basic）

资料来源：1. British Standard Specification and Sections for Flat Bottom Railway Rails. （B. S. 11：1909）. 见：William Hamilton Sellew . Steel Rails：Their History，Properties，Strength and Manufacture，with Notes on the Principles of Rolling Stock and Track Design [M] . New York：D. Van Nostrand Company，1913：489；

2. BRITISH STANDARDS FOR STEEL AND STEEL PRODUCTS：BS HANDBOOK NO. 10 (1949 EDITION) [M] . 上海：龙门联合书局影印，1951 年：371；

3. Manual of the American Railway Engineering Association：Definitions，Specifications and Principles of Practice for Railway Engineering. Chicago：American Railway Engineering Association，1921：109～154；

4. 邮传部《奏定八十五磅钢轨及附属品制造验收通行章程》，湖北省档案馆汉冶萍公司档案全宗. 档号：LS56-3-328；

5. 国营铁路钢轨规范书 [Z] . 南京：铁道部，1936 年 6 月，第 1 页.

在中国铁道博物馆馆藏钢轨中，铭文中含钢材制造工艺信息的共 41 件，除了 1 件 1928 年英国造钢轨制造工艺为“B. O. H.”（图 5-16），以及 1938 年 VIT 制造的 35 公斤/米钢轨用的是“O. B.”（图 5-17）制造工艺外，其余 39 根的制造工艺均为“O. H.”，且这些钢轨的制造时间均集中在 1920 年之后。馆藏的英国造钢轨由于制造时间较早，基本没有印铸有关制造法的铭文。馆藏的所有日本造钢轨均有碱性平炉炼钢的“O. H.”标记。而汉阳造钢轨虽无制造工艺相关信息，但从 1917 年和 1920 年汉阳造化学成分符合 1911 年标准的情况看，其制造法也是符合 1911 年钢轨标准的，由此可推断馆藏的汉阳造 1917 和 1920 年均为“碱性马丁平炉法”。

图 5-16 铭文：w BEAROMORE&Co. ASCE 6540 6-1928 BOH HHR（中国铁道博物馆馆藏）

图 5-17 钢轨铭文：VIT 38 X. HKR 35 公斤/米 O. B.（中国铁道博物馆馆藏）

5.2.2.3 轨重

钢轨的单位重量表明了钢轨的承载能力。钢轨铭文中常见“数值+LBS”，表示的是每码钢轨的磅数。如馆藏英国 1888 年 MOSSBAY 公司造钢轨铭文中的“60LBS”即表示 60 磅/码的钢轨。美国钢轨截面编号中亦包含轨重的信息，例如“75-40 ASCE”中的“75”即表示 75 磅/码；“8020-ARA-A”中的“80”表示 80 磅/码。日本造钢轨的轨重信息直接用“数字”表示其轨重，轨重单位为公斤/米，如“32”“37”“40”分别表示的轨重为 32 公斤/米、37 公斤/米和 40 公斤/米。也有用“数值+公斤（KG）”或“数值+公斤/米”表示，如 1934 年美国 B. S. CO 公司 MARYLAND 分公司生产的钢轨铭文中的“43KG”。

中国铁道博物馆馆藏钢轨铭文中带轨重信息的只有 58 件，占馆藏总数的 39.2%。其中 60 磅/码钢轨轨 5 件（其中英国 2 件、美国 3 件）；日本 32 公斤/米钢轨 23 件；65 磅/码钢轨 1 件（英国造）；35 公斤/米钢轨 1 件（VIT 公司造）；75 磅/码钢轨 1 件（美国造）；37 公斤/米钢轨 1 件（日本造）；38 公斤/米钢轨 3 件（其中重钢 2 件、西南 101 厂 1 件）；80 磅/码钢轨 4 件（美国造），40 公斤/米钢轨 5 件（日本造），85 磅/码钢轨 3 件（汉阳造 2 件、美国造 1 件），43 公斤/米钢轨 5 件（日本造 2 件，中国、美国、俄国造各 1 件），45 公斤/米钢轨 1 件（中国 1972 年造），49 公斤/米钢轨 1 件（P. K. P 公司造），50 公斤/米钢轨 4 件（其中，捷克造 3 件、VIT 公司造 1 件）。

由于近 2/3 的钢轨铭文中没有轨重信息，我们在 2013 年对中国铁道博物馆（东郊馆）馆藏的 103 根钢轨（除 1899 年汉阳铁厂造钢轨为整根无法称重，且铭文没有轨重信息）进行了轨重分析，统计见表 5-6。从统计数据可看出，馆藏钢轨主要以 60 磅/码、65 磅/码（32 公斤/米）、75 磅/码、80 磅/码（40 公斤/米）及 85 磅/码（43 公斤/米）钢轨为主。

表 5-6　中国铁道博物馆馆藏钢轨的轨重统计

轨重＼制造年份	1894 年前	1895～1911 年	1911～1922 年	1923～1936 年	1937～1949 年	1949 年后	不明	小计
30 磅/码（15 公斤/米）							1	1
50 磅/码（25 公斤/米）		2						2
60 磅/码（30 公斤/米）	2	13	2	1				18
65 磅/码（32 公斤/米）		4		4	14		1	23
70 磅/码（35 公斤/米）		2			1			3
75 磅/码（37 公斤/米）		6	2		2			10
38 公斤/米						3		3
80 磅/码（40 公斤/米）		11	2	2	8			23
85 磅/码（43 公斤/米）		7	2	5		2		16
49 公斤/米						1		1
100 磅/码（50 公斤/米）						3		3
总　计	2	45	8	12	25	9	2	103

5.3　我国近代钢轨标准对铭文的规定

相对于西方国家而言，我国钢轨标准的制定起步较晚。我国第一次颁发的钢轨标准是1911年清政府邮传部颁布的《奏定八十五磅钢轨及附属品制造验收通行章程》，该标准有关“标识”的规定为“轨之一面须轧成每码重量及承造人之名，其文曰：‘奏定八十五磅轨制汉阳铁厂造’字样，字以一寸半高为度”[1]。在此之前，汉阳铁厂生产的钢轨一般只引铸着“汉阳铁厂造”和代表制造年份的字样。辛亥革命以后，邮传部85磅钢轨标准很快失去了官方地位，但在民国政府颁布新钢轨标准之前，汉阳铁厂沿用了原有的钢轨标准。从馆藏的汉阳造钢轨铭文看，并未发现遵照该标准规定印铸铭文的钢轨。此前南宁造船厂曾发现铭文（从右到左）为“部定八十五磅轨制 汉阳铁厂造 民国二年十二月”的汉阳造钢轨[2]；2002年兰州阿干镇煤矿铁路专用线一偏道上发现带有“汉阳铁厂造”“民国二年十二月”“陇海铁路部定八十五磅轨制”字样的钢轨[3]。这些钢轨的铭文与1911年标准相吻合。

1917年10月，民国政府交通部筹设铁路技术委员会于1922年颁发了《中华民国国有铁路钢轨及扣件规范书》等标准及规范，其中有关钢轨标志的规定为“每轨条均应于腰部之一面辊轧凸起之字样，字之高度不得少于二十公厘（四分之三吋），应指示下列各项：（a）制造人之名称或其首列之字母；（b）辊轧年月；（c）炼钢方法；（d）中华民国国有铁路，例如‘B. K. Co. 6. 1920 B. O. H. 中华民国国有铁路’”[4]。由于该标准颁发时汉阳铁厂已经停炉停产，因此其实际上成为当时进口钢轨的验收标准。馆藏钢轨中，也有按此类规范印铸标记的，如馆藏有2根铭文为“Ⓢ 1936. O. H. SEC. 43KG. C. G. R. 中華民国国有鉄路”钢轨。

1936年铁道部技术标准审订委员会颁布了《［铁道部制定］国营铁路钢轨规范书》，修订了1922年的钢轨标准，在43公斤的基础上，新增了30公斤、35公斤和50公斤三种钢轨标准。此次钢轨标准中对铭文的规定与1922年的相似，指出印铸的铭文内容应包括“制造人之名称或其缩写，辊轧年月，制炼法，钢轨重量及式样，并铁路中文名称（例如，A，B，&Co，-6. 1935 -B. O. H -43KG. 中华民国国营铁路……线）应在轨腰之一面辊轧阳文，其尺寸不得小于二0公厘

---

[1] 奏定八十五磅钢轨及附属品制造验收通行章程．湖北省档案馆汉冶萍公司档案全宗．档号LS56-3-328.

[2] 方一兵．汉冶萍公司与中国近代钢铁技术移植［M］．北京：科学出版社，2011：92.

[3] http：//www. people. com. cn/GB/paper447/5613/573637. html.

[4] 交通部令第1118号：中华民国国有铁路钢轨及扣件规范书［R］．北京：交通部，1922年11月6日，第7~8页．

(四分之三吋)。”❶ 但受抗日战争的冲击和影响，这次标准基本没有得到应用。在馆藏钢轨中，未发现依照 1936 年标准印铸铭文的。

5.4 小结

总的来讲，中国铁道博物馆的馆藏近代钢轨铭文标识及其统计结果，反映出近代中国铁路建设与各国钢轨制造的以下信息。

第一，近代钢轨文物的国别及其时间段的分布，与各国参与近代中国铁路建设的活跃程度基本一致，这从文物的角度反映了中国早期铁路建设史中复杂的中外关系。

1896~1911 年之前的外国钢轨基本上为英国、德国、俄国和比利时制造，它们的制造年份分别反映出这几个国家参与京汉、京张、胶济和东清 4 条铁路修建的历史。在 24 件英制钢轨中，有 18 件制造于 1896~1905 年，这是用于铺设京汉铁路的钢轨，另有 6 件制造于 1906~1908 年，是铺设京张铁路使用的钢轨；在 15 件比利时制造的钢轨中，5 件生产于 1900~1903 年，此时比利时已获得京汉铁路的筑路权，可认定它们是为铺设该路而进口的，另有 9 件生产于1905~1907 年，它们大都有定制方京张铁路的铭文标识，反映出除英国外，比利时也向京张铁路的建设提供了材料；在 11 件德国钢轨中，8 件制造于 1900~1903 年，是这一时期德国人主持修建胶济铁路的见证；3 件俄国制钢轨生产于 1896~1904 年，是沙俄主持修建东清铁路（1920 年改称中东铁路）的见证。值得一提的是，中国铁道博物馆和云南省铁道博物馆共收藏了 8 件 1911 年之前法国制造钢轨，是法国人主持修建的滇越铁路使用的材料。

第二，由钢轨上的轨式和轨重铭文信息，我们可以较准确地推断某一铁路所采用的钢轨技术标准，在近代中国铁路建设不能实现完全统一的情况下，该信息对判断铁路修建的技术依据和来源很有帮助。由于中国早期使用的钢轨轨式和轨重的种类非常多，这也为我们了解和研究 19 世纪末至 20 世纪初各国钢轨制造和铁路修建的技术标准提供了实物证据。

第三，由钢轨上的技术类铭文，可知 19 世纪末至 20 世纪上半叶各国钢轨制造标准和工艺特点，尤其是与钢轨材料生产工艺有关的铭文，为进一步研究这一时期相关国家的钢轨材料生产技术提供了一手信息。比如中国铁道博物馆馆藏的所有日本制造的钢轨均有“O. H.”的标记，这反映出 20 世纪 30~40 年代八幡制铁所和昭和制钢所的钢轨材料全部采用碱性平炉生产，在此基础上若对这些钢轨做进一步的试验检测，可了解 20 世纪 30~40 年代日本平炉炼钢的真实水平。

---

❶ 国营铁路钢轨规范书［Z］. 南京：铁道部，1936 年 6 月，第 8~9 页.

6 中国近代钢轨文物研究：技术检测与分析

对钢轨铭文信息的辨识为进一步研究相关历史时期钢轨材料技术水平提供了可能。在对中国铁道博物馆馆藏钢轨进行了辨别和统计之后，我们选取了部分具有代表性的钢轨样品进行性能检测，检测指标为钢的化学成分及残留元素、气体元素、非金属夹杂物、显微组织、脱碳层和物理力学性能等 6 种。主要目的有两个：一是通过实验数据的对比，客观认知与定位近代中国本土和日本钢铁企业生产的钢轨及其材料水平；二是通过对各国钢轨的检测，并与当代钢轨进行对比，在更宏观上诠释 19 世纪末以来钢轨材料生产技术的演变。

6.1 样品的选择

为了达到上述两个目的，我们确定了以下三组检测样品共 23 件：

（1）汉阳造钢轨 4 件。为比较汉阳铁厂第一阶段（1905 年技术改造之前）和第二阶段（1908 年技术改造基本完成之后）的钢轨质量和生产水平，分别选取了这两个阶段各 2 件样品，主要取自中国铁道博物馆东郊馆，其中 1 根 1904 年造的来自丰台物资段。年代和样品编号等信息如下：

1）1917 年汉阳造，C-HY1917。

2）1920 年汉阳造，C-HY1920。

3）1904 年汉阳造，C-HY1904。

4）1904 年汉阳造，C-HY1904（丰）。

（2）与汉阳铁厂同时期的各国钢轨共 10 件。为了认知 19 世纪末至 20 世纪 20 年代中国的主要进口钢轨的质量与技术水平，也为了更准确地了解定位这一时期汉阳铁厂钢轨生产水平，选择了这一时期中国进口钢轨主要生产国的样品共 10 件，主要来自英国、德国、比利时、法国和美国。年代、制造商和样品编号等信息如下：

1）1896 年英国 BARROW 造- I. C. R，E-BR1896。

2）1897 年英国 CAMMELL 造- I. C. R，E-CM1897。

3）1907 年英国 BARROW 造-I. C. R，E-BR1907。

4）1908 年英国 BV&CoLd 造-IPKR，E-BV1908。

5）1901 年德国 KRUPP 造，G-KR1901。

6）1905 年比利时 Cockerill 造-IPKR，B-CR1905。

7）1900 年比利时 AUGLEUR 造，B-AL1900。

8）1903 年比利时 SJC 造，B-SJ1903。

9）1905 年法国 ISBERGUES 造-I. C. R，F-IS1905。

10）1931 年美国 TENNESSEE 造，A-TN1931。

（3）日本八幡制铁所和鞍山制铁所的钢轨。20 世纪 30~40 年代，日本八幡制铁所和完全由日本人建设和经营的鞍山制铁所是这一时期中国东北和华北地区铁路建设用轨的重要生产商，几乎与中国同时起步的日本现代钢铁工业发展到 20 世纪 30 年代，在钢材的生产上已基本实现了自给自足，这是一个截然不同于中国钢铁工业的结局。为准确了解这一时期日本钢轨质量和钢材生产水平，我们选择这一阶段八幡制铁所和鞍山制铁所生产的 5 件钢轨作为检测样品。其年代、厂商和样品编号信息如下：

1）1938 年鞍钢造，J-AG1938。

2）1941 年鞍钢造，J-AG1941。

3）1934 年日本八幡造，J-BF1934。

4）1938 年日本八幡造，J-BF1938。

5）1941 年日本八幡造，J-BF1941。

选取检验样品的具体方案见附录Ⅱ，检验方法均按国家标准进行。

6.2　检测结果

6.2.1　主要化学成分及残留元素分析

钢轨样品的主要化学元素含量测试结果见表 6-1，为了更清晰地考察其性能，我们摘录了汉阳铁厂 1911 年制定的钢轨化学成分的标准以及同一时期英国、德国、美国和日本制定的标准（表 6-2），并将 2003 年中国铁道部颁布的 43 公斤/米~75 公斤/米热轧钢轨的化学成分及残留元素行业标准，以及高铁测试的化学元素要求摘录于表 6-3 中。

表 6-1　主要化学元素（质量分数）　　（%）

试样号	C	Mn	Si	P	S	Cr	Ni	V	Cu
C-HY1917	0. 52	0. 56	0. 063	0. 046	0. 063	0. 13	0. 032	0. 054	0. 57
C-HY1920	0. 56	0. 43	0. 042	0. 046	0. 060	0. 069	0. 030	0. 0026	0. 70
C-HY1904	0. 15	0. 66	0. 030	0. 16	0. 083	0. 006	0. 032	0. 0020	0. 15
C-HY1904 丰	0. 14	0. 69	<0. 1	0. 18	0. 06	0. 0055	0. 022	0. 034	0. 20

续表 6-1

试样号	C	Mn	Si	P	S	Cr	Ni	V	Cu
E-BR1896	0.43	1.18	0.070	0.066	0.097	0.009	0.006	0.008	0.019
E-CM1897	0.38	1.15	0.082	0.049	0.098	<0.01	0.013	0.007	0.019
E-BR1907	0.41	1.06	0.22	0.055	0.054	0.010	0.012	0.014	0.034
E-BV1908	0.47	0.92	0.062	0.056	0.054	0.007	0.015	0.008	0.027
G-KR1901	0.32	0.53	0.21	0.079	0.012	0.016	0.028	0.001	0.094
B-CR1905	0.35	0.61	0.086	0.082	0.056	0.0078	0.012	0.0086	0.092
B-AL1900	0.42	0.77	0.078	0.070	0.042	0.007	0.012	0.006	0.095
B-SJ1903	0.41	0.89	0.11	0.061	0.10	0.007	0.012	0.009	0.14
F-IS1905	0.39	0.61	0.11	0.053	0.089	<0.01	0.015	0.012	0.045
A-TN1931	0.47	0.78	0.21	0.012	0.012	<0.005	0.010	0.001	0.060
J-AG1938	0.60	0.78	0.074	0.023	0.058	<0.01	0.012	<0.005	<0.02
J-AG1941	0.76	0.80	0.060	0.007	0.052	0.004	0.006	<0.005	0.011
J-BF1934	0.82	0.79	0.096	0.025	0.054	0.013	0.031	<0.005	<0.02
J-BF1938	0.63	0.68	0.11	0.030	0.043	0.042	0.022	<0.005	0.18
J-BF1941	0.66	0.57	0.092	0.022	0.046	<0.01	0.018	<0.005	0.17

表 6-2 汉阳铁厂标准与同期各国标准化学成分要求

国家	工艺	主要化学成分（质量分数）/%					其他
		C	Si	Mn	S	P	
中国(汉阳)，1911 年	马丁碱基法	0.40~0.60	≤0.10	≤0.90	≤0.06	≤0.075	
德国		0.35~0.25	0.01~0.8	0.4~0.3	0.055~0.075	0.055~0.075	
美国，1912 年	盐基性西门子法	0.43~0.66	≤0.20	0.60~0.90		≤0.04	70~85 磅
		0.63~0.76	≤0.20	0.60~0.90		≤0.04	85~100 磅
	贝塞麦法	0.40~0.50	≤0.20	0.80~1.10		≤0.10	70~85 磅
		0.45~0.55	≤0.20	0.80~1.10		≤0.10	85~100 磅
英国，1909 年	贝塞麦、西门子法等	0.35~0.50	≤0.10	0.70~1.00	≤0.07	≤0.07	
英国，1922 年	碱性西门子法	0.45~0.60	≤0.15	≤0.09	≤0.06	≤0.05	
日本，1929 年	盐基性平炉法	0.45~0.60	≤0.20	0.60~0.90	≤0.05	≤0.055	

表 6-3　铁道部行业标准 TB/T 2344—2003 和高铁测试标准的化学成分及残留元素要求（%）

钢轨	牌号	C	Mn	Si	P	S	残 Cr	残 Ni	V	残 Cu
43~75 公斤/米热轧钢轨	U71Mn	0.65~0.76	1.10~1.40	0.15~0.35	≤0.030	≤0.030	0.15	0.10	残（≤0.030）	0.15
	U75V	0.71~0.80	0.70~1.05	0.50~0.80	≤0.030	≤0.030	0.15	0.10	0.040~0.12	0.15
	U76NbRE	0.72~0.80	1.00~1.30	0.60~0.90	≤0.030	≤0.030	0.15	0.10	残（≤0.030）	0.15
高铁钢轨		0.69~0.75	0.84~1.2	0.25~0.61	0.010~0.017	0.0032~0.019	0.018~0.028	0.006~0.031	0.001~0.060	0.012~0.052

进一步对钢轨文物检测结果、现代钢轨质量标准要求、现代高铁测试化学成分进行对比，结果见表 6-4。

表 6-4　钢轨文物与现代钢轨成分对比（质量分数）　　（%）

试样号	C	Mn	Si	P	S	Cr	Ni	V	Cu
C-HY1917	0.52	0.56	0.063	0.046	0.063	0.13	0.032	0.054	0.57
C-HY1920	0.56	0.43	0.042	0.046	0.060	0.069	0.030	0.0026	0.70
C-HY1904	0.15	0.66	0.030	0.16	0.083	0.006	0.032	0.0020	0.15
C-HY1904 丰	0.14	0.69	<0.1	0.18	0.06	0.0055	0.022	0.034	0.20
E-BR1896	0.43	1.18	0.070	0.066	0.097	0.009	0.006	0.008	0.019
E-CM1897	0.38	1.15	0.082	0.049	0.098	<0.01	0.013	0.007	0.019
E-BR1907	0.41	1.06	0.22	0.055	0.054	0.010	0.012	0.014	0.034
E-BV1908	0.47	0.92	0.062	0.056	0.054	0.007	0.015	0.008	0.027
G-KR1901	0.32	0.53	0.21	0.079	0.012	0.016	0.028	0.001	0.094
B-CR1905	0.35	0.61	0.086	0.082	0.056	0.0078	0.012	0.0086	0.092
B-AL1900	0.42	0.77	0.078	0.070	0.042	0.007	0.012	0.006	0.095
B-SJ1903	0.41	0.89	0.11	0.061	0.10	0.007	0.012	0.009	0.14
F-IS1905	0.39	0.61	0.11	0.053	0.089	<0.01	0.015	0.012	0.045
A-TN1931	0.47	0.78	0.21	0.012	0.012	<0.005	0.010	0.001	0.060
J-AG1938	0.60	0.78	0.074	0.023	0.058	<0.01	0.012	<0.005	<0.02
J-AG1941	0.76	0.80	0.060	0.007	0.052	0.004	0.006	<0.005	0.011
J-BF1934	0.82	0.79	0.096	0.025	0.054	0.013	0.031	<0.005	<0.02
J-BF1938	0.63	0.68	0.11	0.030	0.043	0.042	0.022	<0.005	0.18
J-BF1941	0.66	0.57	0.092	0.022	0.046	<0.01	0.018	<0.005	0.17
汉阳标准	0.40~0.60	≤0.90	≤0.10	≤0.075	≤0.06				
现代标准	0.61~0.8	0.7~1.4	0.1~1.15	≤0.030	≤0.030	0.15	0.10	0.03	0.15
高铁	0.69~0.75	0.84~1.2	0.25~0.61	0.010~0.017	0.0032~0.019	0.018~0.028	0.006~0.031	0.001~0.060	0.012~0.052

我们分别对样品的碳含量、合金元素、有害元素和残留元素的检测结果进行比对和分析：

（1）碳含量分析。钢材的碳含量对钢轨性质的影响最大。随着钢轨碳含量的提高，其抗拉强度、耐磨性及硬度均迅速增加。当碳含量从 0.35%增加为 0.65%时，可使平炉钢轨的耐磨性能提高 60%。但碳含量过高，也会使钢轨的伸长率、断面收缩率和冲击韧性显著下降。因此，一般碳含量不超过 0.82%。

本次检测中，碳含量最低的是两件汉阳铁厂于 1904 年生产的钢轨，仅为 0.15%，明显低于这一时期的进口钢轨，也低于 1911 年晚清邮传部标准。1917 年和 1920 年汉阳铁厂钢轨样品的碳含量分别为 0.52%和 0.56%，符合 1911 年的邮传部标准。

所检测的早期英国、德国、法国和比利时生产的钢轨，生产年代为 1896～1908 年，碳含量为 0.32%～0.47%，其中以 1901 年德国克虏伯公司造钢轨最低，为 0.32%，这与当时德国采用的较低碳含量标准（0.25%～0.35%）有关。所检测的 20 世纪 30～40 年代的八幡制铁所和鞍山制造的钢轨，碳含量均在 0.60%以上，最高达 0.82%，明显高于早期欧洲各国和汉阳造钢轨，而且已经达到了现代钢轨碳含量标准。

按照年代看，检验结果还显示出钢轨碳含量基本是随年代增长逐渐增大的趋势（图 6-1）。这反映出近代以来，由于铁路运输的日渐普及，列车重量和运行速度显著提高，钢轨性能也随之向高硬高强方向发展的趋势。

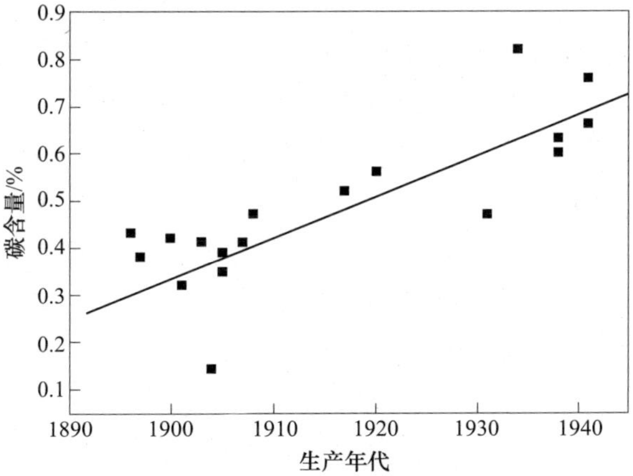

图 6-1 各国生产铁轨碳含量图

（2）合金元素含量分析。钢材中的适当合金元素硅（Si）、锰（Mn）、铬（Cr）、钒（V）等的含量，可以改善钢轨的性能。早期由于冶金工艺水平的限制，各国钢轨标准中均只规定了硅和锰含量的要求。适量的硅可提高钢轨的强度，而对塑性、冲击韧性、冷弯性能及可焊性无显著的不良影响。适量的锰可有效提高钢轨强度，消除硫、氧对钢材的热脆影响，改善钢轨热加工性能和冷脆倾向，同时不会显著降低塑性、冲击韧性。

检测结果显示，近代各国钢轨硅、锰含量大都低于现代钢轨的标准，而汉阳铁厂造钢轨的硅、锰含量更明显低于同时期国外钢轨，这与当时汉阳铁厂钢铁冶金装备和冶金工艺水平是相关的。

（3）有害元素含量分析。磷（P）和硫（S）是钢材常见的有害元素。磷虽然可提高强度、抗锈性，但严重降低塑性、冲击韧性、冷弯性能和可焊性，尤其低温时使钢材发生冷脆。硫以硫化铁（FeS）的形态存在于钢中，硫化铁和铁（Fe）形成低熔点（985℃）化合物。而钢材的热加工温度一般在1150~1200℃以上，所以当钢材热加工时，由于硫化铁化合物的过早熔化而导致工件开裂，这种现象称为“热脆”。硫含量越高，热脆现象越严重。硫会降低钢材的塑性、冲击韧性、疲劳强度和抗锈性等。

现代钢轨标准中的磷和硫含量有严格的限制，比如中国铁道部行业标准要求两种元素含量均必须不大于0.03%，高铁钢轨的要求则更严格（表6-3）。但早期受冶金工艺的限制，各国钢轨标准对这两种元素的上限则只控制在0.07%~0.05%。

检测结果显示，1908年之前进口钢轨的磷含量分布在0.049%~0.082%之间，硫含量差异较大，最低为1901年克虏伯钢轨的0.012%，最高为1903年比利时钢轨的0.10%，其余基本控制在0.05%~0.1%。之所以出现这样大的差异，应与当时中国还无铁路用轨钢材的质量标准有直接关系。

检测结果中1904年汉阳铁厂出产的钢轨的磷含量非常高，达0.16%~0.18%，该水平与合格钢轨的要求相距甚远，是直接引发早期汉阳造钢轨发生断裂等问题的原因。两件后期生产的汉阳钢轨的磷含量均为0.046%，完全达到了当时的技术标准。汉阳铁厂钢轨早期与后期磷含量对比如图6-2所示。

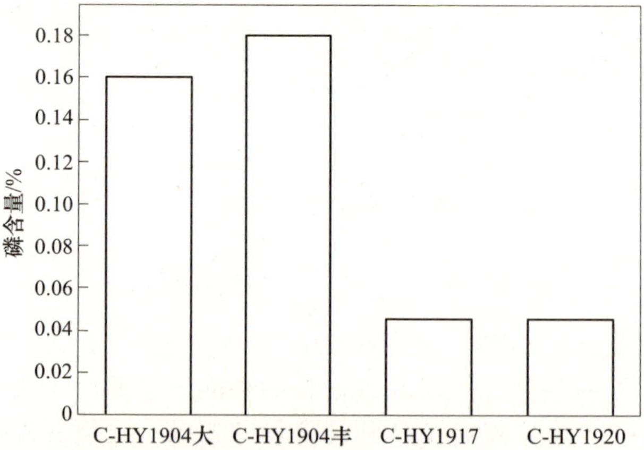

图6-2　汉阳铁厂钢轨早期与后期磷含量对比

早期汉阳铁厂生产的钢轨磷质过高，主要原因有两个：

1）原料铁矿石中磷含量过高。汉阳铁厂原料主要来自大冶铁矿。而大冶铁矿石的磷含量分布极不均匀，有0.03%的低磷铁矿，也有超过0.5%的高磷铁矿。但早期汉阳铁厂炼钢所用的生铁由来自大冶铁矿的高含磷铁矿石炼制，使生铁含磷偏高。大冶铁矿各区矿石成分见表6-5。

表6-5 大冶铁矿各区矿石成分 (%)

名称	SiO_2	Al_2O_3	Fe	Mn	P	S	Cu	磁性率
铁山	3.10	0.66	66.07	0.191	0.123	0.107	0.068	1.02
纱帽翅	4.65	1.58	63.0	0.223	0.079	0.114	0.081	2.84
象鼻山	7.20	1.88	61.45	0.254	0.051	0.088	0.049	2.48
狮子山1	4.04	1.36	61.11	0.403	0.065	0.125	0.306	
狮子山2	4.90	1.15	63.70	0.318	0.084	0.144	0.256	
管山	7.50	1.16	60.09	0.339	0.334	0.082	0.192	4.80
下陆	14.60	4.93	50.25	0.272	0.025	0.093	0.216	4.86

2）采用酸性贝塞麦转炉炼钢。这种炼钢法无法解决伴生的含磷问题，这意味着它们只适用于低磷矿石或生铁。

（4）残留元素分析。钢的残留元素通常是炼钢原料可能带入的最终残留在钢中的杂质元素。此次检测了铬（Cr）、镍（Ni）、钒（V）、铜（Cu）的含量，结果表明，汉阳钢轨残留元素铬、镍、铜含量均高于国外，尤其突出的是铜元素含量，高达0.15%~0.70%（表6-4）。

钢材的热加工性能与钢中的残余铜元素含量有重要关系，钢中残余铜元素含量一旦升高，钢的锻造性能或热轧性能将严重恶化，即所谓热脆现象。钢中的铜元素有两大来源：一是原生铁矿带入铁水中的铜元素，二是炼钢过程使用的废钢。

对于汉阳铁厂来讲，由于大冶铁矿石主要是铁铜共生矿，而以汉阳铁厂当时的技术水平又难以去除残余元素，从而导致了钢轨的铜含量显著高于国外钢轨。

6.2.2 气体元素分析

氧、氮、氢是钢中的主要气体元素，钢中的气体元素除了与其他各种因素综合作用产生许多缺陷外，其本身还会对钢材性能产生各自独有的影响，具体如下：

（1）氧元素。氧对于把铁冶炼成钢是不可缺少的。铁中的杂质元素碳、硅、锰、磷、硫等就是通过氧化来去除或使之降低到需要的程度。尽管在炼钢末期要加入锰、硅、铁和铝进行脱氧，但不可能除尽。冶炼结束时，钢液中如残留过多的氧，钢液凝固后会在钢锭内部产生大量的气泡和非金属夹杂物如氧化铁

(FeO)、氧化锰（MnO）、二氧化硅（SiO_2）、三氧化二铝（Al_2O_3）等，影响钢材质量，使钢的强度、塑性降低，尤其是对疲劳强度、冲击韧性等有严重影响。

（2）氮元素。氮作为合金元素加入钢中，主要有四方面作用：一是固溶强化及时效强化；二是形成和稳定奥氏体组织；三是改善高铬和高铬镍钢的宏观组织，使之致密坚实，并提高其强度；四是用渗入法与钢表面层中的铬、铝等元素化合形成氮化物，增加钢表面层的硬度、强度、耐磨性和抗蚀性。

但是氮在一定条件下也会对钢带来不利影响，当钢中残留的氮含量较高时，会导致钢宏观组织疏松，甚至形成气泡，在热和冷加工时也会遇到困难。氮还是导致钢产生"蓝脆"的主要原因。所谓"蓝脆"就是当温度在 150～400℃时，钢的塑性、韧性显著下降，由于这一温度下钢表面呈现蓝色的氧化皮，故称为"蓝脆"。这是由于溶解在 α-铁中的氮在温度升高时迅速析出，造成了脆性。

（3）氢元素。钢中溶有氢会引起钢的氢脆、白点等缺陷。氢产生白点冷裂的主要原因是因为高温奥氏体冷至较低温时，氢在钢中的溶解度急剧降低。当冷却较快时，氢原子来不及扩散到钢的表面而逸出，就在钢中的一些缺陷处由原子状态的氢变成分子状态的氢。氢分子在不能扩散的条件下在局部地区产生很大压力，这压力超过了钢的强度极限而在该处形成裂纹，即白点。

白点常在轧制的厚板、大锻件中发现，在纵断面中可看到圆形或椭圆形的白色斑点；在横断面上则是细长的发丝状裂纹。锻件中有了白点，使用时会发生突然断裂，造成不测事故。

本次 19 件样品的主要气体元素含量测试结果见表 6-6。

表 6-6　主要气体元素含量测试结果（质量分数）　　（%）

试样号	O	N	H	试样号	O	N	H
C-HY1917	0.0067	0.0018	0.00012	B-AL1900	0.0052	0.013	0.00021
C-HY1920	0.0030	0.0015	0.00008	B-SJ1903	0.0046	0.014	0.00030
C-HY1904	0.021	0.0173	0.00019	F-IS1905	0.013	0.0094	0.00028
C-HY1904 丰	0.0187	0.0170	0.00016	A-TN1931	0.035	0.050	0.00007
E-BR1896	0.0044	0.012	0.00013	J-AG1938	0.0045	0.0027	0.00007
E-CM1897	0.0079	0.0146	0.00018	J-AG1941	0.0032	0.0024	0.00018
E-BR1907	0.032	0.017	0.00019	J-BF1934	0.0040	0.0020	0.00006
E-BV1908	0.0076	0.012	0.00017	J-BF1938	0.0071	0.0023	0.00005
G-KR1901	0.0071	0.011	0.00023	J-BF1941	0.0097	0.0020	0.00007
B-CR1905	0.00527	0.0137	0.00011				

现代高铁对气体元素含量的控制要求较高，氧元素不大于 0.0010%、氢元素不大于 0.0009%、氮元素为 0.0040%左右。但由于近代冶金水平较为落后，无法

进行真空脱气去除有害气体元素，其主要气体元素含量控制水平还是远远低于现代水平的，此次钢轨样品气体元素的检测结果在整体上也体现了这一特点（表6-6），除了20世纪30~40年代的日本产钢轨的氮和氢元素有很好的控制外，其他较早时期的钢轨三种气体元素含量均明显高于现代标准。

图6-3显示出汉阳铁厂第一阶段与第二阶段生产的钢轨气体元素与碳含量的显著变化。1904年汉阳铁厂炼钢工艺更改之后，钢轨的碳含量显著提高的同时，三种气体元素含量的控制水平也有明显提高。表现在20世纪10~20年代的汉阳钢轨三种气体元素含量均有明显降低，其中氧和氢含量与国外钢轨相当，而氮含量的控制甚至优于20世纪30年代以后生产的国外钢轨。

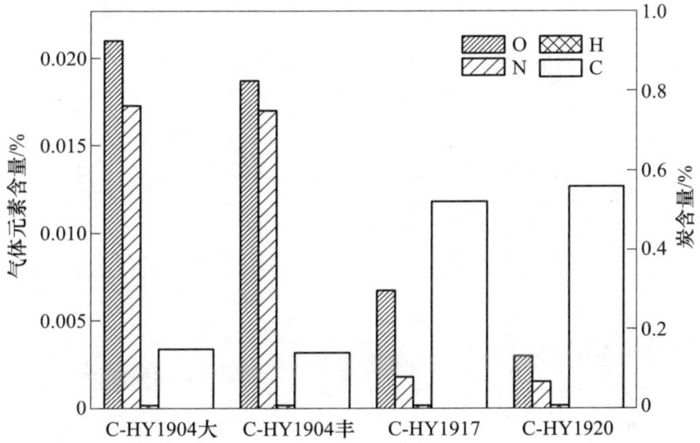

图6-3 不同年代汉阳钢轨气体元素含量与碳含量关系

6.2.3 非金属夹杂物分析

非金属夹杂物主要有四种类型，分别为A（硫化物类）、B（氧化铝类）、C（硅酸盐类）和D（球状氧化物类）。各类非金属夹杂物的存在很大程度上影响了钢轨的韧性、疲劳性能。钢轨中非金属夹杂物、钢轨金属薄弱区的存在等，都是钢轨产生疲劳伤损的根源，以这些疲劳源为中心形成核伤。在钢轨的服役过程中，易于该处产生较大的应力集中，形成裂纹，最终影响钢轨的使用寿命。为了确保钢轨在服役过程中的安全和延长钢轨的使用寿命，必须在其生产过程中通过选择先进的冶炼技术、脱氧脱硫技术等方法，对非金属夹杂物进行控制。

20世纪30年代以后，为提高钢的质量，发展了将转炉、平炉或电炉中初炼过的钢液移到另一个容器中进行精炼的炼钢过程，称为“二次炼钢”。炼钢过程因此分为初炼和精炼两步进行。在初炼中，炉料在氧化性气氛的炉内进行熔化、脱磷、脱碳和主合金化。精炼则是将初炼的钢液在真空、惰性气体或还原性气氛的容器中进行脱气、脱氧、脱硫、去除夹杂物和进行成分微调等。钢液的炉外精炼是把一般炼钢炉中要完成的精炼任务，如脱硫、脱氧、除气、去除非金属夹杂物、调整钢的成分和钢液温度等，在炉外的“钢包”或者专用的容器中进行。

1933 年法国佩兰（R. Perrin）应用专门配制的高碱度合成渣，在出钢的过程中，对钢液进行“渣洗脱硫”，这是炉外精炼技术的萌芽。1950 年联邦德国用钢液真空处理法脱除钢中的氢以防止“白点”。

我国 TB/T 2344—2010 标准中对非金属夹杂的要求为 A 类不超过 2.5 级，B、C、D 类不超过 2.0 级。

此次钢轨样品的非金属夹杂物评定结果见表 6-7，依据 GB/T 10561—2005 标准评定级别。

表 6-7　非金属夹杂物评定结果（级别）

试样号	A 类（硫化物类）		B 类（氧化铝类）		C 类（硅酸盐类）		D 类（球状氧化物）		DS 类
	粗系	细系	粗系	细系	粗系	细系	粗系	细系	
C-HY1917	1.5	2.5	2.5	2.5	0	0	0.5	0.5	0
C-HY1920	2.0	2.0	0	0	0	0	0	0.5	0
C-HY1904	0	3.0	0	0	2.5	0	0	0.5	0
C-HY1904 丰	0	3.0	0	3.0	2.5	0	0	0.5	0
E-BR1896	1.5	0	0	0	2.0	0	0	1.0	0
E-CM1897	0	0	2.5	2.5	2.0	2.0	0	0.5	0
E-BR1907	1.0	3.0	0	0	3.0	2.5	0	0.5	0
E-BV1908	2.5	2.5	0	0	0	2.0	0	0.5	0
G-KR1901	0	0	0	0	2.5	3.0	0	1.0	0
B-CR1905	2.0	2.0	0	0	0	0	0	0.5	0
B-AL1900	2.5	2.5	0	0	0	2.5	0	0.5	0
B-SJ1903	3.0	1.5	0	0	0	1.5	0	0.5	0
F-IS1905	0	0	2.5	3.0	3.0	2.5	0	0.5	0
A-TN1931	3.0	0	0	0	3.0	2.5	0	0.5	0
J-AG1938	2.5	3.0	0	0	0	0	0	1.0	0
J-AG1941	2.5	2.5	0	0	0	0	0	0.5	0
J-BF1934	3.0	3.0	0	0	0	0	0	0.5	0
J-BF1938	1.0	1.5	0	0	0	0	0	1.0	0
J-BF1941	2.5	3.0	0	0	0	0	0	0.5	0

通过对非金属夹杂物评定结果对比分析发现：

（1）汉阳 1904 年产钢轨 A、B、C 类非金属夹杂物评级均不满足现代钢轨标准的要求，而 1920 年产钢轨非金属夹杂物变细变小，A 类甚至达到标准要求。

（2）欧美钢轨生产国中，比利时钢轨非金属夹杂物评级基本满足要求，其他国家相较控制手段稍差。

（3）从年代上来看，较为近代的鞍钢和日本八幡氧元素控制较低，在 B、C

类非金属夹杂物控制方面做得较好。但其 A 类夹杂物较粗，说明当时的钢轨硫元素的控制仍然较差，未有明显的技术发展。

6.2.4　显微组织分析

本次钢轨样品的显微组织测试结果如图 6-4 和表 6-8 所示。

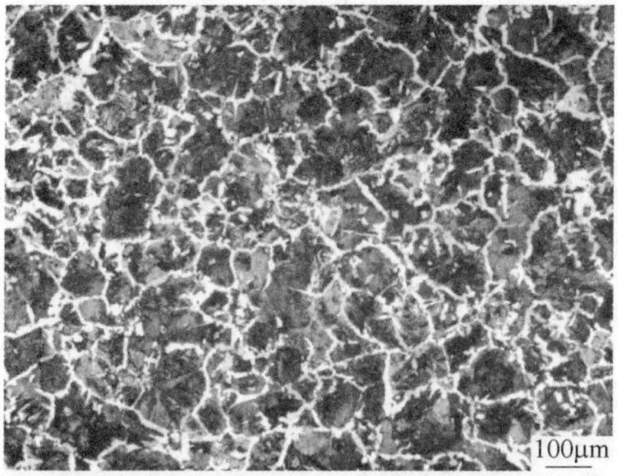

(a) C-HY1917 试样中金相组织 (×100)

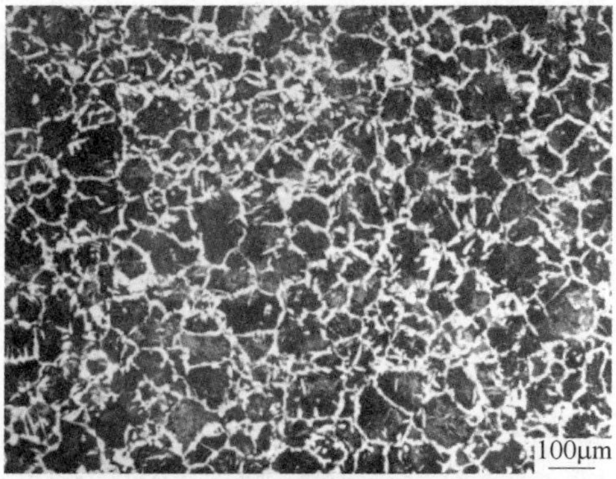

(b) C-HY1920 试样中金相组织 (×100)

(c) C-HY1904 山试样中金相组织 (×100)

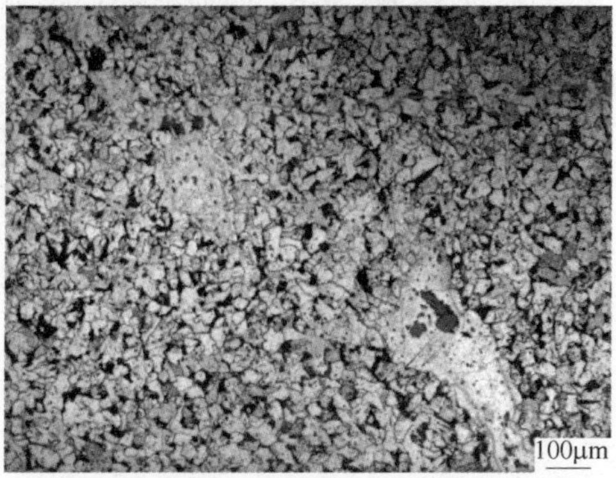

(d) C-HY1904 丰试样中金相组织 (×100)

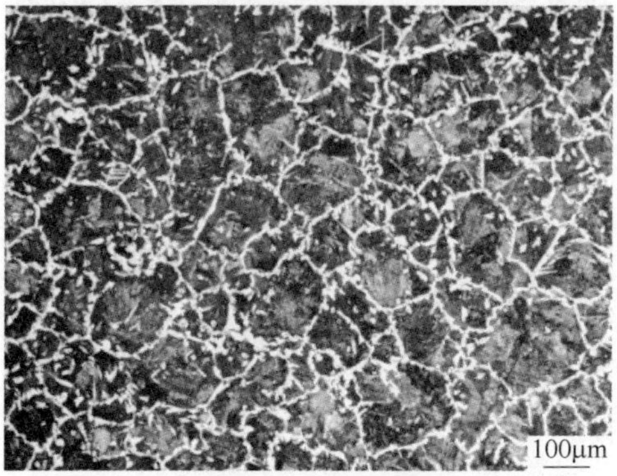

(e) E-BR1896 试样中金相组织 (×100)

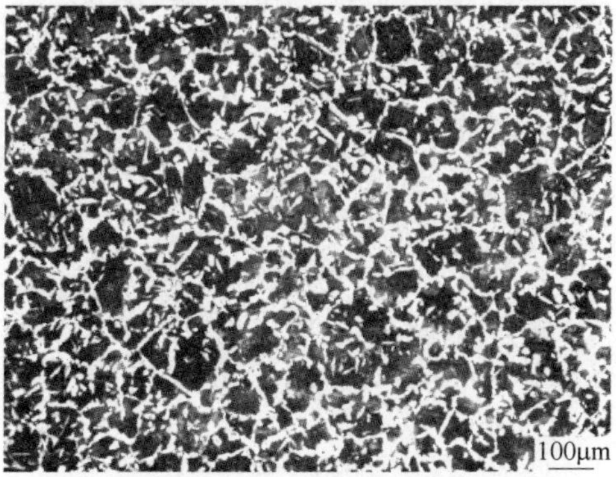

(f) E-CM1897 试样中金相组织 (×100)

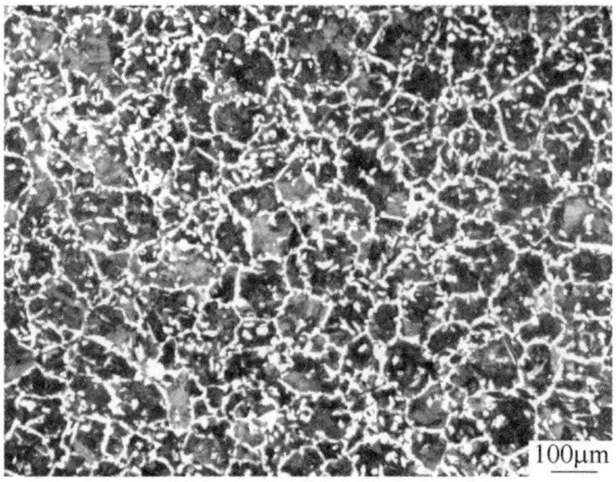

(g) E-BR1907 试样中金相组织 (×100)

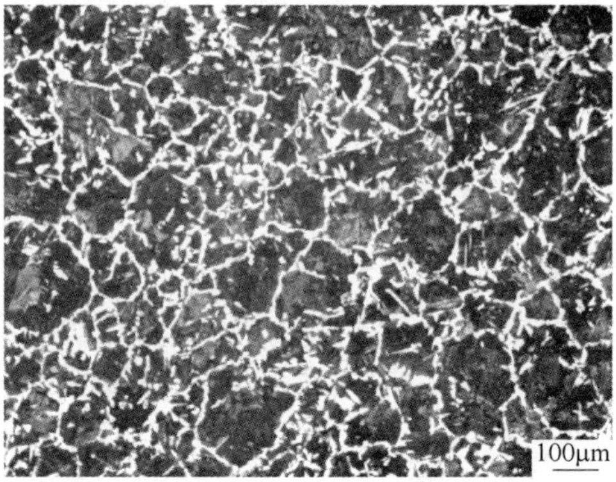

(h) E-BV1908 试样中金相组织 (×100)

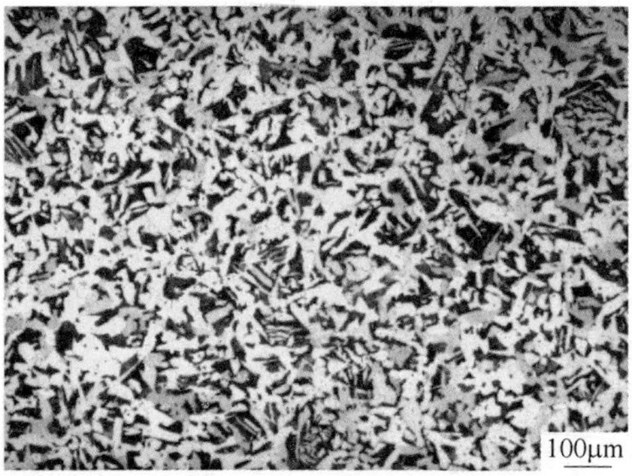

(i) G-KR1901 试样中金相组织 (×100)

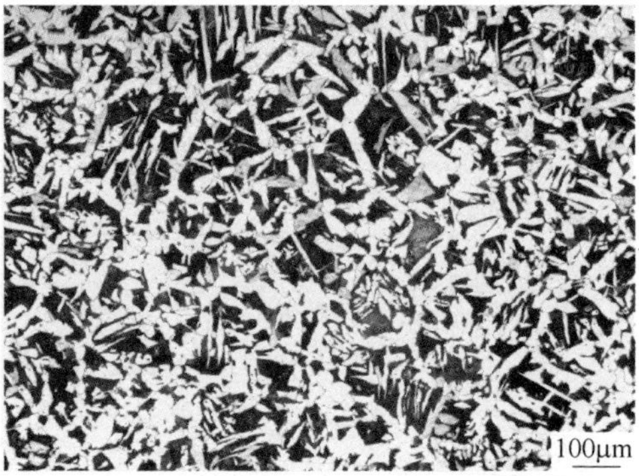

(j) B-CR1905 试样中金相组织 (× 100)

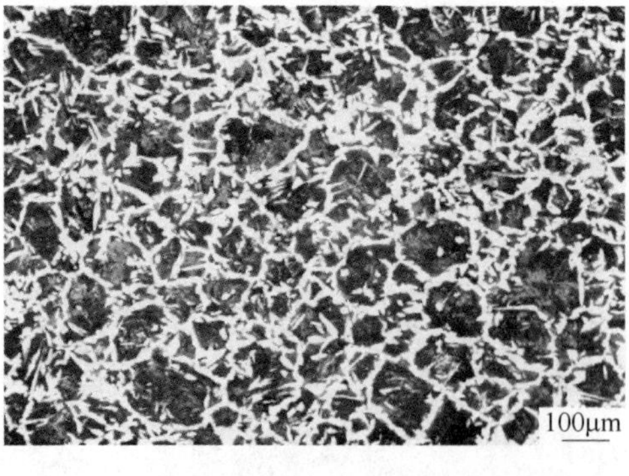

(k) B-AL1900 试样中金相组织 (×100)

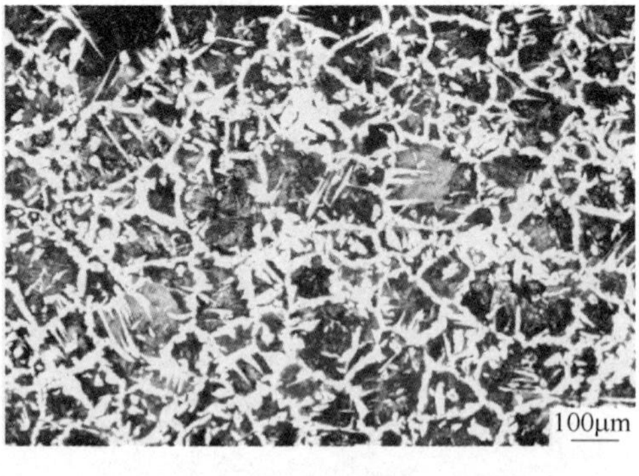

(l) B-SJ1903 试样中金相组织 (×100)

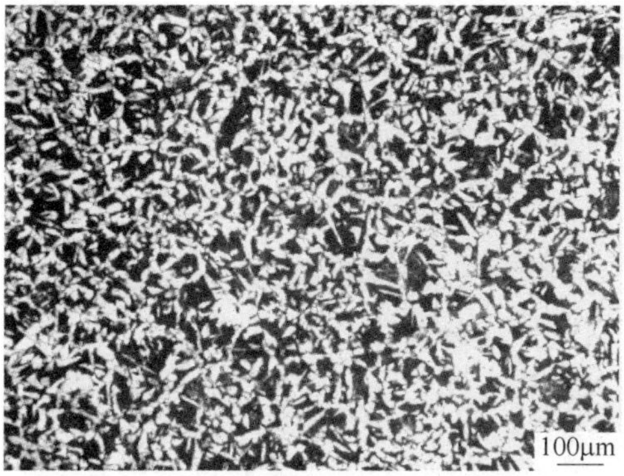

(m) F-IS1905 试样中金相组织 (×100)

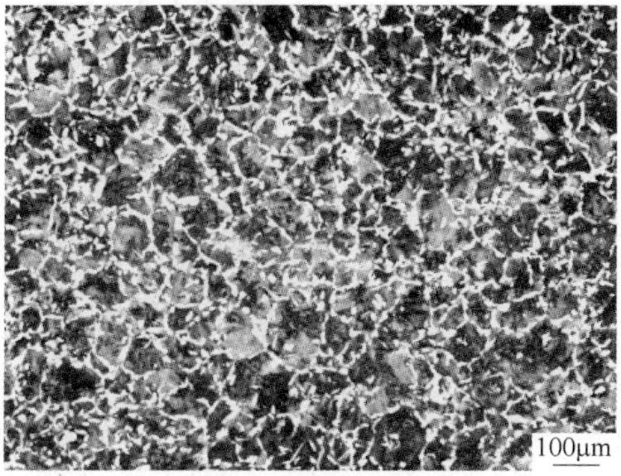

(n) A-TN1931 试样中金相组织 (×100)

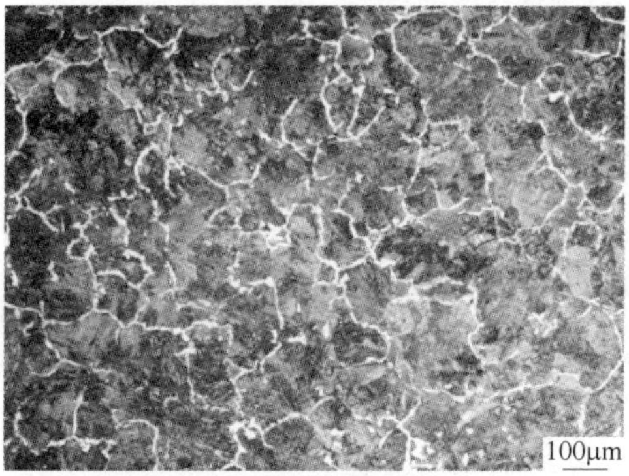

(o) J-AG1938 试样中金相组织 (×100)

(p) J-AG1941 试样中金相组织 (×100)

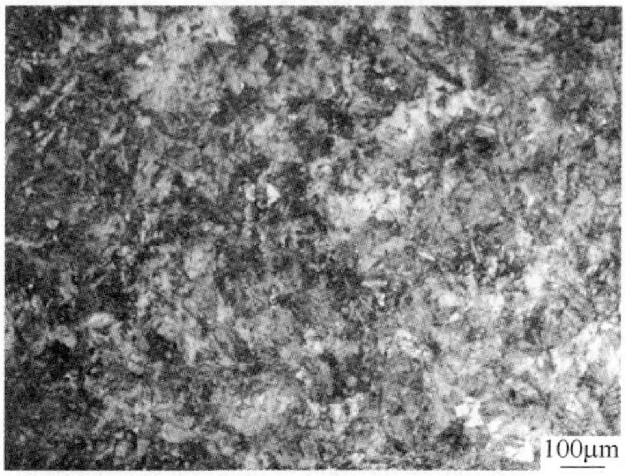

(q) J-BF1934 试样中金相组织 (×100)

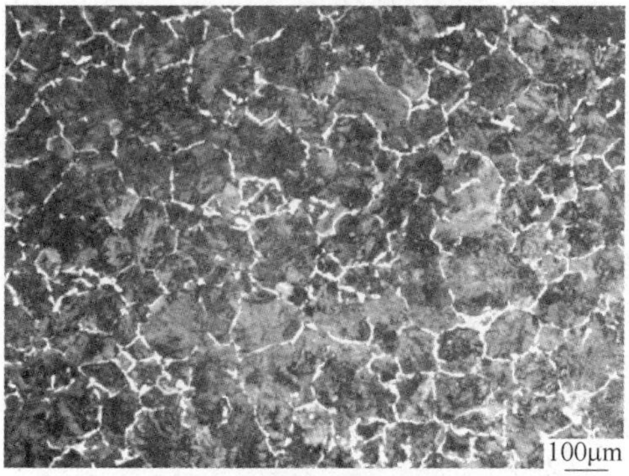

(r) J-BF1938 试样中金相组织 (×100)

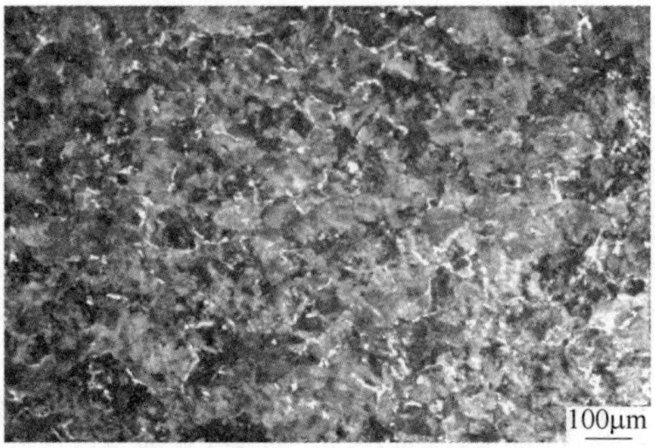

(s) J-BF1941 试样中金相组织 (×100)

图 6-4　钢轨样品心部金相组织照片

(a) ~ (d) 汉阳；(e) ~ (h) 英国；(i) 德国；(j) ~ (l) 比利时；(m) 法国；(n) 美国；(o)，(p) 鞍钢；(q) ~ (s) 日本八幡

表 6-8　各样品碳含量与显微组织关系

试样号	碳含量/%	心部显微组织特征
C-HY1917	0.52	铁素体+珠光体
C-HY1920	0.56	铁素体+珠光体
C-HY1904	0.15	大量铁素体+珠光体
C-HY1904 丰	0.14	大量铁素体+珠光体
E-BR1896	0.43	铁素体+珠光体
E-CM1897	0.38	铁素体+珠光体
E-BR1907	0.41	铁素体+珠光体
E-BV1908	0.47	铁素体+珠光体
G-KR1901	0.32	大量铁素体+珠光体
B-CR1905	0.35	大量针状铁素体+珠光体
B-AL1900	0.42	铁素体+珠光体
B-SJ1903	0.41	铁素体+珠光体
F-IS1905	0.39	铁素体+珠光体
A-TN1931	0.47	铁素体+珠光体
J-AG1938	0.60	少量铁素体+珠光体
J-AG1941	0.76	全珠光体
J-BF1934	0.82	全珠光体
J-BF1938	0.63	少量铁素体+珠光体
J-BF1941	0.66	少量铁素体+珠光体

钢的显微组织与碳含量有密切关系（如表 6-8 所示）。碳含量小于 0.77%的亚共析钢的显微组织是铁素体和珠光体。铁素体即碳溶入 α-Fe 中形成间隙固溶体，呈体心立方晶格结构。亚共析成分的奥氏体通过先共析析出形成铁素体。这

部分铁素体称为先共析铁素体或组织上自由的铁素体。随形成条件不同，先共析铁素体具有不同形态，如等轴形、沿晶形、纺锤形、锯齿形和针状等。铁素体还是珠光体组织的基体。在碳钢和低合金钢的热轧（正火）和退火组织中，铁素体是主要组成相；铁素体的成分和组织对钢的工艺性能有重要影响，在某些场合下对钢的使用性能也有影响。室温下的铁素体的力学性能和纯铁相近，铁素体的强度、硬度不高，但具有良好的塑性与韧性。

珠光体是奥氏体（奥氏体是碳溶解在 γ-Fe 中的间隙固溶体）发生共析转变所形成的铁素体与渗碳体的共析体。其形态为铁素体薄层和渗碳体薄层交替重叠的层状复相物，也称片状珠光体。用符号 P 表示，碳含量为 0.77%。在珠光体中铁素体占 88%、渗碳体占 12%。在球化退火条件下，珠光体中的渗碳体也可呈粒状，这样的珠光体称为粒状珠光体。珠光体的力学性能介于铁素体和渗碳体之间，强度较高、硬度适中、塑性和韧性较好。

当亚共析钢中的碳含量较低时，先共析铁素体量较多，当碳含量接近共析成分时，珠光体量较多，较少的先共析铁素体可构成连续或断续的网络，图 6-4(r)呈现的就是这种典型的少量铁素体白色网络加珠光体的组织。

1904 年汉阳钢轨成分碳含量非常低，组织为大量的铁素体加少量珠光体；在 20 世纪 00~20 年代，国内外钢轨的碳含量基本分布在 0.35%~0.56%之间，组织主要以铁素体加珠光体为主；到 20 世纪 40 年代，代表日本钢铁冶金技术的鞍钢和八幡的钢铁产品组织则以珠光体为主，甚至出现了全珠光体组织，其钢轨的碳含量高达 0.60%~0.80%。这反映出随着时代推进，钢轨生产技术向着高碳高强度的方向发展。

6.2.5 脱碳层分析

在钢轨的生产过程中，由于成分中碳含量较高，因此在钢坯的加热过程将导致坯料表层脱碳。钢轨脱碳将使其表面硬度、耐磨性和疲劳强度等性能降低。随着铁路车速和轴重的发展，尤其是随着高铁的建设，要求钢轨具有更大的刚度和更强的耐磨性，这对钢轨的脱碳层深度提出了更加严格的要求。根据我国 TB/T 2344—2012 43~75 公斤/米热轧钢轨标准要求，轨头表面任何部位，脱碳层深度（连续封闭的铁素体网深度）不应超过 0.5 毫米。

各钢轨样品的脱碳层如图 6-5 所示。

检测结果（图 6-5）显示，早期各国钢轨除了英国巴罗公司 1907 年轨(E-BR1907）出现了 0.3 毫米脱碳层外，其他汉阳造和欧美造的钢轨均无脱碳层。鞍钢 1941 年（J-AG1941）和日本八幡 1938 年（J-BF1938）的钢轨也发现脱碳层，深度分别为 0.5 毫米和 0.8 毫米，尤其是钢轨侧部较为明显，且都超出了现代标准要求的 0.5 毫米。

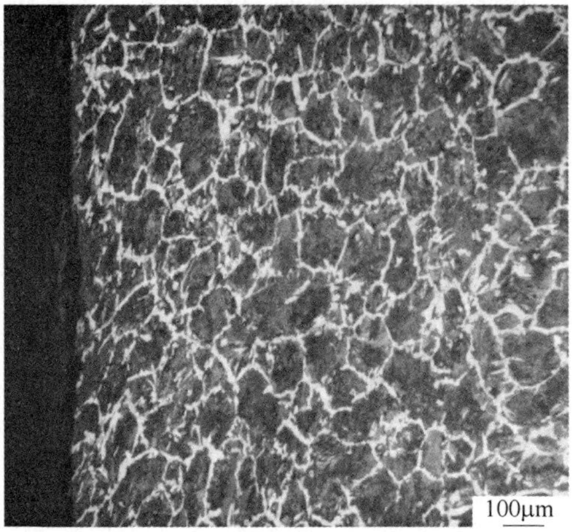

(a) C-HY1917

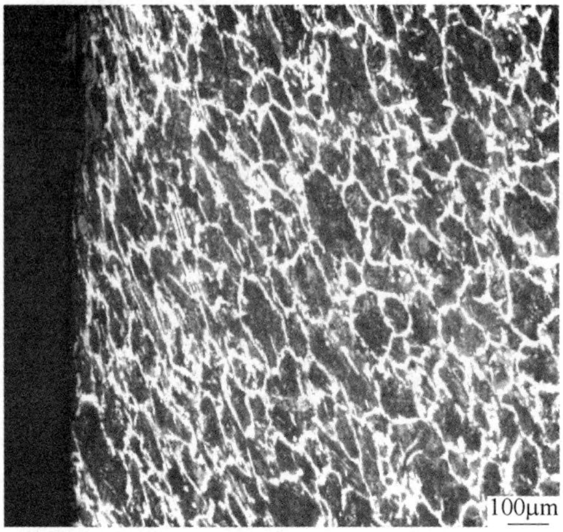

(b) C-HY1920

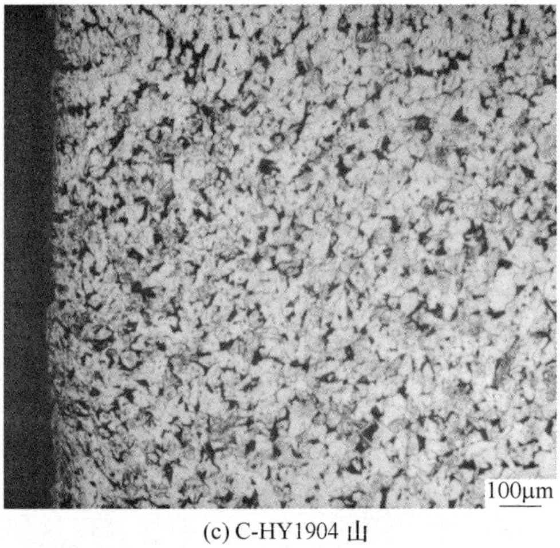

(c) C-HY1904 山

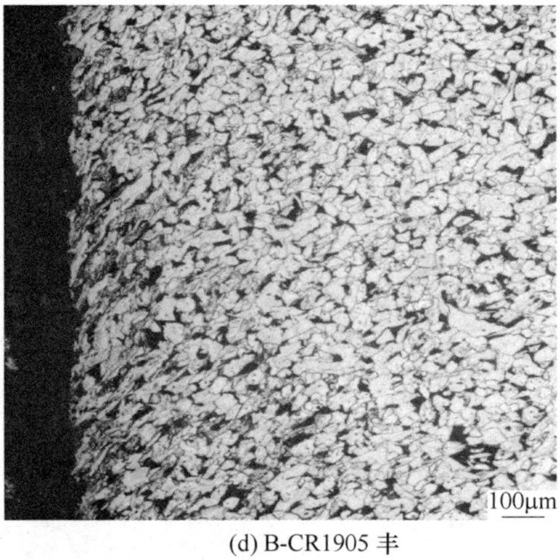

(d) B-CR1905 丰

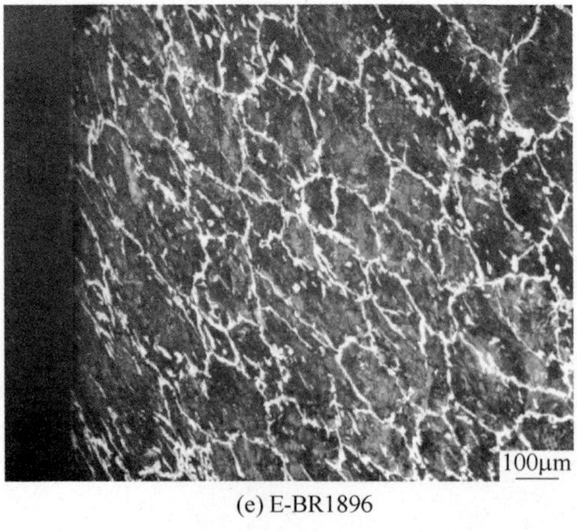

(e) E-BR1896

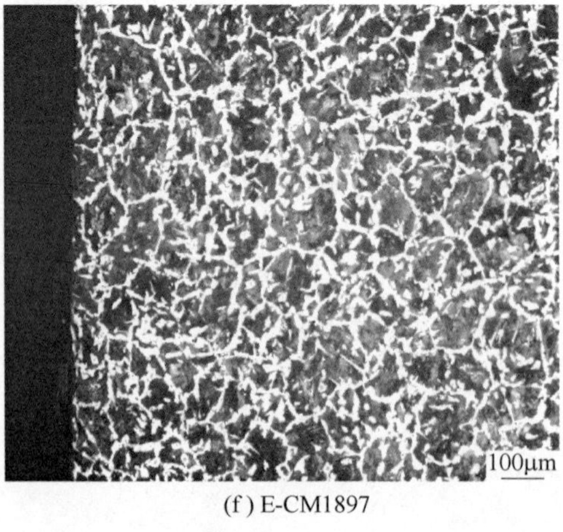

(f) E-CM1897

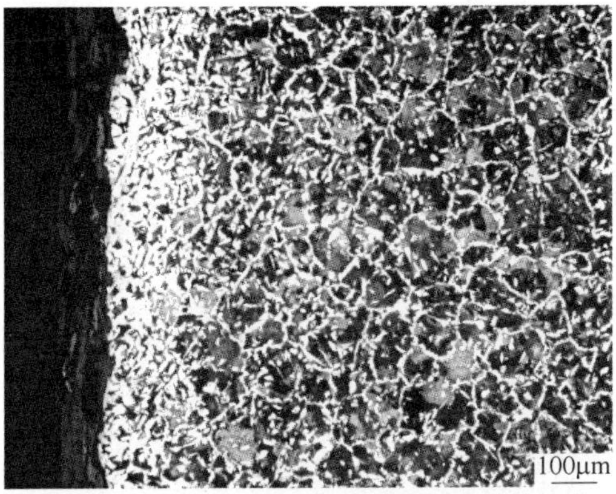

(g) E-BR1907 (脱碳层 0.3mm)

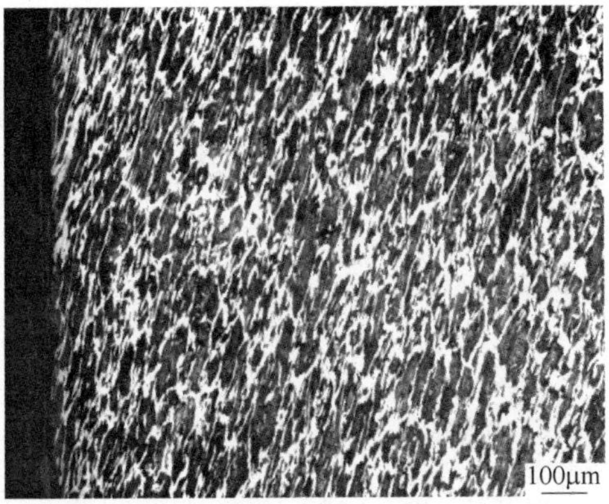

(h) E-BV1908

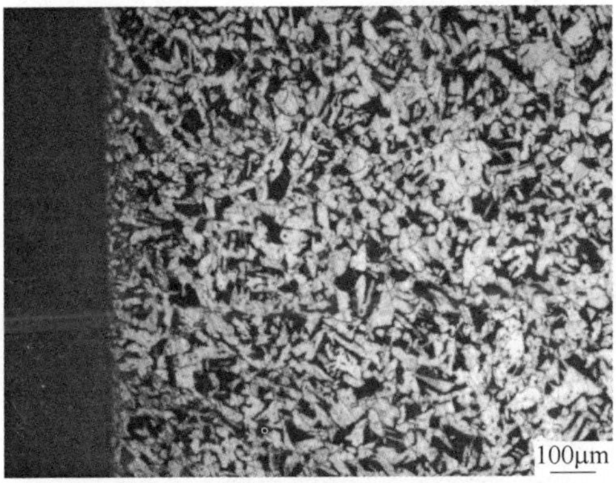

(i) G-KR1901

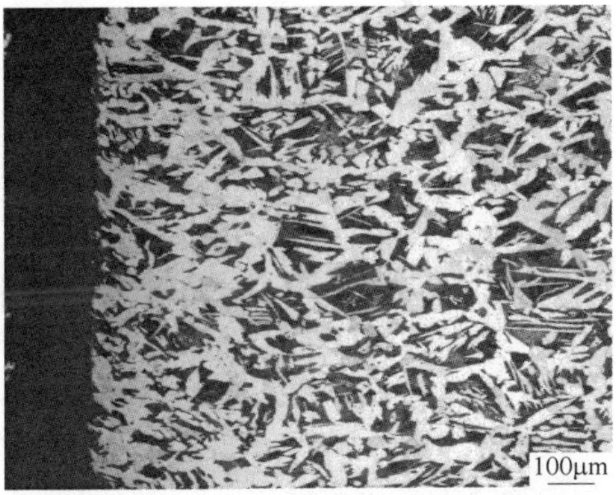

(j) B-CR1905

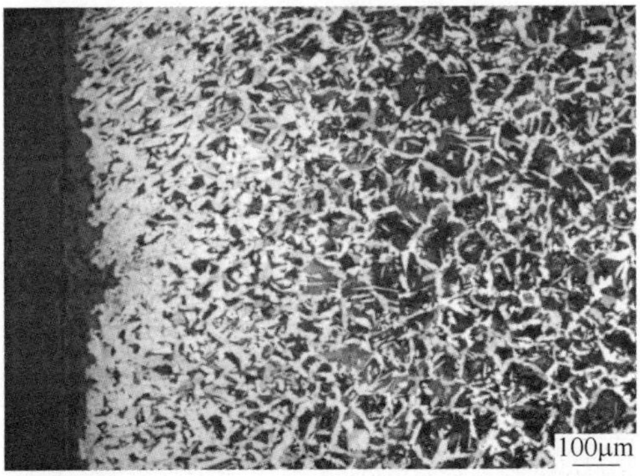

(k) B-AL1900

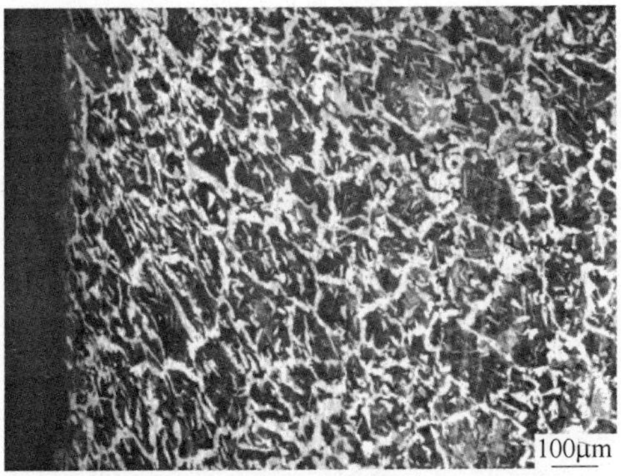

(l) B-SJ1903

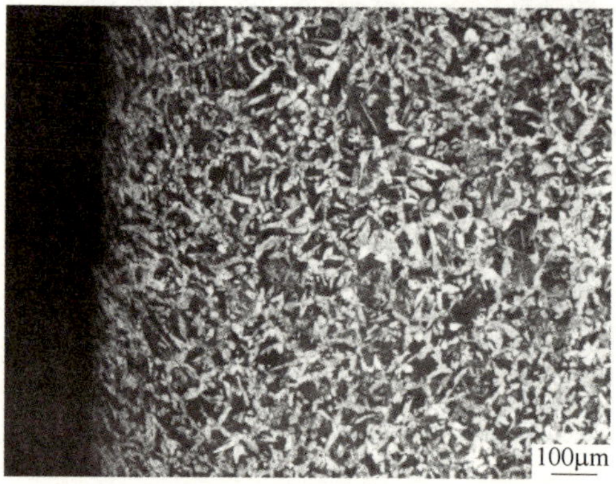

(m) F-IS1905

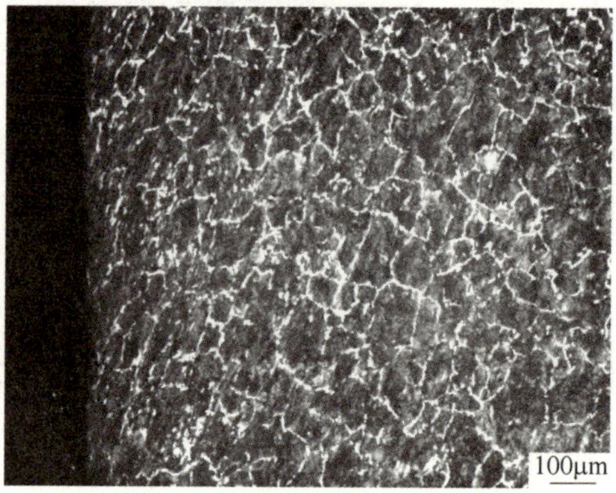

(n) A-TN1931

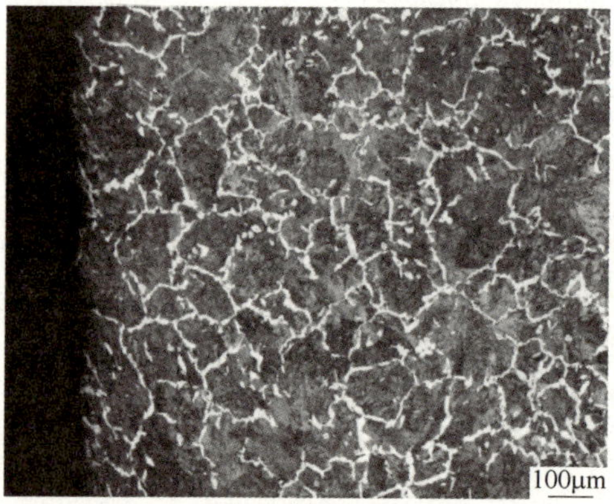

(o) J-AG1938

(p) J-AG1941(脱碳层 0.5mm)

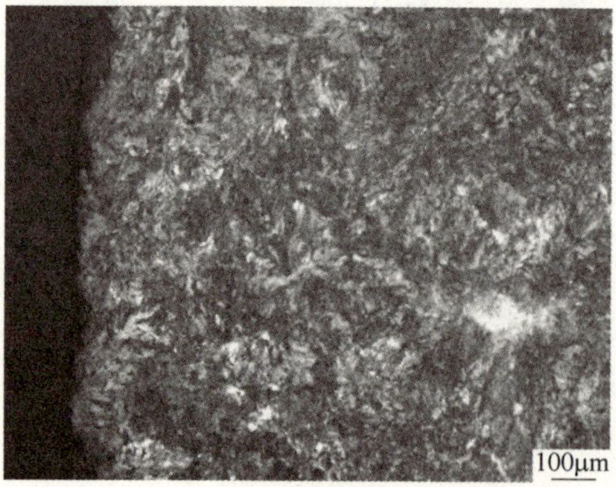

(q) J-BF1934

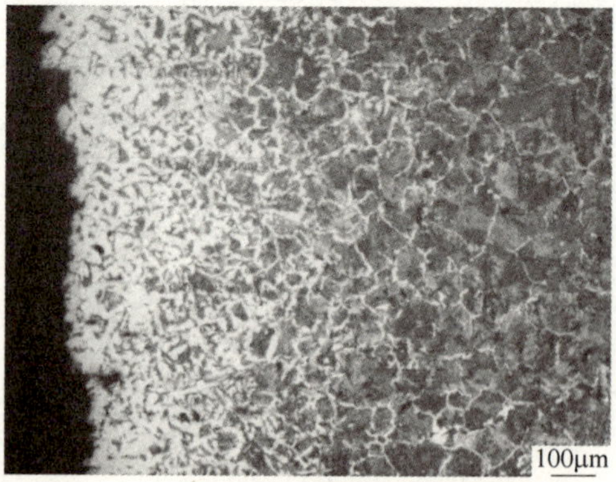

(r) J-BF1938(脱碳层 0.8mm)

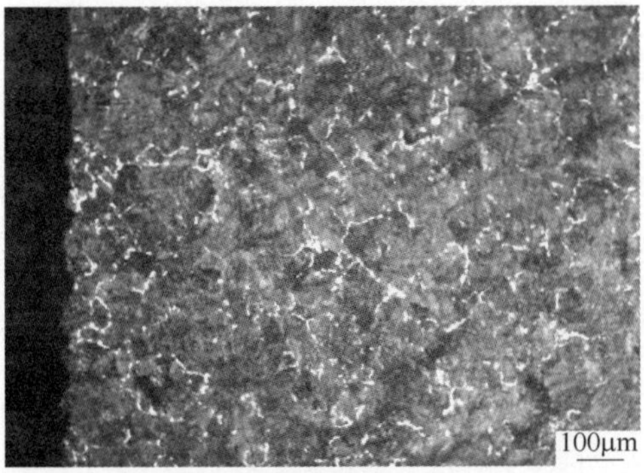

(s) J-BF1941

图 6-5　各钢轨样品的脱碳层

此结果与钢轨的碳元素含量有关。早年汉阳和欧美产钢轨碳含量均较低，在0.3%~0.6%之间；而较为近代的鞍山制铁所和日本八幡制铁所的钢轨碳含量较高，在0.6%~0.8%之间，更容易在生产中出现脱碳层。

6.2.6　物理力学性能分析

物理力学性能是钢轨质量的重要特征。在现代钢轨标准中，需要测试的物理力学性能包括表征拉伸性能的强度极限 R_m、屈服极限 $R_{p0.2}$、断后伸长率 A 和断面收缩率 Z；以及冲击韧性 K_{U2}、布氏硬度等。这些指标对钢轨的承载能力、磨损、压溃、断裂和其他伤损有很大的影响❶。

所选取钢轨样品的拉伸试验使用中国国家标准 GB/T 228.1—2010，拉伸试验结果平均值见表 6-9。

表 6-9　各钢轨样品的拉伸性能

材料名称	R_m/兆帕	$R_{p0.2}$/兆帕	A/%	Z/%
C-HY1917	704	405	19.0	35
C-HY1920	698	410	19.5	33
C-HY1904	611	488	18.0	50
C-HY1904 丰	588	418	24.0	53
E-BR1896	766	474	19.0	43
E-CM1897	749	466	19.0	41
E-BR1907	773	466	20.0	43
E-BV1908	741	438	21.0	40

❶ 童大埙．铁路轨道［M］．北京：中国铁道出版社，1988：77.

续表 6-9

材料名称	R_m/兆帕	$R_{p0.2}$/兆帕	A/%	Z/%
G-KR1901	583	365	24.0	48
B-CR-1905	640	406	21.5	41
B-AL1900	721	440	19.5	38
B-SJ1903	707	450	19.5	40
F-IS1905	624	411	20.5	43
A-TN1931	707	406	21.5	42
J-AG1938	736	421	18.0	31
J-AG1941	871	499	13.0	21
J-BF1934	920	499	12.5	18
J-BF1938	811	492	15.5	26
J-BF1941	776	440	18.0	28

所选取钢轨样品的冲击试验使用国家标准 GB/T 229—2007，冲击试验结果平均值见表 6-10。

表 6-10　钢轨样品的冲击韧性性能　　（焦尔）

试样编号	轨头	轨腰	轨底	试样编号	轨头	轨腰	轨底
C-HY1917	19	30	27	B-AL1900	11	31	37
C-HY1920	14	22	15	B-SJ1903	29	36	31
C-HY1904	15	43	28	ISBERGUES-1905ICR	40	44	43
C-HY1904 丰	18	30	34	PNRYA-TN1931	7	34	34
E-BR1896	14	26	21	J-AG1938	5	6	8
E-CM1897	31	29	33	J-AG1941	8	7	11
E-BR1907	17	32	28	J-BF1934	8	7	7
E-BV1908	22	18	20	J-BF1938	8	9	8
G-KR1901	45		45	J-BF1941	7	9	6
B-CR1905	5	30	19				

所选取钢轨样品的硬度值使用国家标准 GB/T 231.1—2009，布氏试验结果平均值见表 6-11。

表 6-11 钢轨样品的布氏硬度（HBW10/3000）

试样编号	平均值	试样编号	平均值
C-HY1920	194	ISBERGUES-1905ICR	181
C-HY1904	169	PNRYA-TN1931	200
E-BR1896	217	J-AG1938	220
E-CM1897	215	J-AG1941	229
E-BR1907	220	J-BF1934	269
E-BV1908	218	J-BF1938	252
B-AL1900	198	J-BF1941	228
B-SJ1903	198		

此次进行的物理力学性能测试结果显示出如下特征：

（1）根据中国铁道部的行业标准 TB/T 2344—2003，钢轨的抗拉强度（R_m）应不小于 880~980 兆帕，而早期的汉阳造和各国钢轨的抗拉强度仅为 700 兆帕左右，均与现代钢轨的要求有差距。

（2）对前后年代的汉阳产钢轨进行比较可知，后期生产的钢轨较前期的抗拉强度明显提高，但塑性也明显下降。20 世纪 10~20 年代汉阳造钢轨强度和塑性已经达到欧美的平均水平。

（3）20 世纪 30~40 年代的日本八幡和鞍山制铁所生产的钢轨由于碳含量较高，也使得其强度、硬度比较高，冲击韧性较低。随着钢铁技术进步，鞍钢和日本八幡铁轨明显向着高硬度，高强度方向发展。

6.3 检测结果的历史讨论

因有年代可考，近代钢轨是研究近代钢铁材料技术发展史不可多得的实物证据。此前我们对中国与日本的近代钢铁技术史有过系统研究，但成果均是建立在历史文献的基础之上。对于技术史而言，历史文献所能提供的是技术载体及其发展情况的信息，如企业、设备和人员情况等，而产品实物的性能检测数据则可以给予技术史研究更多的关于制造工艺和水平等“技术内部”的一手信息。因此，将检测数据与历史文献相结合，能更深入地在内史层面还原特定时期的技术发展水平。

此次对中国近代钢轨样品性能的检测结果，给我们提供了一个研究近代钢轨制造技术的新视角。正如本章开篇所述，试验的目的有二：一是客观认知与定位近代中国大陆和日本钢铁企业生产的钢轨及其材料水平；二是在更宏观的层面诠释 19 世纪末以来钢轨材料生产技术的演变。为此，我们在上述实验数据及其分析的基础上，分别从中国大陆、日本以及其他三方面来对近代钢轨技术史做进一步讨论。

6.3.1　关于汉阳铁厂的钢轨制造工艺

第一，检测数据验证了汉阳铁厂不同时期出产的钢轨质量和性能，印证了汉阳铁厂技术改造前后的技术演变。

将所检测的汉阳铁厂第一阶段（1894~1905 年）出产的两件样品和第二阶段（1908~1922 年）出产的两件样品的结果进行比较，可发现第二阶段生产的钢轨的各项指标均有明显改善，主要表现在三方面：

（1）磷元素含量得到较好的控制。根据史料记载，由于酸性转炉炼钢不能除磷，磷含量高是汉阳铁厂 1905 年之前出产的钢轨存在的最大质量问题，此次检测数据显示，两件 1904 年生产的钢轨磷含量高达 0.16%和 0.18%，充分印证了这一史实。而两件产于第二阶段的样品的磷含量降至 0.046%，已经符合了当时的要求，说明汉阳铁厂经过 1905~1908 年的技术改造之后，已经解决了磷含量高的问题。据记载，汉阳铁厂此次改扩建最重要的措施是淘汰全部的贝塞麦转炉，重新购置和安装了能有效除磷的碱性西门子-马丁平炉进行炼钢，使磷元素所带来的质量问题得到解决。此次检测的结果是汉阳铁厂炼钢工艺的这一重要转变的最有力和直接的证明。

（2）钢轨整体质量水平有明显提高。检测数据还表明，汉阳铁厂第二阶段生产的钢轨不仅磷含量得到了很好的控制，其质量的改善还反映在其他各项指标所体现的整体水平上。若将汉阳铁厂钢轨第二阶段的两个样品的化学元素检测数据与 1911 年邮传部颁布的 85 磅钢轨标准（表 4-1）进行比对，可发现这一阶段钢轨的主要化学元素含量完全符合该标准，在碳元素含量显著提高的同时，磷、硫等有害元素，气体元素以及非金属夹杂物等指标都得到更好的控制。在此基础上，力学性能较第一阶段钢轨有明显改善。

（3）从 1908~1922 年停产之前，汉阳钢轨的生产工艺不再有进一步改善。这在有害元素的检测数据上反映了出来。我们注意到，英美等国在 1920 年代之后颁布的钢轨新标准中，都不约而同地提高了对有害元素磷和硫的控制水平（见表 6-2），以适应铁路日益增大的运输量。制造于 1917 和 1920 年的两件汉阳钢轨样品在有害元素 S 和 P 的控制上除了符合前清邮传部标准外，也基本符合 1909 年英国颁布的标准，与我们检测的 1900 年代其他国家制造的钢轨比较，数据都较为接近，这表明 1908 年之后，汉阳铁厂钢轨与同时期国外钢轨是不相上下的。但若于 1912 年美国标准和 1922 年英国标准比较，其硫和磷的含量则偏高。这从一个侧面说明了汉阳铁厂的钢轨制造工艺水平在 1908 年之后再也没有得到实质性的提高，一直维持在 1900 年代主要钢铁生产国的水平，即使到 20 世纪 20 年代也是如此。

第二，检测数据揭示了汉阳铁厂在第一阶段的炼钢环节中，采用了极大降低碳含量的方法，来应对钢轨磷含量偏高的问题，这一措施在此前相关档案文献中均没有记载。

如前所述，汉阳铁厂1894年投产以来，主要为卢汉铁路提供钢轨，但一直受到钢轨检测不合格问题的困扰。据档案记载，铁厂解决这一问题的方法是用马丁炉钢拉成样轨来对付检验蒙混过关。[1] 但若只采用此法，汉阳铁厂这一时期钢轨的质量问题不可能得到解决，磷含量偏高会严重降低塑性和冲击韧性，使钢轨发生断裂而报废，这无法解释为什么我们今天还能找到品质完好的这一时期京汉铁路使用的汉阳钢轨。此次对钢轨的检测回答了这一问题。检测结果显示，1904年汉阳铁厂钢轨两个样品的碳含量均在0.15%左右，大大低于同时期进口钢轨的碳含量和相关标准。之所以如此，可以理解为是为解决磷含量过高的一种权宜之举，即通过降低碳含量，可以提高钢轨的塑性和韧性，从而在一定程度上降低含磷偏高的危害。当然，这一方法在20世纪初期之所以可行，也和当时铁路运输强度和速度较低有关，因为碳含量低达0.15%的钢轨将无法胜任高强度和高速度的运输。

第三，进一步的历史讨论。汉阳铁厂作为我国近代首家大型钢铁联合企业，在中国近代钢铁技术史和工业史上有着重要地位，因此汉阳铁厂的技术水平在历史上究竟如何，这是中国近代钢铁技术史研究必须回答的一个基本问题。根据本次对钢轨文物的检测结果，结合历史文献的研究，可以更客观地从以下两方面来对这一问题进行历史解读：

首先，汉阳铁厂在1908年以后，可以生产出符合标准和需求的钢轨，其各项指标基本与同期进口钢轨持平，反映出这一时期的汉阳铁厂已具备了与西方钢铁厂相当的钢铁冶炼和轧钢生产水平与能力。但不可否认的是，这一生产能力的获得完全依靠单向的技术引进，而且是在为第一次引进设备的失误付出代价之后，又一次以高成本重新更换炼钢设备的结果。由于决策者的技术无知和本土技术能力的缺乏，汉阳铁厂从国外引进了与高含磷量铁矿石不匹配的炼钢炉，从1894投产到1904年停产进行技术改造，铁厂为这一技术引进的失误付出了十年的代价。这是一个非常漫长的试错和技术学习的过程。但就算是1904年决策者对钢轨质量问题的根源有了一定认知，这一时期中国由于本土的钢铁工程师并未培养起来，因此仍然不具备依靠本土力量解决质量问题的能力。因此，汉阳铁厂派出职员李维格远渡重洋，携带矿石和产品，赴欧洲寻求解决钢轨质量问题的方案，最终重新购置了碱性西门子-马丁平炉和其他设施，将原有的转炉炼钢设备彻底废弃，并完全依靠重金聘请的外籍工程师的工作，才使铁厂获得了质量合格的钢轨和相应的生产技术能力。钢轨作为最终产品，其质量达标只是汉阳铁厂生产水平的体现，而这一水平如何获得，才真正反映19世纪末至20世纪初中国钢

[1] 方一兵．汉冶萍公司与中国近代钢铁技术移植［M］．北京：科学出版社，2010：37.

铁工业的技术实力，从这一意义上讲，当时刚起步的中国钢铁工业完全无法与西方主要钢铁生产国相抗衡。

其次，汉阳铁厂在第一阶段应对其钢轨质量问题的态度和措施，具有鲜明的历史特征。汉阳铁厂正式投产于1894年，钢轨生产始于1896年前后。这时的中国正处于甲午战争失败的阴影和马关条约带来的危机之下，历时20多年的洋务运动因此面临着何去何从的巨大挑战。鉴于甲午的失利，以李鸿章、张之洞为代表的洋务派更意识到铁路建设及其对振兴中国的商业流通和调兵能力的迫切性，在他们的力主之下，清廷开始“力行实政”❶，大力推动铁路建设，尤其是1899年便开始筹办的卢汉铁路的修建，成为首要铁路工程。为尽快建成此路，作为卢汉铁路督办的张之洞等人力主选择洋商“垫款包办”❷，并促成了新成立的铁路总公司与比利时银行工厂合股公司签订了借款筑路合同，这使得卢汉铁路修建进入了快车道。在铁路用轨方面，汉阳铁厂创办的初衷便是为该路供应自产的钢轨，为了实现这一目的，汉阳铁厂在能够稳定地生产钢轨之后，便立即向卢汉铁路大量供轨。史料记载，早在1897年铁厂开始向最初铺设的卢沟桥至保定段供应钢轨时，就发现了质量不合格的问题，但并未引起重视❸。综合本次检测数据和历史文献可知，为继续供轨，铁厂一方面使用马丁钢轧制的样轨来应付铁路建设方的检验，另一方面在冶炼中大大降低钢的碳含量来部分抵消磷含量高所导致的脆性和断裂问题，从而使汉阳钢轨得以顺利供应卢汉铁路近6年。

从现在的标准看，汉阳铁厂应对钢轨质量问题的做法显然不能解决根本问题，但从历史的角度上看，这是当时的条件下不得不做出的选择。卢汉铁路虽然在1899年开始筹办，但为了实现张之洞“修路必先造轨”的理想，汉阳铁厂得以建设投产，而甲午战争也使该路的开工建设耽搁至1897年，双重因素使得汉阳铁厂在那个时期必须完成向卢汉铁路供应钢轨的任务。在财力不足的情况下，即便是知道贝塞麦转炉炼钢不适合汉阳铁厂的铁矿石和生铁，也不可能立刻停工更换设备。另外，由于那个时期中国的铁路运输处于发展初期，货运和人员流动量不大，因此可以通过降低碳含量来适当降低钢轨的硬度是可行的。这充分显示了在无法从根本上解决问题的情况下，汉阳铁厂采取上述措施的必然性和合理性。

6.3.2　关于八幡制铁所与鞍山昭和制钢所的钢轨制造工艺

6.3.2.1　从检验结果看日本八幡制铁所与昭和制钢所的工艺

为检验八幡制铁所和鞍山昭和制钢所钢轨的性能质量，我们对1934年、1938年和1941年八幡制铁所生产的钢轨，以及1938年、1941年鞍山昭和制钢

---

❶ 宓汝成．近代中国铁路史资料（上）［M］．台北：文海出版社，1977：199~200.

❷ 宓汝成．近代中国铁路史资料（上）［M］．台北：文海出版社，1977：201.

❸ 方一兵．汉冶萍公司与中国近代钢铁技术移植［M］．北京：科学出版社，1911：36~37.

所的钢轨进行了检测。检测结果显示：

（1）日本八幡制铁所与鞍山昭和制钢所的钢轨碳含量均在0.60%以上，最高达到了0.82%，远高于之前汉阳造钢轨和1900~1920年代各国钢轨，也高于日本本国1929年颁布的钢轨标准0.45%~0.60%，说明日本钢铁冶炼技术在20世纪30~40年代已开始向高碳高强度钢轨方向发展。

（2）从非金属夹杂物的分析来看，鞍钢与八幡在B、C、D类非金属夹杂物控制方面做得很好，这应该是与其精炼与平炉双炼法的炼钢技术有关，也反映日本在20世纪30~40年代已经拥有较高的炼钢工艺水平。

（3）综合检测数据可知，日本钢铁冶金工艺在二战之前和战争时期达到了较高水平，这与中国本土钢铁企业形成了鲜明对比。中国在1908年技术改造之后直到1922年停止钢轨生产之时，其生产工艺没有更进一步地改造和提高，钢轨性能指标始终维持在1908年的水平，1923年汉阳铁厂钢轨停产后，中国的钢铁工业因此陷入低谷。与此同时，日本八幡制铁所历经了三次技术改造，到20世纪30~40年代其炼钢和钢轨生产水平有了很大提高，此次检测数据是这一发展历程最直接的证据。可以说对近代钢轨文物的检测和对比，从另一个侧面直接反映了中日两国近代钢铁技术和工业的相同起点与不同的命运，这也是为何在国内能找到为数较多的日本20世纪30~40年代生产的钢轨的原因。

对八幡制铁所和鞍山昭和制钢所的技术发展史的进一步了解，有助于深入诠释此次对日本钢轨进行检测的结果。

6.3.2.2 八幡制铁所和昭和制钢所技术发展史

八幡制铁所创办于1895年，是日本近现代第一家大型国有钢铁厂。经过2年多的考察筹备，1898年开始动工兴建，1901年开始投入运营，这是制铁所的初建时期。这一时期制铁所主要设备全部来自德国GHH公司（表6-12）。

表6-12 1901年八幡制铁所的主要设备❶

设备	数量	规模/吨	年产量/吨
高炉	1	160	58000
平炉	4	25	60000
贝塞麦转炉	2	10	150000
炼焦炉	460		98360
厚坯轧机	1		100000
钢轨轧机	1		32000

❶ Seiichiro Yonekura. The Japanese Iron and Steel Industry, 1850~1990 [M]. New York: St. Martin's Press, 1994: 39.

1902~1905 年可以说是八幡制铁所的“试错”期，制铁所的高炉和平炉等设备不断发生问题而多次停炉，在政府的支持下制铁所进行了一系列技术改造，在找出原有设备和技术上的问题之后，从 1906 年开始进行第一期扩张建设，本土技术人员利用他们在之前的技术调整时期积累的经验，自行建设设计和建设新的高炉和平炉，到 1911 年，制铁所拥有 3 座约 200 吨的高炉、11 座 25 吨平炉以及 2 座 10 吨转炉，并可以轧制各种型钢、钢轨、线材和船体与军用特殊钢材（表 6-13）。经过第一期扩建和技术上的改进，制铁所于 1910 年开始实现盈利。可以说八幡制铁所与汉阳铁厂几乎是同时成功地进行了大规模技术改造并实现盈利。

表 6-13 八幡制铁所主要设备数及其年产能力❶ （吨）

生产部门	分厂	主要设备	1901 年	1906 年	1911 年
生铁部	高炉工场	高炉	（1）58000	（2）102000	（3）168000
		热风炉	（4）	（8）	（12）
	洗煤工场	Ryurihhi 洗煤机（25 吨/小时）		（2）237250	（3）355875
	焦炭工场	蜂窝式炉（煤装入量 2 吨）	98360（480）		
		临时焦炭炉（4.8 吨）		（90）43362	
		柯伯式炉（4.8 吨）		（60）32587	（60）32587
		索尔维式炉（5.7 吨）			（150）162279
炼钢部	平炉工场	25 吨平炉	（4）60000	（8）150000	（11）230000
		道森式（Dawson）煤气发生炉	（6）	（17）	（24）
		12 吨白云石焙烧炉		（4）31600	（4）31600
	转炉工场	10 吨转炉	（2）150000	（2）150000	（2）150000
		1600 马力蒸汽送风机	（2）	（2）	（2）
	混铁工场	160 吨混铁炉			（1）
钢材部	第 1 分块工场	二重逆转式轧机	（1）100000	（1）100000	（1）200000
		4000 马力蒸汽机	（1）	（1）	（1）
		均热炉	（2）	（4）	（4）
		瓦斯发生炉		（6）	（10）
	第 2 分块工场	二重逆转式轧机			（1）140000
		5000 马力蒸汽机			（1）
		均热炉			（3）
	钢轨工场	二重逆转式轧机	（1）32000	（1）32000	（1）90000
		5800 马力蒸汽机	（1）	（1）	（1）

❶ 饭田賢一. 日本鉄鋼技術史［M］. 東京：東洋経済新報社，1979：178~180.

续表 6-13

生产部门	分厂	主要设备	1901 年	1906 年	1911 年
钢材部	大型工场	三重逆转式轧机		（1） 60000	（1） 90000
		4000 马力蒸汽机		（1）	（1）
		加热炉		（2）	（2）
	精整工场	矫正机	（6） 64000	（6） 64000	（6） 124000
	中型工场	三重式轧机	（3） 36000	（4） 36000	（4） 36000
		750 马力蒸汽机	（1）	（1）	（1）
		连续式加热炉	（2）	（2）	（2）
	第 1 小型工场	粗压用三重式轧机	（1）	（1）	（1）
		完成用复二重式轧机	（4） 21600	（4） 21600	（4） 21600
		650 马力蒸汽机	（1）	（1）	（1）
		连续式加热炉	（2）	（2）	（2）
	第 2 小型工场	粗压用三重式轧机			（1）
		完成用复二重式轧机			（4） 18000
		650 马力蒸汽机			（1）
		连续式加热炉			（1）
	线材工场	连续式轧机			（13） 36000
		2500 马力蒸汽机			（1）
		加热炉			（1）
		卷线机			（4）
	厚板工场	三重式轧机			（1） 47900
		2700 马力蒸汽机			（1）
		瓦斯发生炉			（10）
		西门子式加热炉			（3）
	薄板工场	三重式轧机	（1）	（1）	
		二重粗轧机	（1）	（1）	（1）
		二重精轧机	（1） 11000	（1） 18000	（2）
		850 马力蒸汽机	（1）	（1）	（1） 23200
		加热炉	（4）	（4）	
		连续式加热炉			（1）
		叶板加热炉			（2）
	波板工场	二重粗轧机		（1）	（1）
		二重精轧机		（2） 1800	（2） 2700

续表 6-13

生产部门	分厂	主要设备	1901 年	1906 年	1911 年
钢材部	波板工场	825 马力蒸汽机		(1)	(1)
		波附机		(1)	(1)
		镀金机		(1)	(1)
		加热炉		(2)	(2)
		叶铁加热炉		(2)	(2)
	平钢工场	三重轧机		(1) 16550	(1) 25900
		900 马力蒸汽机		(1)	(1)
		加热炉		(1)	(1)
	Vault 工场	大钉机		4060	7210
特殊钢部	坩埚钢工场	坩埚 8 个装（焦炭）炉		(8) 4	(3) 1.5
		坩埚 14 个装（焦炭）炉		(1) 1	(1) 1
		坩埚 30 个装（瓦斯）炉			(1) 2
	锻钢工场	4000 磅汽锤			14240
	弹簧工场	冷钢压延机			(1) 300
	外环工场	6 吨汽锤			(1) 3000
副产部	硫酸铵工场				(4) 2000
	蒸馏工场	Tar 蒸馏装置			(5) 8900
	耐火砖工场			10200	10800
	石灰工场	石灰窑		(2) 4130	(4) 9260
	矿渣制砖工场				18250

与汉阳铁厂不同的是，制铁所于 1911～1916 年以及 1917～1929 年又相继进行了第二、三期扩建，通过扩建，实现了钢材年产量 75 万吨的目标，制铁所拥有的钢铁生产设备如下：

（1）高炉 6 座，其中日产 200 吨 3 座，日产 235 吨 1 座，日产 270 吨 2 座。

（2）25 吨平炉 12 座，50 吨平炉 9 座，60 吨平炉 11 座，200 吨预备精炼炉 2 座。公称年产能约为 1270000 吨。

（3）特殊钢炉有：1.3 吨坩埚炉 5 座，2.3 吨弧光式电炉 1 座，6 吨弧光式电炉 2 座。公称年产能为 27715 吨。

（4）成型设备可以轧制各种钢轨，大型、中型、小型钢材，线材，各种厚板、中板和薄板，以及高级特殊钢板等钢材。公称年产能力达 1392350 吨。

除了扩充产能，更值得一提的是八幡制铁所通过历次扩建实现了技术上的提升。以和钢轨质量最相关的炼钢环节为例，八幡制铁所最初的平炉炼钢主要采用“屑铁法”，而屑铁大都依赖进口，因此在第2炼钢厂设计之初，制铁所就以摆脱对进口屑铁的依赖为目的之一，在第2炼钢厂投产时开始对“熔铁矿石法”进行研究。“熔铁矿石法”就是先利用预备精炼炉除去熔融生铁的部分硅、碳、磷、锰元素，然后送至平炉精炼成钢的操作工艺。经过约10年的努力，1925年第2炼钢厂开始采用精炼炉和平炉共同炼钢的“熔铁矿石法”，一方面在生产上弥补了第1炼钢厂转炉停工后的减产损失，另一方面达到减小对进口屑铁的依赖程度的目的。在设备上，第3炼钢厂还安装了当时较先进的塔尔博特式平炉，该炉在提高钢材质量和生产稳定性上有较大优势。与此同时，其电炉炼钢也在这一时期有了很大的提高，能够生产出优质的镍钢、锰钢、硅钢等特殊钢材。如果说汉冶萍公司在1908年技术改造之后在钢铁冶炼技术上就不再有提升的话，那么八幡制铁所正是在20世纪10~20年代通过继续大规模的扩建而使其钢铁冶炼水平大大超过了汉冶萍公司。

此外，日本人利用八幡制铁所的技术，于1912年开始在中国东北的鞍山建设鞍山制铁所，制铁所的工厂设计由八幡制铁所的工程师八田郁太郎承担，并在满铁沙河口工厂的协助下进行，建厂的具体工作由满铁沙河口工厂承担。1916~1933年为鞍山制铁所时期，1933年之后为昭和制钢所时期，建设投产的主要设施为高炉三座（日产能300~500吨），利用还原焙烧专利技术建设的日处理贫矿2200吨的选矿厂，以及炼焦炉，硫铵、焦油等副产物工厂。1933年之后，鞍山制铁所开始建设炼钢和轧钢设施，制铁所更名为昭和制钢所。八幡制铁所和来自德国克虏伯、德国德马克以及美国佩林马歇尔公司的人员通过试验，根据原料含硅高和废钢短缺的特点，选择了用预备精炼炉与平炉合并法炼钢工艺，这实际上与八幡制铁所的炼钢工艺是相同的。制钢所安装了300吨预备精炼炉以及100吨和150吨倾动式平炉，并建设轧钢厂，生产各种半成品钢坯（图6-6）。其炼钢与轧钢设备的设计与制造安装等全部由德国克虏伯与德马克公司负责。

(a) (b)

图6-6 鞍山昭和制钢所平炉车间（a）和钢轨轧制车间（b）

总的来讲，以八幡制铁所和昭和制钢所为代表的日本钢铁业虽然与中国汉阳铁厂几乎是同时起步，但从最初的技术引进，经历了技术的适应性调整、技术学习以及吸收，到本土技术能力的获得，在 20 世纪 30 年代已经发展成为新兴的钢铁工业国，钢铁产量和质量都不断提高，基本实现了自给自足。此次对日本钢轨进行检测的结果就是这一发展历程的直接反映。

6.3.3　结论

此次检测的钢轨样品，生产年代早自 1896 年，晚至 1941 年，综合所有样品的检测数据，还可反映从 19 世纪末到 20 世纪 40 年代的近 50 年钢种随着冶金工艺演变而发生的变化。

这一演变最基本的特征反映在碳含量随时间的变化上，如图 6-1 所示，钢轨的碳含量随年代而呈较明显的增长趋势，与此同时，随着碳含量的增长，钢轨材料的种类有较明显的区分，早期汉阳铁厂钢轨采用的是碳含量仅为 0.16%左右的低碳钢，其金相组织为大量铁素体+少量珠光体。1908 年之后的汉阳铁厂与同时期的欧洲各国生产的则是典型的中碳钢，碳含量在 0.35%～0.60%之间，金相组织表现为铁素体+珠光体，而到了 20 世纪 30 年代之后的钢轨碳含量显著提高，碳含量基本在 0.60%以上，最高至 0.82%，已属中高碳钢，金相组织为少量铁素体+大量珠光体，甚至达到了全珠光体。与此同时，随着碳含量的增加，钢轨的物理性能也向高强度发展。钢种变化的另一特征表现在其他有害元素、非金属夹杂物、气体元素等的控制上，随着 20 世纪 30 年代以后炼钢工艺的改进，精炼炉和双炼的采用，使得钢在上述指标的控制上都有较明显的提高，这一特征同样反映在此次检测结果中。与此同时，钢轨的标准也相应提高。

可见，在我国发现的为数众多的来自世界各国的近代钢轨，不仅是中国近代铁路建设发展历程的见证，更重要的是，它们是可以确切反映各个时期所生产的钢材在物理化学性能上的不同特征的历史文物，因此是具有很高技术史价值的近代钢铁工业遗产。

7 中国近代钢轨文物：重要文物鉴赏

从历史的角度来讲，每件近代钢轨都含有大量的历史信息，这些信息或让我们探究到近代某段铁路修建的详情，或让我们了解到中国和西方近代钢铁工业的某段鲜为人知的发展历程。在本章中，我们将综合前述各项研究工作的结果，选择中国铁道博物馆和其他机构所藏钢轨中的一些重要藏品，来解读它们包含的信息，说明它们所带来的重要史实，通过文物的视角，来呈现中国近代铁路建设和中西方钢轨工业史上的特殊片段。

7.1 卢汉铁路使用的早期汉阳造钢轨

由于汉阳铁厂是中国近代唯一的钢轨制造商和最大的钢铁企业，因此汉阳铁厂生产的钢轨是非常具有历史价值的近代文物。根据制造工艺和铺设线路的演变，可以 1905 年为界，将汉阳铁厂钢轨文物划分为早期钢轨（1896～1904 年）和后期钢轨（1908～1922 年）。中国铁道博物馆现有汉阳铁厂早期钢轨 4 件，分别为 1899 年、1902 年和 1904 年生产，图 7－1～图 7－3 为这批早期汉阳钢轨的代表。

图 7－1　1899 年汉阳铁厂造钢轨（中国铁道博物馆藏）

图 7－2　1902 年汉阳铁厂造钢轨（中国铁道博物馆藏）

早期汉阳造钢轨是中国近代为实现使用自造钢轨来修建铁路的工业化进程的见证。1905 年之前，汉阳铁厂造钢轨主要供应卢汉铁路和萍株铁路（萍乡至株

图 7-3　1904 年汉阳铁厂造钢轨（中国铁道博物馆藏）

洲），从时间和地理位置判断，中国铁道博物馆藏的 1899～1904 年汉阳铁厂造钢轨最初应为修建卢汉铁路而制造，卢汉铁路也是中国最早使用国产钢轨进行铺设的铁路。关于汉阳铁厂向卢汉铁路供应钢轨的情况，在本书第 3 章已有详细叙述，故不再赘述。这批最早的国产钢轨文物本身，给我们带来以下更多的历史信息。

图 7-1 是迄今发现的生产年代最早的汉阳钢轨，也是现存最早的国产钢轨。其制造于 1899 年，发现于北京丰台城建集团货场专运线。全长 900 厘米，轨底宽约 11.3 厘米，高约 12.8 厘米，从尺寸可知此为一根小于每米 43 公斤的轻轨。钢轨铭文从右到左为“99 汉阳铁厂造”，体现了早期汉阳钢轨铭文的特点，内容仅含生产年份和“汉阳铁厂造”两部分内容（图 7-1～图 7-3），且生产年份以阿拉伯数字标示，反映出晚清时期的汉阳铁厂在完全引进西方技术的同时，也使用了西方纪年的方法。

测量和称重结果显示，1904 年的两件汉阳造钢轨应为每码 76 磅的轻轨，这从实物的角度印证了最初的卢汉铁路所铺设的是轻轨，而非 85 磅标准轨。此外，这批早期汉阳钢轨的轨重、轨式因生产年份不同而有所差别，而且化学成分的检测结果显示出 1904 年的钢轨碳含量远远低于正常值。这些数据均说明，在 1904 年之前，汉阳铁厂的钢轨生产是在无特定标准约束的情况下进行的，这也从文物的角度反映出汉阳铁厂作为中国近代钢铁工业化的最初阶段的典型特征。

7.2　后期汉阳造钢轨

在本书中，将汉阳铁厂 1908 年技术改造完成后生产的钢轨称为“后期汉阳造钢轨”。目前发现的后期汉阳造钢轨，生产年代均为 1911 年之后，图 7-4 和图 7-5 是两件非常有代表性的后期汉阳造钢轨。与早期钢轨不同，这两件钢轨的各项特征直接反映了汉阳铁厂制定的我国第一部钢轨制造标准的使用。

图 7-4 为现藏于天津工务段的一件钢轨，其铭文为“奏定八十五磅轨制　汉阳铁厂造”，这是迄今为止发现的唯一完全按照晚清邮传部颁布的《八十五磅轨及附属品制造验收章程》中关于钢轨标志的规定制造的，说明了这部最早的中国钢轨技术标准在辛亥革命之前得到了短暂的采用。虽然此件钢轨上的铭文没有显

示制造年代，但由其“奏定八十五磅轨制”的标识可确认，这一钢轨制造于1911年的邮传部标准颁布之后以及辛亥革命之前。

辛亥革命爆发之后，邮传部标准随即失效。但汉阳铁厂仍然依靠自己的力量与客户再三磋商，将一部分自己生产的钢轨纳入这一标准。图7-5即1913年汉阳铁厂按照该标准制造的钢轨，其铭文为“部定八十五磅轨制　汉阳铁厂造民国二年四月”，反映的就是汉阳铁厂技术标准继续沿用的史实。

值得一提的是，1911~1922年由于民国政府并未出台新的钢轨标准以替代八十五磅轨，铁路各线的轨式因此并无统一，故这一时期汉阳铁厂生产的钢轨除了八十五磅轨外，还有其他各式。例如，中国铁道博物馆藏的1917年和1920年汉阳造钢轨（图7-6、图7-7），根据其称重和测量数据，可确定为35公斤/米和40公斤/米的钢轨，这从文物的角度反映了这一时期中国铁路建设仍然处于没有统一技术规范的状况。

图7-4　1911年汉阳铁厂造钢轨（天津工务段藏）

图7-5　1913年汉阳铁厂造钢轨（中国铁道博物馆藏）

图7-6　1917年汉阳铁厂造钢轨（中国铁道博物馆藏）

图 7-7　1920 年汉阳铁厂造钢轨（中国铁道博物馆藏）

虽然后期汉阳造钢轨的轨重和轨式各异，但其化学成分和力学性能的检测数据表明，经过技术改造后的汉阳铁厂已完全能生产出符合当时铁路建设要求的钢轨，这一方面已在上章有详细论述，在此不再赘述。

7.3　早期中国铁路使用的英国造钢轨

英国是最早在我国谋求修建铁路的国家，虽然其早期谋取筑路权和利益的计划没有得逞，但英国工程师在中国铁路建设初期扮演了十分重要的角色，正因为如此，早期中国铁路受英国技术影响很大。中国铁道博物馆藏的 1911 年之前的进口钢轨中，以英国钢轨的数量最大，为 27 件，这从一个侧面反映了英国在早期中国铁路建设事业中有着很高的参与程度。在这些文物中，图 7-8、图 7-10 和图 7-11 为这些英国钢轨的典型代表。

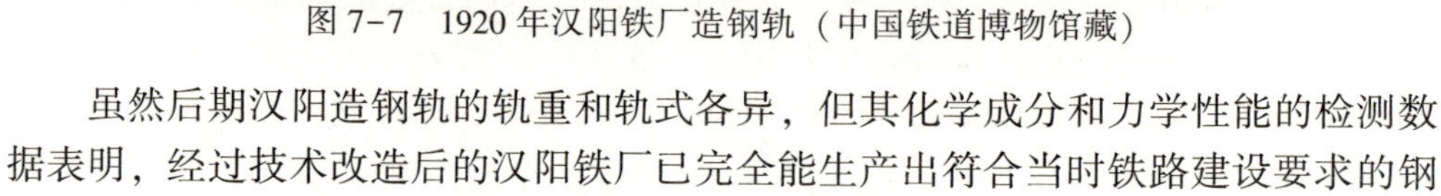

图 7-8　1888 年 Moss Bay 公司造钢轨（中国铁道博物馆藏）

图 7-8 为中国铁道博物馆现存年代最早的英国钢轨，该钢轨铭文为“MOSS BAY STEEL 60LBS 1888 Sec97”，“制造商+轨重+制造年份+轨式编号”是 19 世纪后半期英国钢轨普遍采用的铭文标识内容。这是一件每码 60 磅的钢轨，由 Moss Bay 钢铁公司于 1888 年生产。Moss Bay 公司位于英国 Workington，贝塞麦钢轨是该公司 1880 年代的主要产品，其钢轨除供应英国外，还出口欧洲大陆和印度等地（见图 7-9）。

结合铁路建设的历史，1888 年中国正在建设的铁路只有以唐胥铁路为基础进行展筑的京奉关内段，因此可断定这段钢轨最初是用于京奉铁路的铺设。据史料记载，该线路最初用 30 磅轨铺设，展至芦台后用 45 磅轨，展至塘沽后用 60 磅轨，因此可进一步确定这一钢轨最初铺设地点为京奉铁路关内段的芦台至塘沽段。唐胥铁路及京奉铁路关内段是我国最早修建的铁路，均由英国籍工程师金达

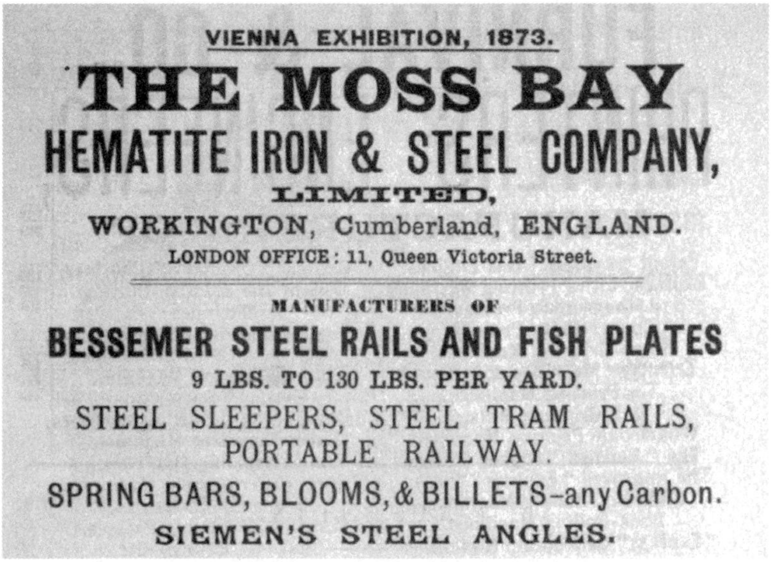

图 7-9　1890 年 Moss Bay 钢铁公司的广告

主持，采用英国轨制。而中国铁道博物馆馆藏的这两件 1888 年生产的英国钢轨，是英国人在我国铁路修建初始时期积极参与和影响的实物见证。

除 Moss Bay 公司外，在中国国内发现了为数众多的生产于 1896～1907 年的英国钢轨，全部来自 Barrow 和 Cammell 这两家英国钢铁企业，图 7-10 和图 7-11 是这些钢轨文物的代表。

图 7-10　1896 年 Barrow 公司造钢轨（中国铁道博物馆藏）

图 7-11　1896 年 Cammell 公司造钢轨（中国铁道博物馆藏）

图 7-10 为 1896 年英国 Barrow 公司生产的钢轨，其铭文内容为“BARROW STEEL Sec435 1896 I. C. R.”，图 7-11 为 1896 年 Cammell 公司生产的钢轨，铭文内容为“CAMMELL. S. STEEL. W 1896 I. C. R. SEC543”。两件钢轨的铭文均沿袭

了19世纪中后期英国钢轨的特点，包含制造商、轨式编号、制造年代等信息。除此之外，两件钢轨最大的特点是含有订购方的信息“I. C. R”，即清末成立的中国铁路总公司的英文缩写。我们可以从钢轨定制方和制造商两方面来解读这两件钢轨包含的历史信息。

首先，两件钢轨的订制方为中国铁路总公司。中国铁路总公司创办于1896年，其创办与盛宣怀督办汉阳铁厂和卢汉铁路的建设密切相关。汉阳铁厂的建设和投产耗资巨大，投产后遭遇严重的资金短缺，财政陷入困难境地。为解决难题，创办者张之洞邀请盛宣怀接管汉阳铁厂。为了保证汉阳铁厂钢轨的销路，1896年9月盛氏被举荐组织中国铁路总公司，督办卢汉铁路。1896年12月，中国铁路总公司在上海成立，盛宣怀旋即请英国工程师主持勘测卢汉铁路的卢沟桥至保定段，并采用英制标准修建。该段于1896年12月草测，1897年3月完成定测，1897年4月开工，1899年2月1日通车。图7-10和图7-11所示的两件钢轨，应为修建卢汉铁路的卢保段所生产的。值得一提的是，1896年底成立的中国铁路总公司的英文简称随即就出现在1896年生产的英国钢轨上，说明盛宣怀在铁路总公司成立时，就立刻以它的名义组织卢汉铁路修建的各项事务。

其次，钢轨的制造商巴罗（Barrow）和卡梅尔（Cammell）公司是19世纪英国两家著名的钢铁企业，这些钢轨是当时规模巨大的钢铁工业及其影响力的见证。而且两家公司的钢轨得以在1896年之后进入中国，与李鸿章访英的历史直接相关。

巴罗公司全称为巴罗赤铁矿钢铁有限公司（Barrow Hematite Steel Co. Ltd.），位于英国西北部的坎布里亚郡的巴罗港（Barrow-in-Furness），是19~20世纪之交世界上最大规模的炼钢厂，其前身是铁矿投机经销商亨利斯奈德（Henry Schneider）与合作伙伴于1859年成立的斯奈德哈内公司（Schneider Hannay & Co.）。1863年，弗内斯（Furness）铁路公司创办巴罗钢厂（Barrow Steel Co.），利用斯奈德哈内公司出产低磷生铁炼钢，1866年，巴罗钢厂与斯奈德哈内公司合并，更名为巴罗赤铁矿钢铁有限公司（Barrow Hematite Steel Co. Ltd.），成为当时世界上最大的贝塞麦炼钢厂❶。1947年公司又改名为巴罗钢铁有限公司（Barrow Ironworks Limited），直到1963年停止运营。从1859~1963年，它一直是英国主要的钢铁生产商。

巴罗公司在1866年时已拥有10座高炉和18座5吨的贝塞麦转炉，1876年已成为世界上最大的炼钢厂。巴罗公司将其产品输送到世界的各个角落，包括给美国和澳大利亚的铁路工程提供铁路修筑材料。汉阳铁厂第一批中国工程师之一

---

❶ Ulrich Wengenroth, translated by Sarah Hanbury Tenison. Enterprise and Technology: The German and British Steel Industries: 1865—1895［M］. Cambridge: Cambridge University Press, 1994: 34.

的卢成章于1909年出版了中国第一部钢轨制造工艺专著《钢轨制造法》，书中记录有“及一千八百七十年正月，又经调查，则全美国所用钢轨不下十万吨，此外尚有钢头轨一万吨。此种钢轨多半输自英国，而几乎全为亚脱腊司、败绿、道雷三工厂所制造”❶。这里的“败绿”工厂即是巴罗公司。

卡梅尔公司全称是查尔斯·卡梅尔公司（Charles Cammell & Co.），位于英国南约克郡的谢菲尔德市。公司创始人查尔斯·卡梅尔（Charles Cammell）是当时有名的钢铁大亨（图7-12），其钢铁职业生涯始于1837年他与托马斯和亨利·约翰逊（Thomas and Henry Johnson）兄弟成立的约翰逊卡梅尔公司（Johnson，Cammell & Co.）。该公司专门生产钢材及锉刀。1852年约翰逊先生去世后，爱德华柏力先生（Mr. Edward Bury）和伦敦-伯明翰铁路的机车工程师成了查尔斯的合作伙伴。1855年柏力先生退休，公司更名为“查尔斯·卡梅尔公司（Charles Cammell & Co.）”❷。

图7-12 查尔斯·卡梅尔公司创始人查尔斯·卡梅尔（Charles Cammell）

英国谢菲尔德地区的最大工业奇迹是萨维尔街的巨型钢铁制造厂，查尔斯·卡梅尔公司就是其中之一，公司生产包括机械、工程、机车、铁路和其他用途的几乎所有的钢材。早在1861年，卡梅尔公司便引进贝塞麦转炉炼钢工艺。1882年8月，卡梅尔公司收购了位于沃金顿的德文特河钢铁厂，1883年10月9日，德文特河工厂轧制出第一根钢轨，德文特河工厂每周的产能为500吨，整个卡梅尔公司每周的产能达3000吨。图7-13为1861年查尔斯·卡梅尔公司的全景及轧制车间的情形。

❶ 卢成章．钢轨制造试验法［M］．上海：上海科学仪器馆，1909：6~7.

❷ http：//www.wkfinetools.com/huk/0_ iron-Steel/Cammell&Co/history/Cammell&Co-hist-01.asp.

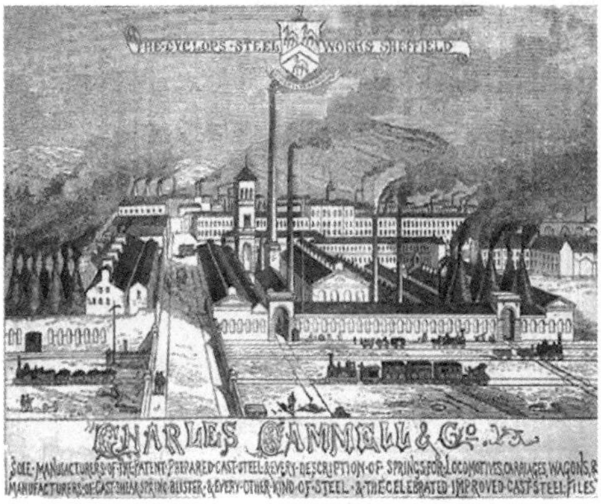

Charles Cammell & Co. - Cyclops Steel and Iron Works - c. 1861.

Rolling Mills - Charles Cammell & Co. - Cyclops Steel and Iron Works - c. 1861.

图 7-13　1861 年查尔斯 · 卡梅尔公司的全景及轧制车间情形

值得一提的是，目前在中国国内发现的 19 世纪 90 年代至 20 世纪初的英国钢轨主要来自上述两家英国公司，说明在那个时期，这两家大型钢铁企业与新兴的中国铁路建设部门有着非常多的业务往来。1896 年李鸿章访问英国期间，巴罗公司是其考察的唯一一家大型钢铁企业，因此有学者认为中国进口英国这两家企业生产的钢轨是李鸿章访英的直接结果之一❶。但实际上李氏访英之前，巴罗公司已为其创办的北洋官铁路局（The Imperial Railways of North China）所修建的唐山至山海关铁路制造并供应了 10000 吨钢轨❷。1896 年李鸿章作为清廷派出的全权钦差大臣前往参加俄国沙皇尼古拉二世的加冕典礼，之后应邀访问了德国、比利时、荷兰、法国、英国和美国等国，期间于当年 8 月 2 日抵英，在英访问了 21 天。在英期间，李鸿章非常重视对英国实业和军事重地的考察，8 月 17 日他参观了巴罗公司和海军军备公司，在行程中，英国的弗内斯铁路（Furness Railway）公司总经理 Aslett 向李氏专门介绍了英国使用每码 80 磅标准轨的情况，这激发了李氏的兴趣，并使他在巴罗公司参观时表达了要致力于在中国推行使用 80 磅轨的意愿。显而易见，李鸿章在英期间访问巴罗公司直接或间接地促进了 1896 年及之后一段时期中国继续从英国订购钢轨。目前所见的巴罗公司和卡梅尔公司制造的钢轨恰恰均生产于 1896 年及其之后 10 年间，印证了李鸿章访问巴罗公司的结果，为这一历史事件提供了很生动的证据支持。

7.4　卢汉铁路和京张铁路使用的比利时钢轨

在现存的近代钢轨文物中，发现了不少来自比利时的钢轨，这些钢轨大都与

---

❶ 赵欣．李鸿章访英与近代中英关系的演变［J］．东北师大学报，2013（6）：107~112.

❷ Li Hung Chang at Barrow［N］．The Manchester Courier，and Lancashire General Advertiser，18th August，1896.

卢汉铁路和京张铁路的修建有关，具有极高的文物价值。比利时是继英、德等国之后于19世纪中后期兴起的又一欧洲工业国家，1831～1870年该国煤炭和冶炼工业迅速发展，甲午战争之后，随着欧洲列强纷纷进入中国获取利益，比利时也随之进入中国寻求投资机会。此时，清政府计划修建的卢汉铁路成为各国争夺的重要对象，由于清政府对俄、英等国的政治野心和日渐扩大的势力范围心存顾忌，而比利时是小国又满足了清政府提出的几乎所有条件，因此督办卢汉铁路的中国铁路总公司选择了比利时作为卢汉铁路借款国，由该国组织技术人员进行修建。除了卢汉铁路外，比利时还承修了汴洛铁路及陇海铁路。在此后的一段时期内，比利时与中国的铁路修建和钢铁工业的发展保持着密切关系。

卢汉铁路是1904年之前比利时在中国修建的唯一铁路，因此中国铁道博物馆馆藏的比利时ANGUER、OUGREE公司在1900～1903年生产的钢轨极可能为卢汉铁路保定至汉口段之用轨（图7-14）。而该国郭克里尔公司（COCKERILL）于1905年和1906年生产的钢轨则主要发现于京张铁路南口—柳村段，其铭文中均有“ICR”或“IPKR”等定制方信息，为当时修建京张铁路所用的材料（图7-15）。

图7-14　1900年ANGUER公司造钢轨（中国铁道博物馆藏）

图7-14所示钢轨为比利时ANGUER公司于1900年制造，用于卢汉铁路保定至汉口段的铺设。其铭文标识相对简单，仅有“制造商+年份”两项，通过测量和称重，可知该钢轨为每码70磅轨。前文已述，通过各方利益权衡，卢汉铁路保定至汉口段的资金的贷款国最终归属了比利时，1897年，刚成立的中国铁路总公司与比利时银行工厂合股公司签订了卢汉铁路借款合同，将该段铁路的筑路权交给比利时，而钢轨等材料除汉阳各厂所能制造的优先购办外，皆归比利时公司承办。实际上，卢汉铁路所用的钢轨材料，是由汉阳造钢轨、英国钢轨和比利时钢轨共同铺设的。目前发现的比利时钢轨均产于1900年之后，时间上要晚于英国钢轨的进口，这与英国、比利时两国先后参与卢汉铁路修建的史实相符，也恰好是比利时后来居上获得卢汉铁路筑路权的证据。

在京张铁路南口—柳村段发现的数量众多的1905～1906年比利时郭克里尔公司生产的钢轨（图7-15），包含更清晰和重要的历史信息。这些钢轨的铭文均

图 7-15　1905 年、1906 年 COCKERILL 公司造钢轨（中国铁道博物馆藏）

有制造商、制造年份和定制方的信息，部分钢轨还有轨式信息。定制方信息为京张铁路缩写“IPKR”或铁路总公司的缩写“ICR”，可知京张铁路使用了来自比利时的钢轨。轨重和轨式方面，这些钢轨为山伯式 85 磅轨，可知京张铁路与卢汉铁路有所不同，在修建之初便采用后来作为干线标准的 85 磅的重轨铺设，这与文献所记载的情况是一致的。

更值得一提的是，京张铁路上的比利时钢轨均来自郭克里尔公司（Société Anonyme John Cockerill），该公司不仅为 20 世纪初中国铁路供应了大量钢轨，而且还深层次地参与了当时中国唯一的钢轨制造企业汉阳铁厂的技术引进活动，在其技术发展中扮演了重要角色。郭克里尔公司位于比利时列日省（Liège）瑟兰（Seraing），公司的名字取自其开创者——英国工业家约翰·郭克里尔（John Cockerill），他在 1817 年成立了约翰·郭克里尔公司（John Cockerill & Co.），公司逐渐成长为综合钢铁公司，不仅生产生铁，而且还制造机器和其他金属制品。郭克里尔先生于 1840 年去世，因没有直系的继承人，公司于 1842 年被收归国有，改称 Société Anonyme John Cockerill 公司。在国家政府的领导下，该公司迅速成为国际性钢铁公司[1]。郭克里尔公司是第一个与英国工程师贝塞麦订立合同的企业，将贝塞麦炼钢工艺引进比利时[2]。1863 年公司安装了贝塞麦酸性转炉，1872 年公司的第一台西门子-马丁炉开始运转，1886 年开始使用托马斯的碱性炼钢法[1]。

1892~1893 年间，汉阳铁厂正值建设时期，为了获得合格的钢铁冶炼工人，铁厂与郭克里尔公司达成协议，派出 40 名工匠到郭克里尔厂学炼钢铁，这些工匠成为我国首批钢铁生产技术工人。正是因为郭克里尔厂答应帮助培训工匠，汉

---

[1] http：//en. wikipedia. org/wiki/John_ Cockerill_ company.

[2] La Société Cockerill. *Business Historical Society*，*Bulletin*［J］. 1932，6（3）：5.

阳铁厂第一期建设后期所需的设备材料均由郭克里尔厂购入[1]。1894 年汉阳铁厂投产之后，郭克里尔厂先后向汉阳铁厂派出了 30 多名比利时和卢森堡籍技术人员指导各生产环节的技术工作（图 7-16）。可以说，郭克里尔公司在向中国铁路建设供应钢轨之前，已经以设备输入和技术人员培训与派出等形式，深度参与了晚清中国钢轨制造工业的初创和技术发展。而京张铁路使用大量郭克里尔厂生产的钢轨，可视为这一技术输入的进一步发展，体现了比利时在近代中国工业化发展初期积极而活跃的参与程度。

图 7-16　1894 年来自郭克里尔厂的工程师在汉阳铁厂与中国同事的合影

7.5　东清铁路使用的俄国和美国钢轨

晚晴时期，俄国自恃逼日本退回辽东半岛有功，于 1896 年乘清政府派李鸿章赴俄祝贺俄皇尼古拉二世加冕的机会，对其威胁利诱，签订密约，攫取了通过中国东三省修筑铁路与西伯利亚铁路接轨的权利。同年，俄国与清政府缔结华俄道胜银行契约及中俄合办东清铁路公司合同，后又强迫清政府租借旅顺口和大连湾，并续订铁路合同，于 1898～1902 年在中国东北境内修建了东清铁路及其南满支线共计 2467 公里[2]。中国铁道博物馆馆藏的近代俄国造钢轨即为修建东清铁

[1] 方一兵．汉冶萍公司与中国近代钢铁技术移植［M］．北京：科学出版社，2011：85.

[2] 陆逸志，马千里．中国铁路建筑编年简史（1881—1981）［M］．北京：中国铁道出版社，1983：6.

路（КВЖД）所用之轨（图 7-17）。

图 7-17　1904 年俄国 А. Ю. РЗ. Б. О 公司造东清铁路钢轨（中国铁道博物馆藏）

图 7-17 所示的钢轨铭文标识为“А. Ю. РЗ. Б. О 1904г. Ⅶ. К. В. Ж. Д”，其中包含制造商信息 А. Ю. РОСИЙСКО ЗАВОД Б. ОБЩЕСТВО 公司，制造年月 1904 年 7 月，以及定制方东清铁路（Китайско-Восточная Железная Дорога）俄文缩写 КВЖД。经测量，轨重为每码 47 磅（23.6 公斤/米）的轻轨。

由于俄罗斯 20 世纪初的钢铁生产能力有限，东清铁路所用钢轨并非全是俄国造，中国铁道博物馆藏有 4 件美国马里兰钢铁厂为东清铁路制造的钢轨（图 7-18），其铭文标识均为“КВЖД 117 MARYLAND VIIII 99”，即：定制方中东铁路（КВЖД），制造方马里兰钢铁厂（MARYLAND），以及制造年月 1899 年 9 月，中东清铁路的名称为俄文，但制造商马里兰钢铁厂的名称为英文标识，这种用两种语言文字来标识钢轨的生产商和铁路承建方的形式很少见，体现了早期东清铁路极为特殊的历史背景。

图 7-18　1899 年美国 MARYLAND 公司造钢轨（中国铁道博物馆藏）

7.6　近代德国造钢轨

德国造钢轨是中国境内发现的另一类重要的近代钢轨文物。在中国铁道博物馆馆藏中，共有德国钢轨 13 件，其中有 11 件的生产年代集中在 1901～1908 年间。德国是近代早期中国铁路另一重要投资国，1899～1908 年期间主要修建了胶济和津浦铁路。1898 年借德国教士被杀的教案，德国逼迫清政府与之签订《中德胶澳租界约》，由此获得了胶济铁路的修建权，后来又于 1908 年和清政府签订了津浦铁路借款合同。可以推断，中国境内发现 1901～1908 年德国造钢轨，很可能是用于胶济铁路和津浦铁路的建设。

图 7-19～图 7-21 所示的三件德国造钢轨，铭文标识均相对简单，仅含有制造商和制造时间两种信息，这是早期德国钢轨的特点之一。图 7-19 钢轨为波鸿公司（B. V. G. BOCHUM）于 1902 年 7 月生产，经检测，其轨重约为每码 57 磅（28 公斤/米）。图 7-20 为克虏伯公司（Krupp）于 1903 年 1 月生产的钢轨，轨重也为每码 57 磅。根据年代可推测两件钢轨最初是用于胶济铁路。历史上，胶济铁路的建设年代为 1899～1904 年，在德国政府与胶济铁路公司签订的筑路和营业条款中，特别规定“铁路建筑尽量用德国材料”❶。另一家与中国近代铁路建设有关的德国企业是多特蒙德矿山制铁联合有限公司（Union A. G. für Bergbau u. Stahi Industrie zu Dortmund，简称 Union 公司）。在中国铁道博物馆的文物中，有三件来自 Union 公司的钢轨，均为 1908 年制造，图 7-21 所示即其中之一，其铭文与其他的德国钢轨类似，仅有制造商和制造年份信息。由时间可推断，该钢轨很可能是铺设津浦铁路的材料。

图 7-19　1902 年德国 Bochum 公司造钢轨（中国铁道博物馆藏）

图 7-20　1903 年 Krupp 公司造钢轨（中国铁道博物馆藏）

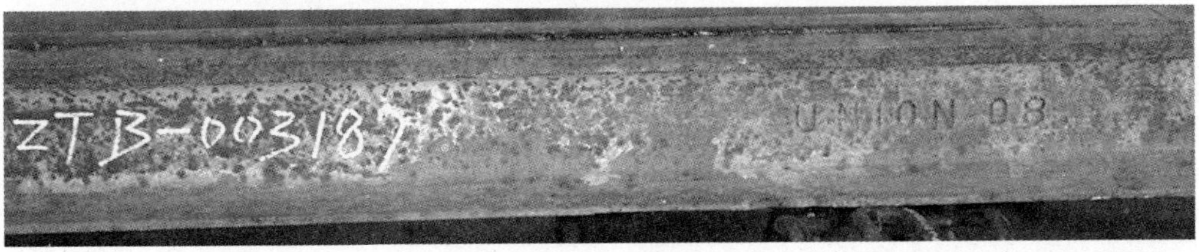

图 7-21　1908 年德国 Union 公司造钢轨（中国铁道博物馆藏）

❶ 凌鸿勋．中国铁路志［M］．台北：文海出版社，1954：195～196.

值得关注的是，波鸿公司和克虏伯公司都是20世纪初德国最著名的钢铁企业，1904年之前，他们是德国在中国修建铁路的主要供轨商。德国是后起的钢铁生产大国，其钢铁工业的迅速发展很大程度上归功于托马斯发明的碱性炼钢法。德国拥有大型含磷矿床，特别是在1871年普法战争后，从法国兼并来的洛林省蕴藏有价值很高的名为米内特（Minette）的含磷铁矿石，特别适合使用碱性炼钢法。1889年美国卡内基钢铁公司埃德加·汤姆森厂的琼斯（William Jones）发明了混铁炉，德国便立马引进，极大地提高了德国炼钢工艺水平。在19世纪晚期，因采取了卡特尔模式及关税保护政策，德国成为欧洲主要的钢铁生产国。

克虏伯公司是德国钢铁制造的领军企业，也是德国最著名的钢铁企业，由克虏伯家族运营，全称为"弗里德里希克虏伯股份公司"（Friedrich Krupp AG）[1]。公司由弗里德里希·克虏伯（Friedrich Krupp，1787~1826年）设立于1811年。克虏伯是欧洲大陆第一家使用贝塞麦转炉炼钢和平炉炼钢的企业，在引进贝塞麦转炉之前，克虏伯主要用坩埚法炼钢并以能用坩埚钢造炮而享有盛誉。1862年，公司引进了贝塞麦转炉炼钢，最初引进的是2座2吨的小型转炉，紧接着又引进了2座5吨的转炉[2]，用来自西班牙的低磷铁矿炼制的铁生产贝塞麦钢。在引进了转炉炼钢之后，公司立即于1864年建成一座钢轨轧制厂以扩展其业务，1871年，克虏伯又建成首个马丁平炉炼钢厂，这使克虏伯的钢铁厂进入一个快速发展的时期[3]。到阿尔弗莱德·克虏伯（Alfred Krupp）去世时，克虏伯公司已成为德意志帝国最大的私人企业，也是世界最大的工业公司。波鸿公司是19世纪德国另一家主要钢铁企业之一，在19世纪80年代初，波鸿与克虏伯两家企业生产几乎垄断了德国平炉钢的生产，波鸿公司在19世纪70年代末至20世纪初是德国最大的平炉钢生产商，其1879年的平炉钢产量为35000吨，[4] 为克虏伯的2倍多。图7-22所示为20世纪初克虏伯公司的贝塞麦炼钢车间和平炉车间。图7-23所示为19世纪末波鸿公司平炉炼钢厂布局图。

中国在20世纪初建设的胶济铁路过程中，大量引进克虏伯公司与波鸿公司生产的钢轨，无疑成为德国近代钢铁工业的发展及其进入中国市场的见证。

---

[1] http：//en. wikipedia. org/wiki/Friedrich_ Krupp_ AG.

[2] Ulrich Wengenroth，translated by Sarah Hanbury Tenison. Enterprise and Technology：The German and British Steel Industries：1865—1895［M］. Cambridge：Cambridge University Press，1994：36.

[3] Klaus Tenfelde. Pictures of Krupp：photography and history in the industrial age［M］. London：Philip Wilson Publishers，2005：16~22.

[4] Ulrich Wengenroth，translated by Sarah Hanbury Tenison. Enterprise and Technology：The German and British Steel Industries：1865—1895［M］. Cambridge：Cambridge University Press，1994：203.

(a) (b)

图 7-22 20 世纪初克虏伯公司的老贝塞麦炼钢车间（a）和平炉车间（b）

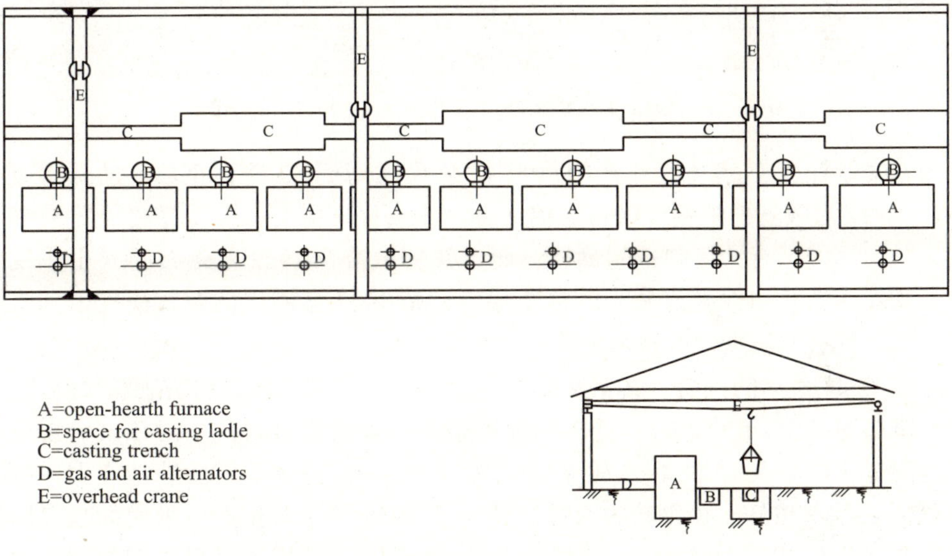

图 7-23 19 世纪末波鸿公司平炉炼钢厂布局图

7.7 日本八幡制铁所钢轨

目前发现的钢轨文物中，有不少是生产于 20 世纪 30~40 年代的日本钢轨，主要为日本本土的八幡制铁所和日本人在中国鞍山设立的昭和制钢所制造。在中国铁道博物馆的馆藏文物中，有 23 件为八幡制铁所制造的钢轨，制造年代由 1934~1943 年，图 7-24 为铭文信息最丰富的一件，图 7-25 为最具代表性的一件。

图 7-24 所示的钢轨，铭文标识内容为“制造商+制造年代+制造法+轨式+轨重+定制方”，涵盖了钢轨铭文可标识的几乎所有的信息。解读铭文，可知该钢

图 7-24　1936 年八幡制铁所造钢轨（中国铁道博物馆藏）

图 7-25　1938 年八幡制铁所造钢轨（中国铁道博物馆藏）

轨为八幡制铁所于 1936 年生产的每米 43 公斤（每码 85 磅）钢轨，轨式为英式 SEC，钢材为碱基平炉钢（OH）。铭文有“中华民国国有铁路”字样，不仅显示了这是为民国国有铁路制造的钢轨，而且其标识符合 1922 年颁布的《中华民国国有铁路钢轨及扣件规范书》的铭文规定，是 1922 年制定的钢轨标准得到实施的体现，具有非常特殊的技术史价值。

图 7-25 所示的钢轨，其铭文标识组成是这一时期八幡制铁所造钢轨的代表，即严格按照 1929 年颁布的《日本标准规格——碳素钢轨条》中对铭文的规定来进行制造，内容为“轨条类别（轨式和轨重）+制造商记号+制造年月+制造法”❶。由铭文可知，该钢轨为八幡制铁所于 1938 年 7 月生产，采用的是美国铁道学会 A 型轨式（ARA-A），轨重为每米 32 公斤，使用碱基平炉钢制造。这是 1929 年日本钢轨技术标准得以采用的证据。

这批八幡制铁所 1930 年代后生产的钢轨也是日本近代钢铁制造业迅速崛起的见证。在历史上，日本八幡制铁所与中国钢铁制造业之间有着非常特殊的关系。八幡制铁所与中国的汉阳铁厂几乎在同一时期创建，八幡制铁所的部分建设资金来自甲午战争中国向日本的赔款❷。由于日本是一个铁矿石缺乏的国家，因此八幡制铁所建立之初，就把中国作为其重要的原料来源国。在日本政府的直接

---

❶ 中岛龙一. 轨条［M］. 东京：共立出版株式会社，1943：312.

❷ Seiichiro Yonekura. The Japanese Iron and Steel Industry，1850—1990［M］. New York：St. Martin's Press，1994.

支持下，日本银行为汉冶萍公司提供了数额巨大的贷款，所有贷款均以用大冶铁矿的铁矿石和汉阳铁厂所产生铁进行偿还。通过这一方式，八幡制铁所解决了原料问题，为其快速发展提供了保障，并逐渐控制和改变了汉阳铁厂的生产结构。在低价铁矿石和生铁偿还贷款的合同束缚下，中国的汉阳铁厂丧失了一战时期最佳的发展机遇，其钢轨生产虽然经历了10多年的繁荣，在一战结束后迅速衰落，最终于1923年停炉，终止了钢轨生产，汉冶萍公司因此由钢轨制造商沦落为向日本供应铁矿石的原料生产商。而八幡制铁所依靠与汉冶萍公司的贷款合同，获得了铁矿石和生铁等原料供应的保障，在二战之前发展成为东亚钢铁巨头。

几乎可以肯定的是，中国境内发现的20世纪30~40年代八幡制铁所制造的钢轨，是由掠夺于中国的铁矿石炼制而成，在日本侵略中国的战争期间被大量运往中国，为日本在其占领区修复和建设铁路运输线提供了保障。从这一意义上讲，这些钢轨不仅是日本近代钢铁工业迅速发展的见证，更是战争期间日本侵华的重要物质供给，因此其历史价值已超出了技术史范畴，是反映战争与钢铁工业关系的重要文物。

7.8 昭和制钢所钢轨

昭和制钢所（鞍钢的前身）造的钢轨是另一类重要的近代日本钢轨文物。中国铁道博物馆馆藏钢轨中有8件来自昭和制钢所，制造年代由1937~1943年，所有钢轨均有相同的铭文标识内容，图7-26为典型代表之一。

图7-26 1937年鞍山昭和制钢所造钢轨（中国铁道博物馆藏）

图7-26所示钢轨，铭文构成与大多数八幡制铁所钢轨相同，为“轨条类别（轨式和轨重）+制造商记号+制造年月+制造法”，即采用了1929年《日本标准规格——碳素钢轨条》中的规定来标识。由铭文可知，这是一件由鞍山昭和制钢所于1937年3月生产的钢轨，钢轨采用碱性平炉钢制造，钢轨类别为“32. MR”，是1932年南满铁道株式会社（简称满铁）制定的每米32公斤MR型钢轨轨式，这是满铁轨式标准中最常用的一种，我国迄今发现的20世纪30~40年代昭和制钢所的钢轨均为这种规格。

近代昭和制钢所造钢轨是日本在中国东北殖民地时期大肆掠夺中国资源发展钢铁工业的有力见证，是具有特殊意义的工业遗产。昭和制钢所的前身是始建于1917年的鞍山制铁所，创办的最初目的是为日本的钢材制造供应生铁，是日本人在东北殖民地建设的大型钢铁企业。工厂设计由八幡制铁所的工程师八田郁太郎承担，1919年和1921年1、2号高炉相继建成投产（图7-27）。1917~1933年为鞍山制铁所时期，以生铁冶炼为主。建设投产的主要设施为日产能300~500吨的高炉三座，利用还原焙烧专利技术建设的选矿厂，以及炼焦炉、硫铵、焦油等副产物工厂❶。1933年之后，鞍山制铁所开始建设炼钢和轧钢设备，更名为昭和制钢所。这一时期，制钢所的炼钢厂安装了300吨预备精炼炉以及100吨和150吨倾动式平炉两种，在炼钢工艺上采用预备精炼炉与平炉合并的双炼法❷，这与同一时期八幡制铁所的炼钢工艺相同。轧钢方面，设有初轧厂和第一、第二轧钢厂。初轧厂拥有两辊可逆式初轧机，以及24英寸连轧机和18英寸连轧机各一台；第一轧钢厂即大型轧钢厂，主要生产钢轨、大型槽钢和型钢等。关键设备为三台三辊式轧机，以及锯断机、矫直机和各种车床等，设备均来自德国。昭和制钢所于1935年开始产钢，1935~1937年各建设工程陆续投产后，生产逐步正常。钢轨也在这一时期开始生产。从钢轨文物来看，现存最早的昭和制钢所造钢轨为1937年3月生产，印证了昭和制钢所开始出产钢轨的时间。

图7-27　鞍山制铁所1号高炉点火仪式（1919年4月29日）和1、2号高炉（1925年）

昭和制钢所虽然建在中国境内，但其在运作上对中国表现出极大的排他性。根据1940年的统计，制铁所常佣以上的技术人员仅0.3%为中国人，事务人员中国人比例仅3.4%。而且鞍山制铁所成立的鞍山铁钢会的会员全部由日本人组成，说明鞍山制铁所建立起来的技术系统，只是一个存在于殖民地的“技术飞地”❸。

---

❶ 方一兵．中日近代钢铁技术史比较研究 1868—1933［M］．济南：山东教育出版社，2013：170.

❷ 解学诗，张克良．鞍钢史 1909—1948［M］．北京：冶金工业出版社，1984：236~239.

❸ 方一兵．中日近代钢铁技术史比较研究 1868—1933. 济南：山东教育出版社，2013：256.

对于近代中国而言，日资在中国殖民地兴办的钢铁企业的最大影响在于煤铁资源的流失。对于近代日本而言，则是将本土技术力量成功地与殖民地煤铁资源相结合，实现了钢铁事业的持续发展。

正是基于这一历史背景，目前发现的昭和制钢所于 1937～1943 年制造的钢轨，既是战争时期日本利用中国资源大力生产钢铁产品以满足战争需要的见证，也是中日两国在近代钢铁工业化进程中所发生的极为特殊关系的见证，更是中日两国钢铁工业和技术发展的不同命运的体现。这是昭和制钢所钢轨文物特殊的历史价值所在。

8 结　　语

“以小而窥大”是治学所追求的一种境地，对文物的解读越是深入，就越能透过其方寸大小的表面看到一段历史，析出更有趣的故事。我们所接触到的近代钢轨文物，便是这样的对象。几年来，从文物的收集到铭文的解读，从实验数据的分析到文献史料的佐证，这些在外观上平淡无奇的钢轨，却逐渐给我们展现出越来越多的关于19世纪后期以来中国谋求交通和工业现代化发展的历史信息。这些信息，既关乎钢铁材料的技术史，也关乎国家的现代化史。

这些近代钢轨，见证了中国铁路建设事业的技术起点及演变。被后人称为“钢铁之路”的铁路，作为工业革命以来的一项影响深远的创举，凝聚了从蒸汽动力到现代钢铁制造等的各类发明。中国铁路建设始于19世纪70年代，此时距世界上第一条真正意义上的铁路干线“利物浦—曼切斯特铁路”的开通已将近半个世纪，这半个世纪，铁路开发由英国向欧洲大陆和美国迅速扩展，轨道及其铺设、信号传输、桥梁建设、车站建筑等与铁路相关的技术和经验从无到有地发展起来，但中国却是另一番景象。那个年代，铁路对于中国来说还是完全陌生的技术系统。第一条铁路“吴淞铁路”被清政府视为洪水猛兽而强行拆除，在完全没有蒸汽动力技术和现代钢铁制造技术的情况下，本土技术能力无从谈起，材料和机车等一切设施均系外来，钢轨亦然，这便是中国铁路的起点。在中国各地发现的19世纪70~90年代钢轨，几乎全部产于英国和美国，便是这一起点的最好见证。

在西方文明冲击下，19世纪后半叶的中国亦感受到现代钢铁材料的重要，而铁路建设对钢轨等材料的需求，终于在19世纪的最后十年催生了中国现代钢铁工业。于钢铁制造而言，焦炭炼铁、贝塞麦转炉和西门子-马丁平炉炼钢等一系列重要的现代技术创新已于18世纪下半叶至19世纪上半叶先后产生，在19世纪下半叶带动了欧美的钢铁工业的巨大增长，钢材产量由1870年的略多于50万吨增至1900年的2800万吨。连续轧机、可逆式轧机等轧钢工艺的发展也极大促进了欧美等国钢轨的规模化生产。19世纪末，正当钢材大量应用于铁路、船舶、桥梁等建筑工程，人类真正进入钢铁时代之时，中国本土的现代钢铁工业方才诞生。钢轨，则是幼年时期中国钢铁工业的主要产品。汉冶萍公司，作为这一时期唯一的大型煤铁联合企业，自1896年之后，独自支撑着国人用国产钢轨铺设铁路的理想近三十年。散落在各地并陆续被发现的汉阳铁厂造钢轨，早自1899年晚至20世纪20年代，给了这段钢铁中国工业化历史以最直观的诉说。

“以今日自强之端，首在开辟利源，杜绝外耗”。1890 年的汉阳，张之洞坚定地开拓出汉水南岸的一片滩涂地，来自万里之外的英国北部 Tees 河畔工业区的高炉、转炉、平炉以及轧机在这里组装起了现代化的钢铁企业。不论是仓促建设的高炉带来的缺陷，还是炼钢工艺与矿石之间的不匹配，都未能阻止中国人实现自产钢轨铺设铁路的理想。试错是难免的，尤其是毫无知识储备的情况下创办钢铁企业，中国现代钢铁制造的经验与知识便是在 19 世纪末京汉铁路钢轨生产的不断试错中获得的。京汉铁路的汉阳造钢轨，碳含量极低，钢质偏软，抵消了高磷含量的冷脆性，此乃为保证京汉铁路的及时铺设而采用的权益之举。这样的历史信息，只有对早期汉阳造钢轨进行了检测之后，才被后人所知。

那个时期，甲午危机已然发生，不求变则亡。当京汉铁路在外交和技术自主权的博弈之间艰难完工之时，在亲历了现代技术的无知所带来的举步维艰之后，中国人以更主动的姿态去改变钢铁生产的困境。此时的汉阳铁厂，以停工 4 年的代价，换取更适合本土资源的设备，来获得自己的制造能力。1908 年是值得记住的一年，以更大规模的炼铁高炉和 7 座西门子-马丁平炉重新装备的汉阳铁厂第二次投产，生产出了质量合格的钢轨。这一年，获冶金专业学士和硕士学位的吴健从英国谢菲尔德归来，入职汉厂，这意味着中国钢铁工业有了第一位本土工程师。次年，中国第一部钢轨制造的专业书籍《钢轨制造试验法》出版（图 8-1），作者便是汉阳铁厂派送欧洲学习的第二位本土工程师卢成章。举企业之力资

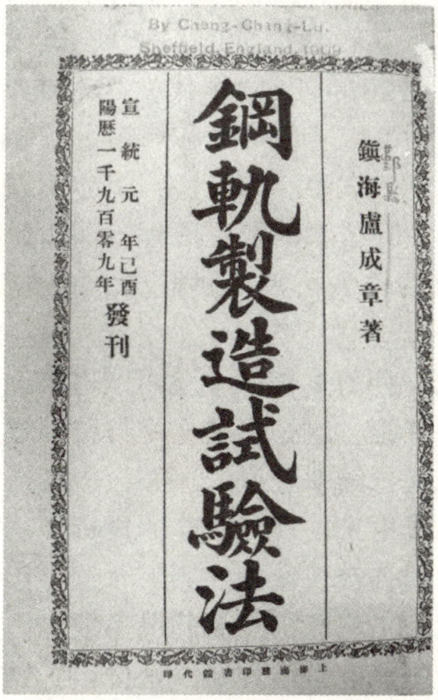

图 8-1　1909 年卢成章著《钢轨制造试验法》封面

助学生出洋留学，这是保尝技术依仗外人之苦的汉阳铁厂的无奈选择，第一代工程师，从此肩负起中国钢铁工业的重担。此后的近二十年，中国最初的铁路网在乱世中延伸，汉阳造钢轨与进口钢轨争夺市场，铺设在正太、沪宁、陇海、京绥、粤汉等路，虽产量力不从心，但仍支撑了三分之一的铁路用轨。中国铁路建设和钢铁工业在时局变化中经历的种种艰辛和教训，值得史书记录和深刻反思。散落在各地的那些汉阳轨和各国钢轨，与其说熔炼自高炉和炼钢炉，不如说熔炼自那段复杂而曲折的近代史。

然而，20 世纪上半叶的中国正处于多事之秋。这片土地上，在经历了大清帝国由自强运动到灭亡，以及北洋政府的乱世之后，终于在 1927 年进入经济和工商业发展的“黄金时期”。可此时的汉冶萍公司在独立支撑近 20 年之后，不堪内乱、外债和进口钢轨的多重压力，钢铁制造戛然而止。在铁路建设即将迎来第二次高潮之时，本土钢轨完全退出市场，中国钢铁工业跌入谷底，令人唏嘘。

与之形成鲜明对比的是，邻国日本钢铁制造的长足进步。这个钢铁工业与中国在 19 世纪末处于同一起跑线的国家，30 年后所达到的工艺水平和产能，远远超过了中国。八幡制铁所，这个曾与汉阳铁厂几乎同时创办的大型钢铁企业，同样经历了创办之初试错的阵痛，不同的是阵痛之后的变革与发展，日本本土钢铁技术人才的培养先于钢铁工业而展开，从投产之初的问题发生到解决方案的出台，从一号高炉的调整到二号高炉的设计，日本本土工程师很快取代了德国人而成为技术发展的主导。在日本政府强有力的支持下，八幡制铁所从学习引进到消化和吸收，规模不断扩大，工艺水平也迅速提升，迅速发展成为日本乃至东亚近代最大规模的钢铁巨头。到 20 世纪 20 年代，其钢铁冶炼水平远超汉冶萍公司，这不仅体现在其不断改良的高水平的炼铁和炼钢设备和工艺上，更体现在我们对八幡制铁所钢轨的各项检测数据中。如果说，此前我们只是从文献和史料中去解读和比较中日近代钢铁工业与技术的发展历程，那么此次对八幡制铁所、昭和制钢所与汉阳铁厂所造钢轨的检测，则让我们更直接地感受到这段令人痛心的比较史。

近代中国与日本相比，拥有的煤铁资源更丰富，同为技术引进国，30 年后钢铁制造何以有如此大的差距？这必须在文物与技术之外去寻找答案。中国虽有煤铁可采，亦不乏发展现代化钢铁工业的决心，但钢铁工业无论在哪个时期，都是投资巨大的事业，在近代更是一项高风险的投资，这也是汉阳铁厂和八幡制铁所都经历了超过十年的亏损方实现盈利的原因。这十年，两国的根本不同之处便在于，谁为刚刚起步的钢铁工业承担巨大的风险成本。在得不到来自市场和政府支持的情况下，汉冶萍公司只能举借外债，这便给了铁矿资源缺乏的日本以可乘之机，以贷款的形式获得了中国的煤铁资源，控制了汉冶萍的生铁价格，限制了其技术发展。与此同时，八幡制铁所得到日本农商省在资金和管理上的全力支持，加上来自中国价格低廉的铁矿石，得以顺利度过创业的高风险期而保持着生产和技术上的持续发展。可以说，中日两国近代钢铁工业与技术史，亦是一部两国关系史。其中更值得回味的，是那个时期东亚钢铁工业发展背后的国家关系与竞争。

好在现在的中国，无论是铁路建设还是钢铁制造，均发生了翻天覆地的变化。经过近 70 年的发展，2019 年中国铁路运营里程达 13.9 万公里，高铁总里程达 3.5 万公里，占世界的 2/3。新中国本土钢铁工业的壮大，为各个时期的铁路建设提供了基本保障。

1950 年，位于重庆大渡口的第二十九兵工厂（重庆钢铁公司前身）利用抗战时期西迁至此的汉阳铁厂的 800 毫米轧机，轧制出新中国第一批每米 42.2 公斤的标准轨，铺设在了刚刚开工建设的成渝铁路上，同时参照苏联标准轧制出苏式 38 公斤/米钢轨（图 8-2 和图 8-3），表达了新中国自力更生建设铁路的决心，也标志着新中国钢轨生产的开始。随着 1953 年年末鞍钢“三大工程”之一的大型轧钢厂每米 43 公斤钢轨的正式投产，保障了宝成、兰新、包兰、鹰厦铁路的建设需求。1956 年，鞍钢开始生产每米 50 公斤钢轨。此后，为满足日益增长的铁路建设需求，武钢大型轧钢厂、包钢轨梁厂和攀钢轨梁厂分别于 1965 年、1970 年和 1975 年建成，形成以鞍钢、包钢、武钢、攀钢为主的国内四大生产厂格局，20 世纪 70～80 年代，每米 60 公斤和 75 公斤的钢轨相继试轧成功❶。

图 8-2　中国铁道博物馆藏西南 101 厂（重钢前身）造 38 公斤/米钢轨（1953 年）

改革开放以后，中国铁路建设进入一个全新的发展阶段，由传统的客货混运逐步向“客运高速”和“货运重载”方向发展。1985 年，我国第一条双线电气化重载运煤专线——大秦铁路开工建设，标志着中国重载专线建设的开始，此后，包神、神朔、朔黄组成的第二条运煤北通道、山西中南部铁路，以及北煤南运重载通道——蒙华铁路相继开工建设，重载铁路运输得到大力发展，最大列车

❶ 刘宝昇，赵宪明．钢轨生产与使用［M］．北京：冶金工业出版社，2009：14～15.

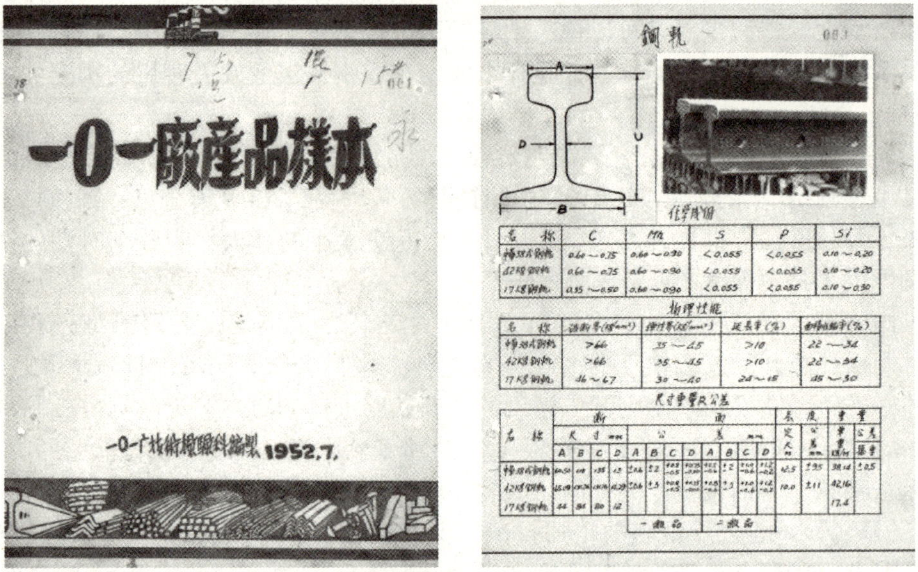

图 8-3 西南 101 厂 1952 年编制的钢轨技术标准（重钢集团档案处提供）

牵引重量已达 3 万吨❶。客运高速化方面的进展更引人注目，1999 年，秦沈铁路客运专线新建，成为中国铁路步入高速化的起点，2004 年国务院审议通过的铁道部《中长期铁路网规划》，提出速度目标值达每小时 200 公里及以上的“四纵四横”铁路快速客运通道，开始了新一轮大规模快速与高速铁路建设❷。2008 年，京津城际铁路开通运营，创时速 350 公里的世界高铁最高运营速度，2012 年 12 月，全长 2298 公里的京广高铁开通运营，成为世界上干线最长的高速铁路。到 2018 年年底，中国高速铁路运营里程达 2.9 万公里。

铁路建设向重载、高速和高原等特殊环境下铁路等方向的发展，对中国钢轨制造提出了更高要求，为满足高速客运的需要，必须提高钢轨制造精度和原始平顺性，增加定尺长度，采用全长无缝焊接钢轨。为满足重载要求，改进钢轨材料内部和表面质量，提高强韧性是必要的要求。所幸的是，经过几十年的发展，我国的钢轨研发和制造能力已可同步满足铁路建设的需要，这是与晚清和民国时期最根本的不同。1998 年为配合秦沈客运专线的修建，中国铁道科学研究院起草制定了我国首个高速铁路用轨的技术标准《时速 300 公里高速铁路 60 公斤/米钢轨暂行技术铁件》和《时速 200 公里客运专线 60 公斤/米钢轨暂行技术铁件》，

---

❶ 刘建新，蔡久凤．改革开放 40 年中国重载铁路的发展［J］．长安大学学报（社会科学版），2018，20（6）：68～79.

❷ 蔡庆华．中国高速铁路的发展与展望［J］．世界轨道交通，2017（1）：34.

经过几次修订，于2010年制定了TB/T 3276—2011《高速铁路用钢轨》，形成了中国高速铁路钢轨行业标准❶。2003年，鞍钢完成万能法轧制钢轨的技术改造，于2003年10月生产出我国第一支50米长定尺钢轨，此后，攀钢、包钢和武钢也先后于2004年、2006年和2008年完成钢轨生产的技术改造，采用转炉、连铸、万能轧机、平立复合矫直机、在线自动化检测等，实现了百米定尺钢轨的生产，至2008年，四家钢轨生产厂先后完成了高速铁路钢轨的上道技术审查，具备了为高速铁路供轨的资格❶。目前，我国的高速铁路建设，已全部采用国内自主研发生产的具有完全自主知识产权的国产百米定尺钢轨。图8-4为百米定尺钢轨构建的京沪高铁线路。

图8-4 百米定尺钢轨构建的京沪高铁线路（董瀚 摄）

从英国人在北京宣武门外铺设首条铁路至今，中国铁路已走过150年的历史，从青溪铁厂与汉阳铁厂创办至今，中国现代钢铁工业走过了130年的历程。从汉阳轨在进口钢轨的夹击下艰难发展到现在完全拥有自主知识产权的高铁用钢轨的生产，这是一段极具中国特色的技术发展历史，值得细细品味。如今，随着中国铁路网的不断升级，铺设于一百多年前的线路，或拆除或更新，早已不是原来的面貌。但一百多年前的那段艰难开拓和曲折发展史，并未完全消失于时间之矢的另一端，而是被留存至今的近代汉阳轨和各国钢轨以最直观的方式记录了下来，这便是中国近代钢轨文物的价值所在，也是我们编写本书的初衷。

❶ 周清跃，等．高速铁路钢轨技术发展历程回顾［J］．中国铁路，2018（3）：1~8.

附录 I　中国近代三种钢轨技术标准

1911 年清邮传部颁布的八十五磅钢轨及附属品制造验收章程

奏定八十五磅钢轨及附属品制造验收章程　附录原奏案

奏为铁路推行日广拟请厘定全国轨制以昭画一，恭折仰祈圣鉴事。

窃维肇域之基，功昭同轨；置邮之法，事起传车。以铁路代驿道而兴，倘轨制不克整齐，即车制终多扞格。政关统一，实非细故。当我国创路之初，原系借款兴筑，其制各依所借款国之工程师而定，迄未著为通章。以是津渝则制取于英，芦汉则制取于法，沿至续建之正太、汴洛、萍株、道清、沪宁、京张及现建之广九、吉长、张绥、津浦、粤汉、川汉等路，所有轨式、轨量，靡不互相参差。即验收钢轨章程，亦复淆杂分歧，莫衷一是。若长此不予厘正，将来各省路线接通，必有此路车辆不能驶于彼路轨辙者。为行军起见，征调固虑不灵，即为通商设谋，运输亦虞多阻。与其日后改正，必至巨款虚糜，不如及早图维，犹足收无形之益。查现在各路定造之轨，有英式者、有美式者、有法式者，其重量则有六十磅至八十五磅，或二十八启罗至四十一启罗不等。惟川汉预定轨式及京奉、沪宁、津浦南段同用英国轨式，每码大半八十五磅，所差无几，均经英国工程会审慎核定，尤以川汉预定之式为最适宜。至轨式之钢，西国通行原有贝色麻、多麻、马丁三种，论价则贝、多贱而马丁贵，论质则马丁纯而贝、多脆。近年各国新厂用品，早舍贝、多两种，专用马丁。而我国尚有沿袭西人旧制，指索贝色麻钢者，诚大误也。现在汉阳铁厂不惜工本，已将炼钢炉悉改马丁，出数亦十倍于昔，俾得供应各路所求，以保本国利权而塞绝大漏卮。以上各端，臣部饬令汉阳铁厂总办李维格切实具覆，并据呈送各种图样前来，复经臣等督同部员及中外各工程司逐细研求，灼见情形如此。兹值奉诏明定铁路政策之际，拟请将干支各轨均按照川汉所订之英式为定式，而钢制皆取马丁，不得纷歧搀杂。重量则干轨定为八十五磅，支轨定为七十五磅，其叉轨及附属如鱼尾片、狗头钉、螺丝闩等件，各视其轨式、轨量为率。凡从前各路轨制，拟令于将来修理之际逐渐改归一律。俟奉谕旨，即由臣部颁发图式，分别咨札通行。庶几九道同尘，允就驰驱之范；万方合辙，益宏坦荡之规。除车制归入路律，厂务编及验轨章程，应俟规订完全再行陆续奏定外，所有拟请厘定全国铁路轨制以昭画一缘由，谨恭折具陈，伏乞皇上圣鉴训示，谨奏。

宣统三年五月十八日。

钦奉谕旨，邮传部奏铁路推行日广拟请厘定全国轨制一折，著依议。钦此。

奏为遵订铁路钢轨验收章程并绘呈轨制图示，恭折仰祈圣鉴事。

窃本年五月十八日，臣部具奏拟请厘定全国轨制一折，原奏内称干轨定为八十五磅，附属各件视其轨式、轨量为率，验轨章程应俟规订完全再行奏定等语。奉旨，依议。钦此钦遵。当经札饬汉阳铁厂总办李维格详细核议，兹据将八十五磅钢轨及附属品制造验收通行规则酌拟，禀覆前来。臣等伏查轨制为全国路政所关，其制造之法至为精微，非征之图说，列为章程，不足垂为定式。现所拟各办法大要以英国通行章程为本，当未制造以前，先由承造人照所颁发图样制备样板，交由铁路总工程司或验收员核定存查，为比对之券。及既制造以后，则由总工程司或验收员逐一试验，如法选择，或抽取化分，以察其所含质料之纯驳。钢轨则较视其全体之是否平直，重量长度之是否适宜，及其悬重受击之若何变态。夹板钩钉则视其钻孔之是否吻合，或钢质之拉力，及弯折力之是否坚韧。其不如格者，剔退更造，以期益精。以上各节，经部饬由专门人员悉心覆核，均尚细密。在制造家，既足为楷模之助，在验收者，尤足为依据之资。自应奏奉允准，由部颁行，俾资遵守。现川汉、粤汉铁路，克日开工，急需订造轨件，拟即饬令迅速照章办理。其余各路，应俟奏奉谕旨，即行分别咨札通行，以归一律。所有遵订铁路钢轨验收章程并绘呈轨制图示缘由，理合缮具清单，恭折具陈，伏乞皇上圣鉴训示。再此折系邮传部主稿，会同内阁办理，合并声明，谨奏。

宣统三年闰六月十七日。

钦奉谕旨，邮传部会奏遵订铁路钢轨验收章程缮单绘图承览一折，著依议。钦此。

奏定八十五磅钢轨及附属品制造验收通行章程

样板

承造人须照图样制备样板，交铁路总工程司或验收员核定。核定后仍寄回承造人，然后由承造人照制样板三分，内刻“奏定八十五磅轨制”字样，寄交总工程司或验收员存查。另制样板一分，交验收员收执，前项样板核定后，须造轨样一条，交与验收员查验核准，给函为凭，然后方可开工制造。

制造法

钢轨系用马丁盐基法所炼之钢制造。

化验

制轨每炉之钢，须由承造人化验内含之炭质及磷质。如炭质不及一千分之四（〇.四〇）或过于一千分之六（〇.六〇），磷质过于一万分之七五（〇.〇七五），则此炉之钢即不能用。验收员可以随时到化验房查视，并可索取每炉钢质之化验凭单，如有时须完全化验，亦应照办。

有时并可于每五百吨钢轨内抽取一条，交由局外冶金专家完全化验。

此项钢轨化验后，其含各质分数须如左开：

炭	至少〇.四〇不过得〇.六〇
磷	不得过〇.〇七五
硫	不得过〇.〇六
矽	不得过〇.一〇
锰	不得过〇.九〇

如有钢轨化验不照以上分数，再取一样化验亦然，则是炉之钢即不能用。

如因化验争执，可由总工程司或验收员另雇冶金专家化验，其所化分数彼此作准，不能异议。

其化验费由承造人认付。

剪裁

所有制造轨条或鱼尾板之钢胚，须剪去两头以取坚实。

整齐

钢轨须全体一律整齐，与样板吻合无差，质坚体直，无裂缝、起泡等弊。如有弯曲，须用压机压平，不得用锤。两端必须平正，刀具所留粗迹亦须刮光。

钢轨须照核定之样板制造，其重量每码八十五磅，愈近愈好。每条重量出入不得过百分之二，而全数钢轨之通扯重量不得与定量上下多过百分之一，如出入在此百分之一之内，即照磅见通扯重量付价。

长度

钢轨每条以三十英尺为度，内百分之十五分可作短轨计，百分之五分必须二十九尺十一寸，为湾路之用，两端涂以白漆，其余百分之十分可作二十七尺、二十四尺或他尺寸，临时特别议定，惟以少为尚。以上三十英尺长轨可以彼此商酌加长，但须视运往何处船只，是否能装。

长轨之两端有疵者可锯成短条，但须用冷轨轨条，不得重烘。

轨条与所定尺寸上下相差过于一寸之四分之一，热度尚有法伦海六十度者，则不能照收。

短轨须用颜色分记，以便与长轨易于分辨。

铁路如要叉轨，所用之轨亦由承造人供应，照所开长短尺寸以完善之轨剪截。

钻孔

轨之两端每端须钻圆孔二，口径一寸一分，为安装螺丝钉之用。第一孔之中心点与钢轨尽头处相距一寸之三十二分之二十九，第二孔之中心点与第一孔之中心点相距九寸。两孔务须光滑平整、两边无棱，并与图样指定之点无差。其孔须与规矩吻合，此规矩由承造人制就，交与验收员核对，凡与定点相差一寸之三十二分之一，或孔之大小不符，则此轨可以剔退。

标志

轨之一面须轧成每码重量及承造人之名，其文曰“奏定八十五磅轨制　汉阳铁厂造”字样，字以一寸半高为度。

试验法

钢轨照下开之法试验。

（一）制成钢轨每五十吨抽取一条六尺长，搁于两铁墩之上，两墩相距三尺六寸，钢轨两端与铁墩距离相同。然后以二十八吨之重物悬于钢轨中央半点钟之久，其弯曲度数按两墩中心相距远近不得过一寸之十六分之五，解除重物之后，钢轨须不变形。

（二）又将以上所试验之轨如前法安置，然后以一吨重之生铁球由二十尺高下坠钢轨中央。如此坠击两次，钢轨须毫无破裂之形，否则将同炉之钢轨另取两条，如前法试验，如其满意则此炉之钢轨可以照收。

第一次铁球坠击后钢轨弯度不得过四寸，第二次后以两墩中心相距远近而量之不得过八寸。照以上试验既毕，然后再以铁球坠击至断裂为止，所断之处其纹须坚实一色，为验收员所许可。

如有钢轨照以上各法试验不能及格，则该炉之钢轨必须剔退，每轨两端须引出炉号数以便分别。

钢之出炉号数及何月所制字样，须显明刊印于轨之两端。

试验器具

试验钢轨之器具由承造人出费备置，其安置之地位基脚建造与夫试验之法，均须验收员惬意。所有用此器具之费用及试验所耗之轨，亦由承造人担任。承轨之墩须以生铁或钢质制成，地脚须坚实稳固。至钢轨仅于形式上有疵者，可由承造人移作试验之用。

出钢号数及日期登记

每班拉造之钢轨长短、多寡、钢之出炉号数、何日制造、注明日班或夜班，均须登记专簿，每早抄录一分交与验收员。钢轨未交验收员验看以前，须由承造人派人先自验过，如自验有不妥之轨，须分别另行堆存。凡未经验妥之轨不作备交。

试验费

验收员试验钢轨所需器具及工人，均由承造人供给出费，其化验、试验等费亦归承造人承认。

剔退钢轨记号

凡有剔退之钢轨，两端须涂以红漆，另存一处，未经知照验收员以前不得迁移。

八十五磅轨之鱼尾板

样板

鱼尾板之样板，由承造人按照附图制备，交由总工程司或验收员核定。核定后由验收员寄回承造人，然后由承造人照制样板二分，内刻“八十五磅”字样，寄交总工程司收存。另制样板一分，交验收员收执。

鱼尾板样

前项样板核定后，须造鱼尾板样一对，交与验收员查验核定，给函为凭，然后方可开工。制造必须前后一律，不得与作样者稍有分别。

用料

鱼尾板须用特别马丁钢制造。

凿孔

鱼尾板须凿孔四个，缺口两个。凿孔须以机器一击即成，然后将板热压使直其压机须与板同一长度。造成之板尾端须方正，所有锋棱必须刮去，边沿亦须匀净。板与轨对口之处及板脊须如线直，不得有凸起之处。所凿之孔大小须与图样相符，凿孔之法须得验收员许可并查明，所用冷凿不致将钢质损伤或边沿有凸起之处方可。

鱼尾板之重量

鱼尾板须与核定之样板吻合，丝毫不差。每对估计重五十七磅，其上下不得过百分之二。

标志

鱼尾板须标志八十五磅并承造人之名此等字样，镌于钢印，安于压直机之上，乘热压直，标志字样即在板脊外面、螺丝孔之间显明印出。如验收员以标志不明，承造人须另制新印。

钢质

钢质拉力每方寸不得少过二十八吨或多过三十二吨，每十寸须拉长每百分不得少过二十三分。鱼尾板未凿孔以前，每堆由验收员随取五块冷弯，其弯度内径不得过于该板之厚度。倘此五块之中，内有一块尚未弯至直角以前显有裂纹，则此堆之鱼尾板即须剔退。

制鱼尾板之钢胚须先取样，由承造人化验内含之炭质、磷质。如炭质过于一千分之一八（〇.一八）或不及一千分之一（〇.一〇），磷质过于一万分之七五（〇.〇七五），则此炉之钢胚即不能用。

化验

鱼尾板须由承造人不时完全化验，如化出各质之分数不妥，则此项鱼尾板验收员即可剔退。此项鱼尾板化验后，其含各质分数须如左开：

炭	不得过〇.一八
矽	不得过〇.一〇
硫	不得过〇.〇六
磷	不得过〇.〇七五
锰	不得过〇.六〇

如因化验争执，可由总工程司或验收员另雇冶金专家化验，其化验费由承造

人认付。

出钢号数登记

出钢每炉号数及每炉所制之鱼尾板何日制造，注明日班或夜班，均须登记专簿，每早抄录一分交与验收员。

选择

鱼尾板未交验收员验看以前，须由承造人派人先自验过。如自验有不妥之板，须分别另行堆存。凡未经验收员验过者不能先行捆扎。

鱼尾板之样模

承造人须制备生铁样模，刨成钢轨接口之样，并照图样位置于中心线安配一寸径大之钢钮四个，此样模须由验收员核定。所有鱼尾板须一一与样模相比以试螺丝眼是否准对。倘有与样板或样模不能准对或试验不合格，即须剔退。所有试验所需器具及工人均由承造人预备。其试验及化验等费亦由承造人认付。

剔退之鱼尾板

所有剔退之鱼尾板，两端须涂以红色，另堆一处，未经知照验收员以前不能迁移。

擦油

鱼尾板验收后均须擦油然后捆扎。

钩钉

料质

造钩钉之钢，须用特别马丁实心软钢条，照图样制成。无锋棱、泡鳞、裂口等弊。所用钢条每方寸须有二十五至二十八吨之拉力，每八寸长须伸长至少一百分之二十五分。其钢条或冷，或热，或樱桃红时冷于法伦海八十二度之水，须弯折两层，中垫一圆条，其对径不得过于试验之条之厚度两倍。弯折处须毫无裂纹，无论冷热或浸水，并须能弯折两层，两头紧贴不裂。再钉头热时须能打平至与钉身三倍之阔而无破裂方为合格。

试验条

验收员可以随时索取钢条或钢片之样，试其拉力及弯折力。如试不及格，则其余同等之钢料一律剔退。

标志

钩钉头须印“八十五”字样。

蘸油

钩钉制成，于验收刷净后，须蘸以胡麻子热油，俟其干燥以坚实木箱装之，外加以铁箍。每箱满装不得重过五百六十磅，外面须标明箱内之件及重量，或照验收员所指加以号记。

螺丝钉

螺丝钉径大七分，除头长四寸，自脚起车螺丝一寸六分。

螺丝母六角形，两平相距一寸半，厚七分。

螺丝须准，以便无论何钉皆能配合。

螺丝钉须用特别马丁软钢制造，其试验片须于两倍大之同径铁条外冷弯一折。

螺丝公母蘸油装箱悉如钩钉办法。

1922 年交通部颁布的中华民国国有铁路钢轨及扣件规范书

中华民国国有铁路钢轨及扣件规范书

交通部令第一一一八号

兹订定国有铁路钢轨及扣件规范书，业经国务会议议决公布之此令。

中华民国十一年十一月六日

中华民国国有铁路钢轨规范书

一、导言

下列各条中之尺寸，均按万国权度制标示之，其折合英美权度制之数量系属约数，仍以万国权度制所示者为准。

二、材料

钢料可由下法之一制炼之：（一）酸性别色麻法；（二）基性别色麻法；（三）酸性马丁法；（四）基性马丁法。其性质及硬度应通体如一，钢质中炭之成分务须加多至能合规定之试验为度。如系别色麻钢，磷之成分不得过万分之十，如系马丁钢，不得过万分之五。

三、开工通告

制造人应于开工辊轧前至少八日通告检查工程师，如工作暂时中辍，应于再开工前至少二日通告之。

四、制造

钢质铸块应先行加热至热度透达于铸块之中心，庶辊轧后所成之轨条光滑洁净，绝无隙缝及其他缺陷。轧成之杆其两端应截去，由铸块顶部轧成之轨条其两端应截去至少一.八〇公尺之长（六呎），其由铸块底部轧成者应截去至少九公寸（三呎）。如检查工程师认为必要时，所截去者应较此更长。凡锯截轨条，应使截面精确方正，如有相差，不得过十分之八公厘（三十二分之一吋），截面四周如因锯截而生赘疣，应妥慎除去，其在鱼尾钣承托面处者为尤要。凡轨条不得有补缀情事。

凡轨条热时，应弯曲之，而待凉之时，应妥慎转动之，务使冷后平直不屈。

五、截面

凡辊轧轨条，其截面务与规定之重量相近，其高应为一三六.五公厘（五吋又八分之三），而底宽应为一三三.三公厘（五吋又四分之一），并应与模钣相符。此项模钣由制造人供给而经检查工程师核准，轨高差度得较规定者少〇.四公厘（六十四分之一吋）或多〇.八公厘（三十二分之一吋），底宽亦得相差一.五公厘（十六分之一吋）。

六、重量

钢轨之重应为每公尺四三.〇七九公斤（每码八六.八四三磅），而每一轨条之重量得出入百分之二，全数之重量得出入百分之一，此为通常之容差度可以准许。但装运钢轨之运单上所载全数之平均重量，不得过于每公尺四三.〇七九公斤（每码八六.四三磅）。运到之轨条重量应完全与运单符合，否则制造人应负其责。检查员为查核重量起见，得于制造之时取制成之钢轨而衡之，每日至少十条。

七、长度

钢轨之标准长度应或为十公尺（三十二呎九吋又十六分之十一），或为十二公尺（三十九呎四吋又十六分之七），视各该铁路所需者而定，但其长短得较所规定者相差七公厘。

全数之百分之十得为短轨，分配如下：

长十公尺（三十二呎九吋又十六分之十一）之轨条，其中百分之四长九.九五公尺（三十二呎七吋又四分之三），备曲线上用。其余百分之六为：长九公尺（二十九呎六吋又十六分之五）、八公尺（二十六呎二吋又十六分之十五）及七公尺（二十二呎十一吋又十六分之十一）之短轨。

长十二公尺（三十九呎四吋又十六分之七）之轨条，其中百分之四长一一.九五公尺（三十九呎二吋半），备曲线上用。其余百分之六为：长十一公尺（三十六呎一吋又十六分之一）、十公尺（三十二呎九吋又十六分之十一）及九公尺（二十九呎六吋又十六分之五）之短轨。

用作尖轨之短轨条，只应于一端钻孔，此项轨条之数量由工程师决定之。

八、钻孔

除别有规定外，钢轨每端应各钻两圆，孔径二十八公厘半（一吋又八分之一）。孔之位置应与附图所注之尺寸符合，并应与一钢模钣符合。此项模钣系于未制造之前由制造人供给而经检查工程师核准者。孔边须光整而毫无赘疣。

九、检查及试验

每轨条之端应錾印钢料之镕化号数，又每次镕化所制成之钢轨应截取一公尺半之长（五呎），按下法试验之：

（一）置于相距九十公分（三呎）之支座上，其轨条应能在两支点中间之轨头上任受重一公吨（二千二百零五磅）之锤，由高六.二五公尺（二十呎六吋）处落下之撞击而毫不呈现裂痕。其支座应以铸铁为之，固定于基础块上，此项基础块至少重五公吨（一万一千磅）。

（二）拉力试验应由检查工程师选取试件举行之，试验结果所得最大拉力不得少于每平方公厘六十五公斤（每平方吋九万二千五百磅），而长五十公厘（二吋）之伸长度不得少于百分之十五。

（三）检查员应随时选取轨条钻孔屑作化学分析，借以证明其化学成分与第一条之规定符合。

检查工程师或其代表得随时校核此项分析，并得将钢料任意锤锻、淬炼、弯曲，或更用他法借以证明所用材料确系适当。

凡试验及检查所必需之图样、工具、器械、材料等，均应由制造人供给其费用，包含于承包价值之内。

检查员应得随时入厂检查钢料之制造方法及其性质，并监视试验轨条，但此项检查并未免除制造人之责任，其所出之轨条仍须合于合同所开之条款与本规范书中关于技术上之细则。

附注　凡轨条及其扣件购自国外者，其试验方法应按照该制造国中有名机关之标准办法执行之，但所作试验至少应与本规范书所开者相等，例如：

美国　　美国试验材料会；

英国　　英国工程标准会。

法、比及其他国按各该国中与上开相类之有名机关所规定者行之。

十、标志

每轨条均应于腰部之一面辊轧凸起之字样，字之高度不得少于二十公厘（四分之三吋），此项字样应指示下开各项：

（a）制造人之名称或其首列之字母；

（b）辊轧年月；

（c）炼钢方法；

（d）中华民国国有铁路。

例如：

B. K. Co.	6. 1920	B. O. H	中华民国国有铁路
（制造公司名称）	（1920 年 6 月）	（基性马丁）	

每轨条于检查合格后，应由检查工程师錾印个人戳记，无此项戳记之轨条应一律拒绝不收。

中华民国国有铁路鱼尾钣规范书

一、材料

炼钢之法应按照工程师所核准者，或用别色麻法（酸性或基性），或用马丁法（酸性或基性），其性质应通体如一。

二、制造

用以制造鱼尾钣之铸块应截成杆形入机辊轧使成鱼尾钣条，其两端各应截去充分之长度，所有不完善之部分均得除去。

凡辊轧鱼尾钣应使与模钣符合，此项模钣由制造人供给而经检查工程师或其代表核准。制成之鱼尾钣截面务使其大小适合于规定之重量。凡鱼尾钣应线制一样钣经检查员核准，所承造之鱼尾钣全数均应与此样钣相符，否则制造家应负其责。

三、长度

鱼尾钣之长应为七十公分（二十七吋又十六分之九）。

四、冲孔

螺栓孔及道钉孔，应于钣热时用机器一次冲成，各孔均应光洁，两面均不得有赘疣，孔间距离应精确，而孔之位置应确如本规范书附图所示者。孔之四周如因冲击而起赘疣，应乘钣热之时用压机压平之，不得事后加热。

五、重量

鱼尾钣每对应重公斤（或磅），而每一鱼尾钣之重量得出入百分之二，全数之重量得出入百分之一，此为普通容差度可以准许，但装运鱼尾钣之运单所载全数之平均重量不得过于所规定之重量，运到之鱼尾钣重量应完全与运单符合，否则制造家应负其责。如未经指定重量者，应于初开工时选取截面长度确无差误之鱼尾钣十对，衡之作为标准之重量。

附注　本条应填入之鱼尾钣重量见第十二图。

六、竣工后之状态

凡已竣工之鱼尾钣，应使其截面整齐划一，各面均平直光滑，毫无挠曲、罅隙、裂缝及其他缺陷，其与轨头及轨底接触之斜面，务须加意使之平直正确。凡鱼尾钣，应按指定之长度锯截之，其两端务须方正，其因锯截而生之赘疣应除去之。

七、试验

用以制造鱼尾钣之钢，应合下开之条件：

最大拉力不得小于每平方公厘六十公斤（每平方吋八万五千磅）。

二百公厘（八吋）长之伸长度，至少为百分之十五。

未冲孔之鱼尾钣，应能于冷时弯曲之，使所弯之角为四十五度，不得呈现裂痕。

八、标志

每鱼尾钣应标示下列各项：（一）制造人之缩称即首列之字母；（二）制造年月；（三）中华民国国有铁路字样。

九、包装

凡鱼尾钣，经检查工程师或其代表核准后，应浸入沸滚之麻油中，然后紧束成捆。

中华民国国有铁路鱼尾钣螺栓规范书

一、材料

螺栓及螺帽，应以韧钢为之，其炼钢法以酸性或基性马丁法为宜。其性质须完善强韧，全体如一。

二、尺寸

螺栓及螺帽，应确与本规范书附图所示之尺寸符合。

三、制造

凡螺栓及螺帽，均须完善优美，洁净无疵。螺栓头应由整体锤成，其肩部应与栓轴正交。

凡刻划螺栓及螺帽之螺纹，应使光整精确，俾螺栓及螺帽可彼此互换。

四、料样

制造人应供备样栓及样帽各一，由检查工程师核准，此后所出之大批螺栓及螺帽，其性质及竣工后状态均应与之符合，否则制造人应负其责。

五、试验

螺栓于冷时，应能绕杆一周并不呈现裂痕，此杆之径应倍于栓径。

六、包装

螺帽及螺栓，应浸于麻油中，然后装入坚固木箱。箱板之厚至少二十五公厘(一吋)，外以铁箍束之。

中华民国国有铁路螺纹及钩头道钉规范书

一、材料

制造螺纹及钩头道钉之钢，其性质应与关于鱼尾钣、螺栓之所规定者相同。

二、尺寸

两种道钉之尺寸，均应确与本规范书附图所示者确切符合。

三、制造

凡制造螺纹道钉，应格外加慎。其有螺纹之部分应刻划之，使光整精确，毫无赘疣及突出之尖翅。

凡制造钩头道钉，应使整齐可观，毫无赘疣及尖翅。其头之式样须完善无疵。

四、料样

两种道钉之料样，均应送由检查工程师或其代表核准。此后所出之大批货件，其材料及竣工后状态均应与之符合，否则制造人应负其责。

五、试验

螺纹及钩头道钉，应能于冷时绕杆一周并不呈现裂痕。此杆之径倍于该钉之径或厚。

六、标志

凡道钉均应于钉头錾印制造人之牌号或其缩称即首列之字母。

七、包装

已成之道钉，无论螺纹或钩头，均应浸于麻油中，然后装入坚固木箱，如鱼尾钣、螺栓规范书所开者。

標準鋼軌截面

STANDARD RAIL SECTION

每公尺重四十三公斤

43 kgs. per metre

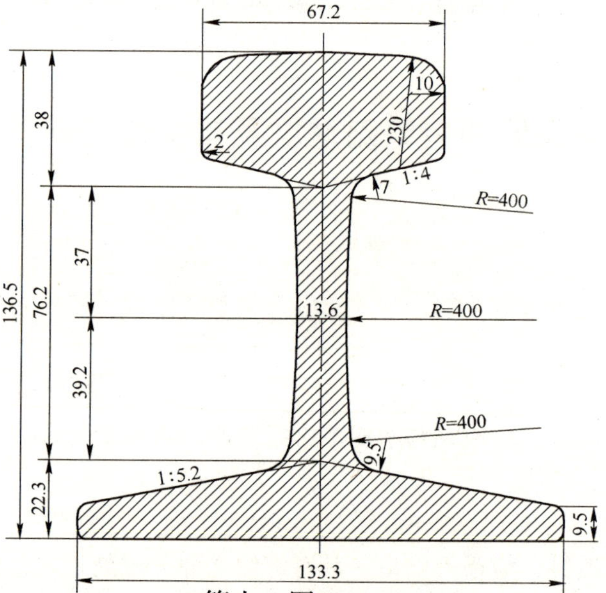

第十一图 Fig. 11

项　　别	Elements of The Section	
面积以平方公分计	Area，cm^2	57. 878
横中立轴之惯性动率以四乘方公分计	Moment of inertia about Horizental Neutral Axis，cm^4	1405. 68
竖中立轴之惯性动率以四乘方公分计	Moment of inertia about Vertical Neutral Axis，cm^4	324. 80
对于横中立轴之截面系数以立方公分计	Section Modulus about Horizental Neutral Axis，cm^3	192. 44
头部占全面积之百分数	Metal in Head,%	39. 64
腰部占全面积之百分数	Metal in Web,%	21. 78
底部占全面积之百分数	Metal in Base,%	38. 58

注：所有尺寸均以公厘计.

NOTE：All measurements are in millimetres.

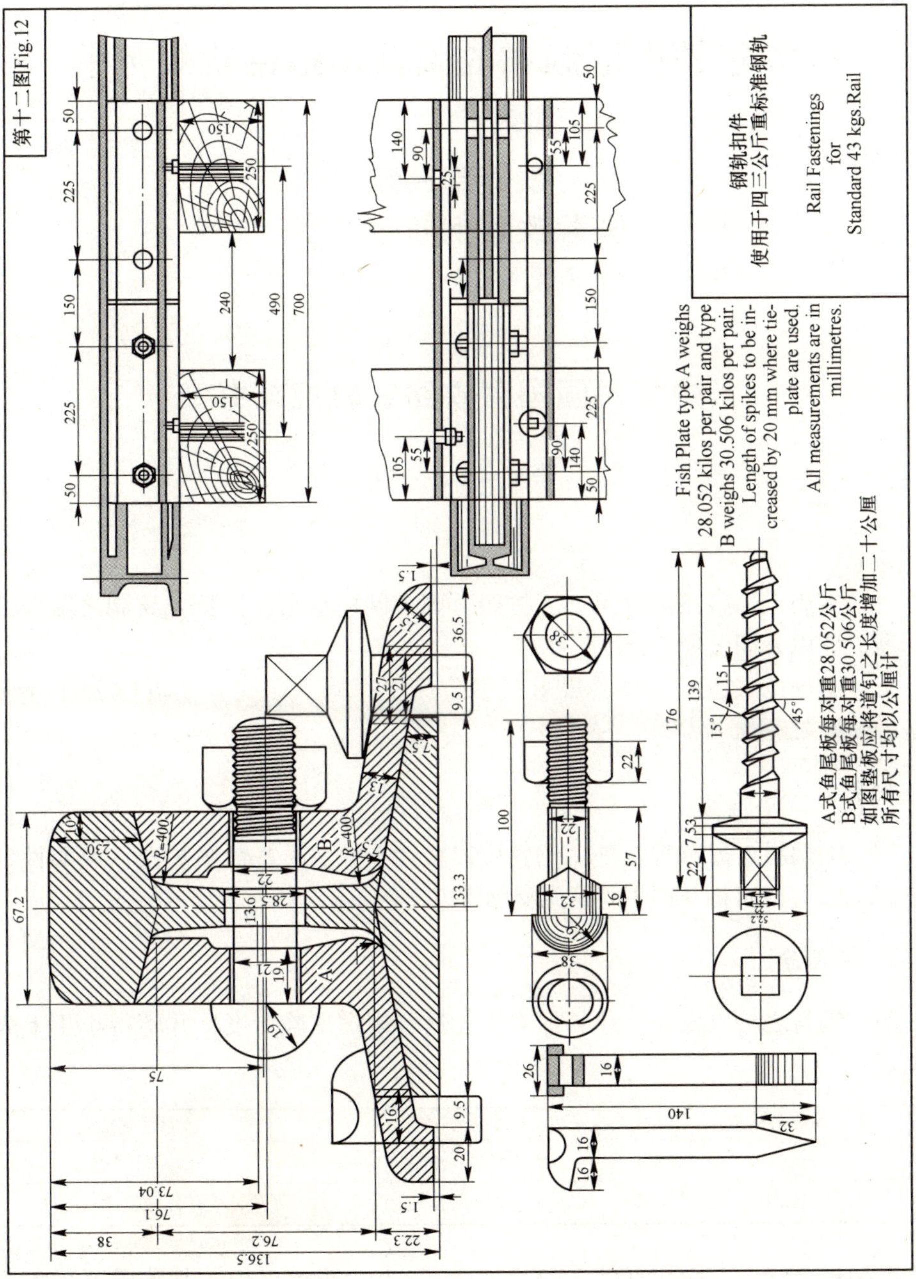
第十二图Fig.12
钢轨扣件
使用于四三公斤重标准钢轨
Rail Fastenings
for
Standard 43 kgs.Rail
Fish Plate type A weighs
28.052 kilos per pair and type
B weighs 30.506 kilos per pair.
Length of spikes to be increased by 20 mm where tieplate are used.
All measurements are in millimetres.
A式鱼尾板每对重28.052公斤
B式鱼尾板每对重30.506公斤
如图垫板应将道钉之长度增加二十公厘
所有尺寸均以公厘计

1936 年铁道部颁布的国营铁路钢轨规范书

铁道部制定
国营铁路钢轨规范书

中华民国二十五年六月

中华民国国营铁路钢轨规范书

第甲一—二五号

导言

一、本规范书各条内之尺寸，按照万国公制标示之，其折合英制之数量，均为约数，应以万国公制为准则。

二、本规范书适用于每公尺重三〇公斤（每码六〇磅）至五〇公斤（每码一〇〇磅）之钢轨。

材料

三、除购料人另有规定外，钢料应以酸性平炉法，基性平炉法，或酸性别色麻法制炼之。其质料及硬度均应通体如一。

化学成分

四、钢料之炭质成分，务须加多至能适合规定试验为度，并不得小于下表之所规定：

每公尺之公斤数	平炉法	别色麻法
三〇及三五	百分之〇.五〇	百分之〇.四〇
四三以上	百分之〇.五五	百分之〇.四五

平炉钢之锰质，应在百分之〇.六〇至〇.九〇限度以内，其磷质不得大于百分之〇.〇五。别色麻钢之锰质应在百分之〇.八〇至一.一〇限度以内，其磷质不得大于百分之〇.一〇。

五、每次镕化，应由检验工程师所选择之钢轨上采取钻屑，以分析炭、锰、磷、铬及硫质之成分一次。采取钻屑之位置，应如左图。

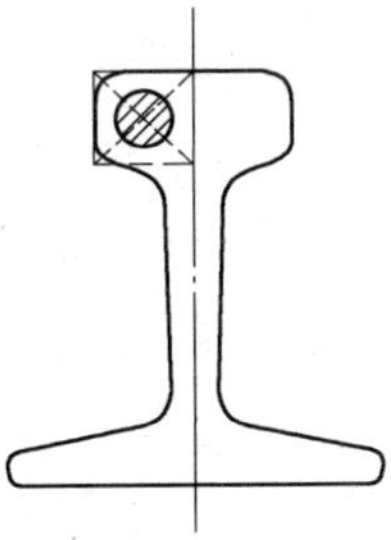

钻屑之直径，每公尺三〇及三五公斤之钢轨，应为一九公厘（四分之三吋）。每公尺四三公斤以上之钢轨，应为二五公厘（一吋）。

重落试验

六、每次镕化，应由第二、中部及最后铸块第一钢轨之首端各截取长一.五公尺（五呎）之钢轨一段，平置于中心相距〇.九〇公尺（三呎），而固定于同一基础之两支座上，轨头向上，施以下表所规定之锤击试验各一次：

钢轨每公尺之公斤数	锤重之公吨数	坠落之公尺数
三〇	〇.七五（一六五〇磅）	五.五〇（一八呎）
三五	一.〇〇（二二〇〇磅）	五.五〇（一八呎）
四三	一.〇〇（二二〇〇磅）	六.二五（二〇.五呎）
五〇	一.〇〇（二二〇〇磅）	七.一五（二三.五呎）

七、各样件如果皆能承受前述试验，而毫不呈现裂痕，该次镕化之钢轨，只须通过张力试验，并轨面、截面及制成后状态等最后检验，得予全部收受之。但若任何一样件不合格，则所有第一钢轨均应拒绝之，再由前述各铸块第一钢轨之末端，或第二钢轨之首端，截取样件，加以同样试验。如任何一样件，仍不合格，则所有第二钢轨，均应拒绝之，更由前述各铸块第二钢轨之末端，或第三钢轨之首端，截取样件，再加同样试验。各样件如果皆能合格，所有第三及依次向后之钢轨得予收受之。但若任何一样件，仍不合格，则该次镕化之全部钢轨，均应拒绝之。

八、样件中之一，经过重落试验合格后，应在轨头上，施以白林奈硬度试验三次。钢球直径应为十公厘（〇.三九四吋）。压力应为三〇〇〇公斤（六六一四磅）。每次延时十五分，刻成凹印之直径，应于试验单内逐一登记之。

上列白林奈硬度试验，仅供参考。

九、前述合格样件之其中两个，均应施以斫割至于断折。任何一个样件之断面若呈现裂缝、空穴、层纹、杂质及特殊光细之结构，则此项样件所代表之前段钢轨，应概予另行分类，并按第十九条（丙）之规定，加以特殊标志。

张力试验

一〇、张力试验所得之极限张力，不得小于每平方公厘六六公斤（每方吋九三九〇〇磅)。极限张力再每平方公厘七九公斤（每平方吋一一二三〇〇磅）以内者，其伸长率不得小于百分之一二，在每平方公厘七九公斤以上者，其伸长率不得小于百分之一〇。但若合同内特许采用基性别色麻钢料，则其伸长率，无论如何，不得小于百分之一二。

一一、每次镕化，应由任何第一钢轨之首端采取（丙）式或（丁）式试件一个（参阅附件二)，举行张力试验一次。如能合格，该次镕化之钢轨，只须通过轨面，截面及制成后状态等最后检验，得予全部收受之。但若不合格，则所有第一钢轨均应拒绝之，再由第一钢轨之末端或任何第二钢轨之首端，采取试件，加以试验。如仍不合格，则所有第二钢轨均应拒绝之，更由第二钢轨之末端或任何第三钢轨之首端，采取试件，加以试验。如能合格，所有第三及依次向后之钢轨，得予收受之，但若仍不合格，则该次镕化之全部钢轨，均应拒绝之。

制造

一二、钢料铸块应适当加热至热度透达于其中部，以使辊轧而成之钢轨，光整洁净，毫无隙缝及其他疵病。辊轧杆并或钢轨之两端，应各充分截去一段，俾足保证所有不完善之部分概经免除。钢轨两端之锯截面，务须准确方正。因锯截而发生之赘疣，均应妥慎除去，其与鱼尾钣接触之面尤为重要。修葺补缀，应在禁止之列。钢轨尚热时，应略使弯曲，待凉之际，并应妥慎转动，俾其既冷之后，得以平直。

截面

一三、钢轨截面，应依按购料人交付图样内所规定之尺寸，并与制造人预行供给而经检验工程师核准制模钣相符。轨高如有差异，较小不得超过〇.五公厘（六四分之一吋)，或较大不得超过一公厘（三二分之一吋)。底宽如有差异，不得超过一公厘（三二分之一吋)。其与鱼尾钣接触之斜面不得稍有差异。

长度

一四、钢轨之标准长度，在摄氏一六度（华氏六〇.八度）时应为一〇公尺（三二呎九吋又一六分之一一)，或为一二公尺（三九呎四吋又一六分之七)，依照购料人之需要而定。此项长度之准许差异以六公厘（四分之一吋）为限。惟订购全数之百分之十，得为较短钢轨，其分配如下：

长一〇公尺之钢轨：备用于弯道上之九．九五公尺（三二呎七吋又四分之三）者占百分之四。其余短轨九公尺（二九呎六吋又一六分之五)，八公尺（二六呎二吋又一六分之一五)，及七公尺（二二呎一一吋又八分之五）者共占百分之六。长一二公尺之钢轨：备用于弯道上之一一.九五公尺（三九呎二吋半）者占百分之四。其余短轨一一公尺（三六呎一吋又一六分之一），一〇公尺（三二呎九吋又一六分之一一），及九公尺（二九呎六吋又一六分之五）者共占百分之六。

重量

一五、钢轨之实重应与计算重相符。如有差异而不超过计算重之百分之〇.五者，亦得收受之，但运单所记载钢轨全数之平均重，不得较计算重为大。交货时钢轨之实重应与运单相符，否则制造人应负其责，检验工程师为校核重量起见，须于制造之际，每日称衡制成之钢轨至少十条。

钻孔

一六、除另有规定外，钢轨每端钻孔，应依按图样所标示之大小及位置，并与模钣相符。大小及位置二者之一，如有差异，不得超过一公厘（三二分之一吋）。钻孔应与轨腰垂直，孔边须光整而毫无赘疣。

制成后状态

一七、钢轨制成后，应完善，正直，全长截面一律，毫无扭曲，起疱，突鳍，罅隙，裂缝及其他疵病。

开工通知

一八、开工辊轧前，制造人应至少先期八日通知检验工程师。如工作暂有中辍，则应于再开工前，至少先期三日通知之。

标志

一九、（甲）制造人之名称或其缩写，辊轧年月，制炼法，钢轨重量及式样，并铁路中文名称（例如 A，B，&C。，—6，1935—B. O. H—43 公斤 . 中华民国国营铁路……线）应在轨腰之一面辊轧阳文，其尺寸不得小于二〇公厘（四分之三吋）。

（乙）轨腰之又一面，应在鱼尾钣覆蔽范围之外，镌刻阴文，熔铸号数，其尺寸不得小于九公厘（八分之三吋）。

（丙）第九条样件断面，呈现内部疵病者，所代表之前段钢轨，均应于熔铸号数后，加刻阴文 X 字样，其两端并应加漆棕色。

（丁）所有短轨之两端均应加漆绿色。

（戊）所有第一钢轨，除短轨或加刻 X 字样者外，均应加漆黄色。

（己）每条钢轨经过检验并收受后，应镌刻检验工程师之个人戳记。

附件一　第一——二五号

附件二　第二——二五号

中华民国国营铁路材料规范书附件

第一——二五号

检验

检验员，或购料者之代表，于订购材料，正在制造时期内，得在制造者承造该项材料之工厂内，随意出入。并得在该项材料任何制造时期，随时施行检验。任何材料，若经查与规范书之规定不符，得拒绝收受之。

规范书所规定之各项试验，均应在制造者之工厂内举行之。所有需用，概由制造者担负之。制造者应预备并供给各项试件，及所需人工及机具，以备举行试验之用。若制造者之工厂内，并无试验设备，而规范书内所规定之各项试验，须在他处举行，则此项试验费用，仍由制造者担负之。

检验员及制造者，对于所举行机械试验，或其他试验之意见，如有不合。或试验结果，虽与规范书之所规定，并无不符，但检验员依据试验时之情状，认为与规范书之所规定，尚有出入时，得由检验员决定再请双方同意之合格人员覆验之。此项覆验一切费用，应由错误一方担负之。

中华民国国营铁路材料规范书附件

第二——二五号

张力试验标准试件

试件	厚度/毫米	最大宽度 W/毫米	标记长度 G/毫米	并行线长度 P/毫米	附　注
（甲）	9 以下	60	200	225	钣钢，扁钢及型钢用
（甲）	9～23	50	200	225	
（甲）	23 以上	40	200	225	
（庚）		25	50	70	非铁属薄料及大小管之用

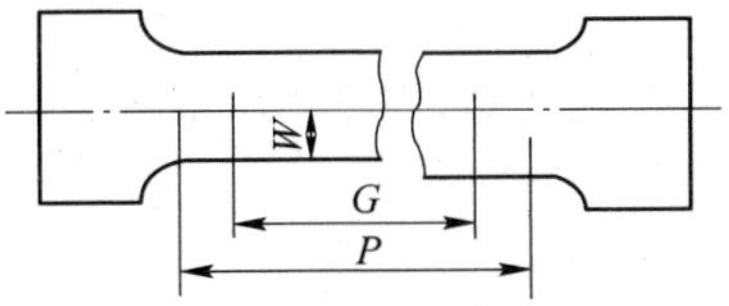

(甲)式及 (庚)式

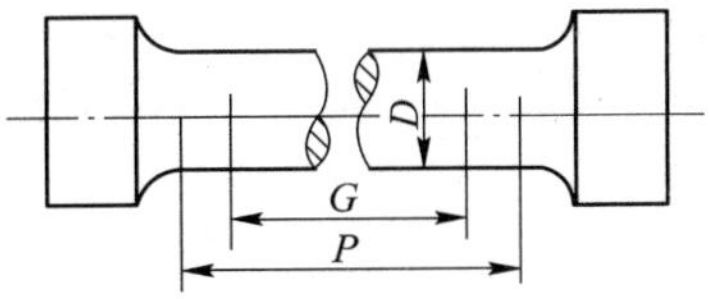

(丙)式 (丁)及(戊)式

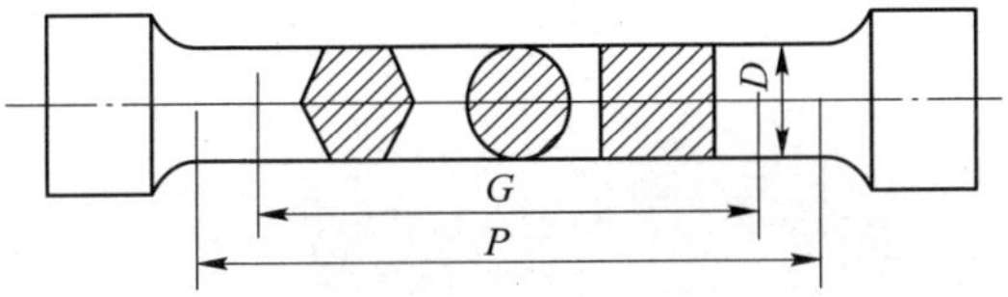

(乙)式及 (己)式

试件	直径或宽度 D/毫米	标记长度 G/毫米	并行线长度 P/毫米	附　注
(乙)	D	$8\times D$	$9\times D$	辊轧或机制之成型料及圆形料用
(丙)	14	50	60	专为圆式试件之用，此项试件，取自各种锻炼品，轴轮箍，钢轨及扣件等
(丁)	20	75	85	
(戊)	25	90	100	
(己)	D	$4\times D$	$4\,{}^{1}/_{2}\times D$	凡料件之直径或宽度大于 25 毫米者或（乙）式试件之不合于试验机者用之

注：试件两端，应与试验机之钳爪吻合。

附录Ⅱ　钢轨实验样品的取样登记表

附表　钢轨实验样品取样登记表

序号	取样时间	样品编号	制造国	样品照片	铭文信息	钢轨长度/米	取样位置（距轨端）/米	取样地点
1	2012/06/20	B-CR1905	比利时		COCKERILL-1905-IPKR	—	—	原丰台物资段
2	2012/06/20	C-HY1904（丰）	中国		汉阳铁厂造 1904	—	—	原丰台物资段
3	2012/10/14	E-BR1896	英国	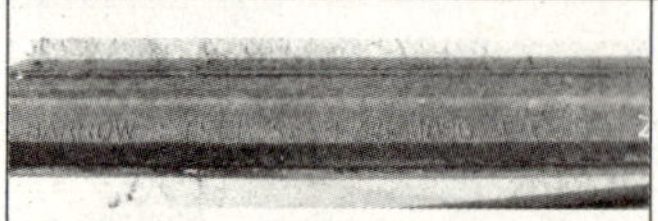	BARROW STEEL SEC. 435 1896 I. C. R	8.5（整根）	3.3	中国铁道博物馆（东郊馆）
4	2012/10/14	C-HY1920	中国		汉阳铁厂造 1920	3.9（半根）	—	中国铁道博物馆（东郊馆）
5	2012/10/14	J-BF1941	日本		32 MR Ⓢ 2601 IIIII OH	9（整根）	2	中国铁道博物馆（东郊馆）
6	2012/10/14	J-BF1938	日本		32 RA Ⓢ 1938 IIIIII OH	6.5（半根）	3.4	中国铁道博物馆（东郊馆）
7	2012/10/14	J-BF1934	日本	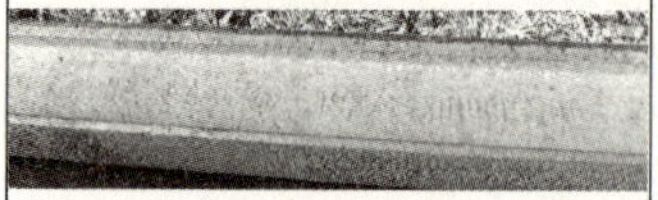	32 RA Ⓢ 1934 IIIIIIII OH	9.5（整根）	3	中国铁道博物馆（东郊馆）
8	2012/10/14	J-AG1941	日本	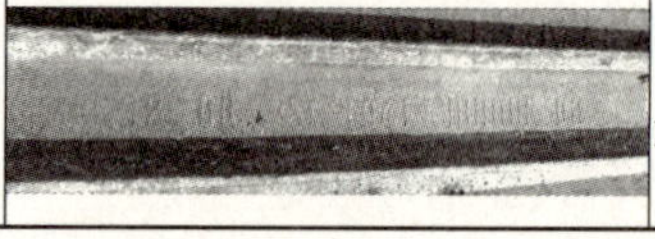	32 MR 卐 1941 IIIIIIIII OH	6.1（半根）	3	中国铁道博物馆（东郊馆）

续附表

序号	取样时间	样品编号	制造国	样品照片	铭文信息	钢轨长度/米	取样位置（距轨端）/米	取样地点
9	2012/10/14	J-AG1938	日本	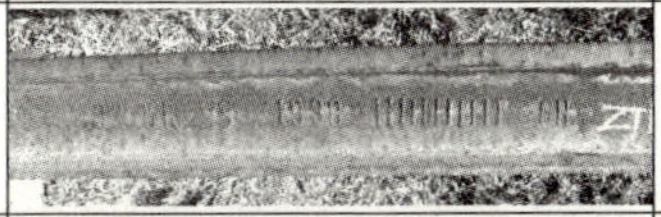	32 MR 卐 1938 |||||||||| OH	9（整根）	3	中国铁道博物馆（东郊馆）
10	2012/10/14	E-CM1897	英国		CAMMELL S. STEEL. W. 1897 I. C. R SEC. 543	8.5（整根）	2.7	中国铁道博物馆（东郊馆）
11	2012/10/25	C-HY1917	中国	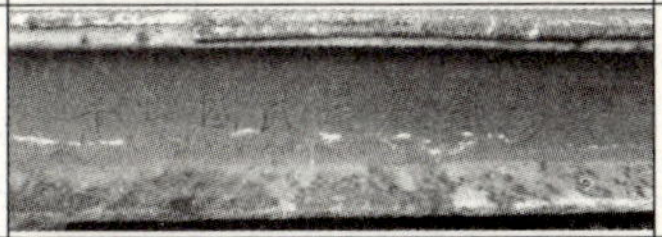	汉阳铁厂造 民国六年	9（整根）	1.25	中国铁道博物馆（东郊馆）
12	2012/10/25	G-KR1901	德国		KRUPP 1901	9.5（整根）	1.4	中国铁道博物馆（东郊馆）
13	2012/10/25	C-HY1917	中国	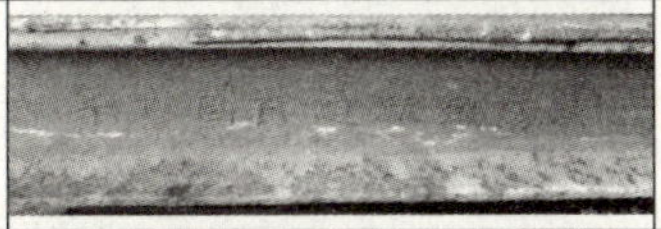	汉阳铁厂造 民国六年	9（整根）	1.25	中国铁道博物馆（东郊馆）
14	2012/10/25	C-HY1904（大）	中国		汉阳铁厂造 1904	9（整根）	3	中国铁道博物馆（东郊馆）
15	2012/10/25	A-TN1931	美国		OH TENNESSEE-8587-1 1931 P. N. R. Y	8（整根）	1.4	中国铁道博物馆（东郊馆）
16	2012/10/25	B-SJ1903	比利时		SJC-1903-AB	7.7（整根）	3	中国铁道博物馆（东郊馆）
17	2012/10/25	B-AL1900	比利时	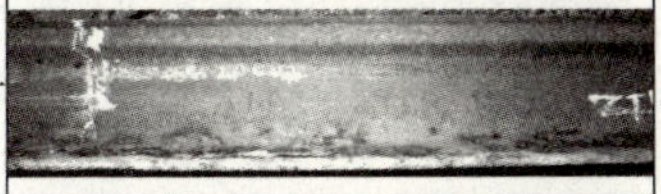	AUGLEUR 1900	9（整根）	1.2	中国铁道博物馆（东郊馆）
18	2012/10/25	E-BV1908	英国		BV&CoLd-1908-IPKR	9.1（整根）	3.4	中国铁道博物馆（东郊馆）
19	2012/10/25	E-BR1907	英国	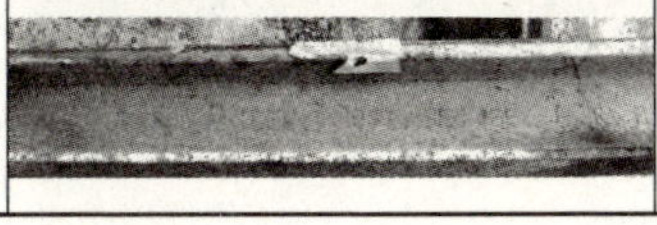	BARROW STEEL 1907 SEC. 435 I. C. R	9.2（整根）	2.3	中国铁道博物馆（东郊馆）